U0520743

国家出版基金项目
NATIONAL PUBLICATION FOUNDATION

当代国外马克思主义研究丛书

陈学明　吴晓明/丛书主编
张双利　汪行福/丛书副主编

奥菲的福利国家危机理论研究

谢静／著

重庆出版集团　重庆出版社

图书在版编目(CIP)数据

奥菲的福利国家危机理论研究 / 谢静著. —重庆:重庆出版社,2017.4
(当代国外马克思主义研究丛书)
ISBN 978-7-229-11868-6

Ⅰ.①奥… Ⅱ.①谢… Ⅲ.①福利国家—危机论—德国 Ⅳ.①D095.16

中国版本图书馆CIP数据核字(2016)第321244号

奥菲的福利国家危机理论研究
AOFEI DE FULI GUOJIA WEIJI LILUN YANJIU
当代国外马克思主义研究丛书
谢 静 著
陈学明 吴晓明 丛 书 主 编
张双利 汪行福 丛书副主编

责任编辑:林 郁
责任校对:何建云
装帧设计:卢晓鸣

重庆出版集团
重庆出版社 出版

重庆市南岸区南滨路162号1幢 邮政编码:400061 http://www.cqph.com
重庆出版社艺术设计有限公司制版
重庆天旭印务有限责任公司印刷
重庆出版集团图书发行有限公司发行
E-MAIL:fxchu@cqph.com 邮购电话:023-61520646
全国新华书店经销

开本:787mm×1092mm 1/16 印张:13.75 字数:210千
2017年4月第1版 2017年4月第1次印刷
ISBN 978-7-229-11868-6
定价:30.00元

如有印装质量问题,请向本集团图书发行有限公司调换:023-61520678

版权所有 侵权必究

《当代国外马克思主义研究》总序

对国外马克思主义的研究滥觞于20世纪70年代末和80年代初的"西方马克思主义热"。经过20多年来的发展,今天我们完全有把握说:国外马克思主义研究,尤其是当代国外马克思主义研究,已经成为一门显学。

国外马克思主义研究之所以成为显学,原因是多方面的。首先,马克思主义本身显示出强大的生命力。几乎可以说,在马克思以后,国际上出现的任何重大的社会思潮,都会自觉地或不自觉地从马克思主义那里借贷思想资源,甚至直接地或间接地用马克思主义来命名相关的思潮或学派。在这个意义上可以说,马克思仍然是我们的同时代人。其次,国内的马克思主义研究,特别是马克思主义基础理论研究,必须借鉴国外马克思主义研究的最新成果。作为发展中的国家,我国在现代化进程中尚未经历过的事情,许多国家已经经历过了。它们的经验教训是什么?这些经验教训蕴涵着哪些重大的理论问题?这些问题是否会导致我们对马克思主义基础理论理解上的重大突破?事实上,国外马克思主义者一系列原创性的研究成果,早已引起国内理论研究者的深切的关注和巨大的兴趣。再次,作为社会主义的国家,我国是以马克思主义作为自己的指导思想的,当然应该比任何其他国家都更多地致力于对国外马克思主义的探索,以便确保我国的精神生活始终站在马克思主义理论的制高点上。

作为国外马克思主义研究领域中的长期的耕耘者,我们也深切地体会到这一研究领域近20多年来发生的重大变化。复旦大学哲学系于1985年建立国外马克思主义研究室;1999年升格为复旦大学当代国外马克思主义研究中心；2000年成为教育部重点研究基地(该研究领域中唯一的重点研究基地，简称"小基地")；2004年，在小基地之外，建立了复旦大学国外马克思主义与国外思潮国家级创新研究基地(该研究领域中唯一的国家重点研究基地，简称"大基地")；2005年又建立了国内第一个国外马克思主义自设博士点。2006年，全国又建立了21个马克思主义一级学科，下设五个二级学科，其包括国外马克思主义研究。所以，从学科建设的角度来看，国外马克思主义已经从马哲史或外哲史的一个研究方向上升为独立的二级学科，而小基地和大基地的相继建立也表明，国外马克思主义的研究已经受到高度的重视。

我们之所以要策划并出版《当代国外马克思主义研究丛书》，其直接的起因是：通过投标和竞标，我们获得了2004年度教育部重大攻关课题《当代国外马克思主义思潮的现状、发展态势和基本理论研究》。这个课题促使我们凝聚大、小基地的全部学术力量，及博士后和博士生中的佼佼者，对当代国外马克思主义做出全方位的、有穿透力的研究。这套丛书具有以下三个特征：

其一，系统性。本丛书试图通过三种不同的研究进路，即"区域研究"、"流派研究"和"问题研究"来构建这种系统性。"区域研究"重点探讨亚洲、非洲、拉丁美洲和南美洲(包括一些社会主义国家，如越南、老挝、朝鲜、古巴)的马克思主义发展现状；"流派研究"主要探索国外最新的马克思主义流派，如"后马克思主义"、"解构主义的马克思主义"、"女性主义的马克思主义"、"解放神学"等；"问题研究"侧重于反思当代国外马克思主义者探索的一系列重大的理论问题，如"全球化背景下的现代性"、"市场社会主义"、"当代资本主义的最新发展"等。通过这三条不同的研究进路，这套丛书将全面而又有重点地勾勒出当代国外马克思主义发展的整体面貌。

其二，前沿性。本丛书对"前沿性"的理解是，把研究的焦点放在20世纪80年代和90年代初以来国外马克思主义的最新发展上。也就是说，重点考察在最近20年左右的时间里，国外马克思主义发展的最新态势是什么？国外马克思主义者发表了哪些有影响力的著作和论述？他们正在思考哪些重大的社会问题和理论问题？当然，为了把前沿问题叙述清楚,也需要做一些历史的铺垫,但探讨的重心始终落在国外马克思主义者所面对的最前沿的问题上。

其三,思想性。纳入本丛书出版规划的著作,除译著外,都充分体现出对思想性的倚重。也就是说,这些著作不仅是"描述性的",更是"反思性的"、"研究性的"。它们不仅要弄清新的现象和资料,而且要深入地反省,这些新的现象和资料可能给传统的理论,尤其是基础理论造成怎样的挑战?如何在挑战与应战的互动中丰富并推进马克思主义基础理论的发展?总之,它们不是材料的堆砌,而是思想的贯通。这也正是这套丛书不同于其他丛书的最显著的特点之一。

我们感到庆幸的是,这套丛书在策划的过程中就得到了重庆出版社总编辑陈兴芜编审和该社重点图书编辑室主任吴立平的热情支持。本丛书的出版也得到了2004年度教育部重大攻关课题《当代国外马克思主义思潮的现状、发展态势与基本理论研究》(课题批准号为04JZD002)的资助,在此一并表示感谢。

俞吾金　陈学明　吴晓明

《当代国外马克思主义研究》续总序

这套题为《当代国外马克思主义研究》的丛书,早在10年前就由重庆出版社推出,前后共出版了近20部书,由俞吾金教授任主编,陈学明、吴晓明任副主编。当今天再次筹划继续出版这套丛书时,俞吾金教授已谢世一年多,我们的内心充满了对他的敬意与怀念。

俞吾金教授在"总序"中已对出版这套丛书的宗旨、特点,以及对研究国外马克思主义的意义都已做出了明确的论述。这里,我们仅做若干补充。

与10年前相比,研究国外马克思主义,特别是研究西方马克思主义在当今中国的意义已越来越被人们所深刻认识到。我国的马克思主义理论一级学科中,明确设立了国外马克思主义的二级学科。但是,国外马克思主义,特别是西方马克思主义在当今中国的意义并不仅仅是成为一个二级学科,而主要是通过它在理论和现实生活中的实际作用体现出来的。西方马克思主义是在20世纪70年代末80年代初流传进我们中国的。中国学者已经对其进行了长达30多年的研究。西方马克思主义研究在中国的整个译介和研讨过程,大致可以分为三个阶段。这就是:从20世纪80年代初至90年代初;从20世纪90年代初至21世纪初;从21世纪初至现在。中国走上改革开放的道路,开辟新的历史时期,关键在于要破除原有的思想障碍,实现思想解放。而在各种思想障碍中,无疑对马克思主义的教条、僵化的错误理解是最大的思想障碍。在改革开放的历史性实践中,先前的思想障碍逐渐被破除,对马克思主义更加深入而全面的理解要求出现了。而西方马克思主义研究的意义就是在很大程度上助成并促使人们从对马克思主义教条、僵化的理解中摆脱出来。20世纪80年代末90年代初,国际风云突变,这主要表现在东欧一批社会主义国家的易帜和苏联的解体。我国的西方马克思主义研究也进入了一个新的阶段。这一阶段我国的西方马克思主义研究的一个重要意义就是为增强马克思主义信念带来推动力,为正确地总结苏东剧变的教训提供借鉴。20世纪末到现在,我国的西方马克思主义研究主要是为开辟中国特色社会主义道路提供某种对照性的理论资源,既为论证中国道路的合理性与合法性提供有参考意义的理论说明,也为破解中国道路面临的难题提供借鉴性的理论启示。西方马克思主义与中国特色社会主义理论体系之间因而产生了紧密的联系。西方马克思主义研究伴随着中国改革开放的整个历史进程。西方马克思主义研究已经构成了当今中国的马克思主义研究,甚至整个理论研究的一个重要的有机组成部分。正因为国外马克思主义,特别是西方马克思主义在当今中国有着不可替代的作用,所以它也理所当然地成为当今中国学界的显学。我们这套丛书的价值与意义是同国外马克思主义、西方马克思主义的价值与意义紧密联系在一起的。

我们清醒地知道,一套丛书的命运固然主要是取决于社会对其需求的程度,但同时也离不开这套丛书自身的品质。为了顺应时代的发展和学术研究的深化,使这套丛书的品质在原有的基础上有进一步提高,我们打算做出以下四个方面的改进:

其一,原先收入本丛书的著作,主要是研究国外马克思主义、西方马克思主义的某一代表人物或者某种思潮、某种流派,现在我们力图强化"问题意识",在继续推出研究人物、思潮、流派的著作的同时,着重出版以问题为导向的著作。

其二,原先我们的视野主要局限于西方的那些以马克思主义者自居的思想家,现在我们试图进一步扩展视野,把更多的思想家包含进来。具体地说,本丛书所涉及的国外思想家将包括"三个圆圈":"核心的圆圈"还是那些以马克思主义者自居的思想家;再扩展到那些并不自称是马克思主义思想家的国外左翼学者;最后再往外扩展到那些"左翼"以外的学者,只要他的研究涉及到马克思主义,就将成为我们的研究对象。

其三，原先本丛书的作者主要是我们复旦大学当代国外马克思主义研究中心和复旦大学哲学学院的教师以及在这里就读的博士生，现在我们将本丛书扩展成整个中国国外马克思主义、西方马克思主义学界的丛书，热忱地欢迎国内外这一领域的相关学者将自己的研究成果列入本丛书出版。

其四，原先本丛书的著作基本上是以"述介"为主，即主要是进入研究对象的思想体系，用中国的思维方式和中国的语言把其讲清楚。现在我们提倡在走进研究对象的基础上，还要进一步从研究对象中走出来，用马克思主义的立场、观点、方法对其做出深刻的研究，本丛书还会继续出版"述介"型的著作，但将更加重视"研究"型的著作。

最后，我们在此对重庆出版集团致以谢意。我们在这里特别要指出，重庆出版集团是对中国的国外马克思主义，特别是西方马克思主义研究做出了重大贡献的。早在20世纪的八九十年代，他们就支持徐崇温教授推出了《国外马克思主义和社会主义研究》丛书。该丛书在中国的国外马克思主义，特别是西方马克思主义的研究史上留下了不可磨灭的印记。我们当时作为青年学者也积极参与了该丛书的写作和出版。我们所编写的《西方马克思主义名著提要》（三卷本），作为该丛书的一个部分，在上海推出时，时任上海市政府顾问的汪道涵先生亲自参加出版座谈会，并发表了热情洋溢的讲话，高度评价重庆出版集团所做的工作。近30年时间过去了，重庆出版集团不改初衷，继续竭尽全力支持国内学界对国外马克思主义，特别是西方马克思主义的研究。他们在与我们商谈出版这套丛书时，根本不与我们涉及当前出版图书通常所见的那种所谓"出版贴补"之类，这着实使我们感动。这使我们在重新策划这套丛书时，从根本上解除了"后顾之忧"。我们希望以交出更多的优秀著作来回报他们，并向他们表示深深的敬意。

陈学明　吴晓明

如何理解批判理论的
"政治伦理转向"?
（代序）

法兰克福学派因法兰克福大学社会研究所而得名，以批判理论闻名于世，但这三者之间并不是完全对应的，而是存在着错综复杂的关系。换言之，社会研究所是法兰克福学派的大本营，批判理论是法兰克福学派的标志性贡献。然而，并非社会研究所所有成员都属于法兰克福学派代表人物，并非社会研究所所有理论成果都属于批判理论，例如在格律贝格时期，既没有法兰克福学派，也没有批判理论，但他奉行的超党派学术立场、跨学科研究方法，为法兰克福学派真正创始人、批判理论真正奠基人霍克海默继承和发展。法兰克福学派并非铁板一块，批判理论并非整齐划一，而是存在着众多差异、矛盾甚至对立。尽管第一代批判理论家内部有着这样或那样的差异，但总体上都属于老批判理论，体现着批判理论第一期发展。尽管第二代批判理论家内部有三条不同研究路径，但与老批判理论相比，基本上都属于新批判理论，体现着批判理论第二期发展。尽管第三代批判理论家有着不同的学术取向，但总体上属于批判理论第三期发展，标志着批判理论最新发展阶段（即后批判理论），体现着批判理论最新发展趋向（批判理论的"政治伦理转向"）。批判理论的"政治伦理转向"，是笔者长期研究法兰克福学派批判理论及其最新发展而做出的基本判断，已经得到了学界同仁的认同（尤其是得到了霍耐特的认同）。要想理解批判理论的"政治伦理转向",首先要弄清楚"批判理论三期发展"。批判理论第一期发展(从20世纪30年代初到60年代末,以霍克海默、阿多尔诺、马尔库塞、洛文塔尔、波洛克等人为代表)致力于批判理论构建与工业文明批判;批判理论第二期发展(从20世纪60年代末到80年代中期,以前期哈贝马斯①、A.施密特、F.V.弗里德堡等人为代表)致力于批判理论重建与现代性批判;批判理论第三期发展(从20世纪80年代中期至今,以后期哈贝马斯、霍耐特、维尔默、奥菲等人为代表)完成了批判理论的"政治伦理转向"。概言之,"批判理论三期发展"意味着:从古典理性主义到感性浪漫主义再到理性现实主义;从激进乐观主义到激进悲观主义再到保守乐观主义;从欣赏、信奉到怀疑、批判再到超越、重建马克思主义;从文化主体哲学到语言交往哲学再到政治道德哲学(政治伦理学);从老批判理论到新批判理论再到后批判理论。后批判理论标志着批判理论的最新发展阶段,它不再属于传统的西方马克思主义范畴,而是已经进入到与当代实践哲学主流话语对话的语境之中。

一、批判理论第一期发展:从社会哲学到批判理论

关于社会哲学(social philosophy/Sozialphilosophie),大致有三条不同的理解路向:②

第一,本体论路向(典型形式是传统的马克思主义哲学)认为,旨在从最抽象层面解决思维与存在关系问题的辩证唯物主义是该哲学的核心,由此而派生的历史唯物主义则是其社会哲学。当代西方许多哲

---

① 关于哈贝马斯思想发展,学界有不同分期法,这是由于研究角度不同而导致的。笔者将之分为前期和后期:从20世纪60年代初到80年代中期,称为前期哈贝马斯,致力于批判理论重建和现代性批判;从20世纪80年代中期至今,称为后期哈贝马斯,开启了批判理论的"政治伦理转向"。参见王凤才:《蔑视与反抗——霍耐特承认理论与法兰克福学派批判理论的"政治伦理转向"》,重庆出版社,2008年,第21页。

② 苏国勋:《当代西方著名哲学家评传》第十卷"社会哲学",山东人民出版社,1996年,第1—4页。

学流派，在一些根本问题上与马克思主义哲学存在着深刻分歧，但在将哲学当作关于实在的认识形式问题上，则是一致的。它们对社会哲学的理解，基本上也属于本体论路向。

第二，认识论路向（典型代表是分析哲学和科学哲学）认为，社会哲学探讨各种不同的关于理想的社会制度或社会本质的观点；有时也提出一些关于美好生活或理想社会是由什么构成的设想；通常也关心关于各种政治意识形态的价值及其特征的评价，以此作为赞扬（有时仅仅是修辞学上的）某种社会措施或社会计划有价值的理由。这一路向理解的社会哲学类似于政治哲学、道德哲学。

第三，社会理论路向（典型代表是社会科学家而非专业哲学家）认为，应该用社会理论取代社会哲学概念，并强调，社会理论不能归属于任何一门特殊学科；相反，它涵盖了所有的社会科学和人文科学。因而，社会哲学问题亦即社会科学和人文科学的一般理论问题，它是对社会现象进行的哲学反思。

在霍克海默看来，社会哲学的最终目标是，对并非仅仅作为个体的，而是作为社会共同体成员的人的命运进行哲学阐释。因此，它主要关心那些只有处于人类社会生活关系中才能理解的现象，即国家、法律、经济、宗教，简言之，社会哲学从根本上关心人类的全部物质文化和精神文化。[①] 就是说，社会哲学意味着要对人类文明进行反思，对社会现实进行批判，对人类命运进行关注。霍克海默关于社会哲学的这种广义理解，尽管并不为社会研究所成员完全认同，但即使在批判理论后来的发展过程中，也贯穿了其基本精神。

那么，什么是批判理论呢？这需要从"批判"一词谈起。根据《杜登德语通用辞典》(Duden Deutsches Universal Wörterbuch)的说法，"批判"一词源于古希腊的 Κριτικη，是指"评判的艺术"(Kunst der Beurteilung)，主要被用于政治实践和法律诉讼中，后来被扩展到生活习俗、社会制度、文学艺术、文献编纂等领域。在这里，我们首先讨论批

[①] Max Horkheimer, *Gesammelte Schriften*, Bd. 3, Hrsg. von Alfred Schmidt, Frankfurt/M.: Fischer, 1988, S. 20.

判(critique/Kritik)的四种模式：①

第一,文化批判模式(评判的艺术/批评的艺术)。在这里,批判既可以做肯定性理解——评判(包括表扬在内),例如文学评论、文学批评意义上的批判,就包括表扬在内;也可以做否定性理解——批评,主要是对某些事物、理论、立场、观点的不认可、否定。从词源学上说,批判与危机(crisis/Krise)紧密相关。因而,任何批判都是为了拯救。

第二,内在批判模式(纯粹理性批判/形而上学批判)。我们知道,康德开创了理性批判传统,甚至将批判视为理性的代名词。所谓纯粹理性批判,从肯定意义上理解,是指人们如何有效地认识对象并为这种认识提供某种先验基础;从否定意义上理解,它表明某些理性要求是虚妄的。因而,纯粹理性批判就是纯粹理性的自我认识。黑格尔坚持内在批判模式,将批判等同于否定,但他并未将批判贯彻到底,从而导致了非批判的结果。在《否定辩证法》中,阿多尔诺断定,黑格尔的肯定辩证法最终服务于形而上学的目的。

第三,社会现实批判模式(政治经济学批判+意识形态批判)。众所周知,马克思的批判源于黑格尔,即马克思对黑格尔整个哲学体系的批判,包含着对黑格尔辩证方法的某种程度的坚持,以至于在阿多尔诺视阈里,马克思辩证法与黑格尔辩证法并没有根本不同,都是将否定之否定视为肯定的肯定辩证法。不过,马克思将政治经济学批判与意识形态批判结合起来,构造了一种社会现实批判模式。这毕竟不同于黑格尔,仅仅局限在未能贯彻到底的形而上学内在批判模式。

第四,形而上学批判与社会现实批判相结合模式。法兰克福学派批判理论家例如阿多尔诺,将对传统哲学同一性逻辑的批判、对社会现实的合理化原则的批判结合起来,将卢卡奇的物化批判与马克斯·韦伯的合理化批判结合起来,既坚持形而上学的内在批判,又赋予批判以强烈的现实意义,构造了一种形而上学批判与社会现实批判相结合的

---

① 关于批判的四种模式,是笔者近来思考的结果。不过,关于批判的理解,则受到了国内外学者的启发,如德国《批判理论杂志》编辑出版人 G. 施威蓬豪伊塞尔(Gerhard Schweppenhäuser)关于批判与危机关系的考察,以及谢永康副教授关于批判与拯救关系的分析。

模式。

当然,上述关于批判模式的划分,只是为了更好地理解批判的复杂性,以及批判究竟是什么,并不表明这种划分囊括了一切批判,没有任何例外,也不表明这种划分已经无懈可击,完全能够自洽。实际上,为了揭示什么是批判理论,除考察批判的复杂性外,还要考察什么是理论?这需要从理论(theory/Theorie)与实践(practice/Praxis)关系谈起。关于理论与实践的关系,我们归结为以下四种理解:

第一,理论与实践"异中有同"。在古希腊,"实践"一词,从广义上说,一般是指有生命物的行为方式。亚里士多德第一次将实践提升为一个哲学概念。在《尼各马可伦理学》中,他将人的行为分为三类,即理论(θεωρία)、生产(παράγουν)、实践(πρακτικη)。在他看来,生产的目的在于它产生的结果,本身并不构成目的;与生产不同,实践的目的不在自身之外,而在自身之内,实践本身就是目的。在理论沉思中,人独自面对真理;与理论不同,实践活动总是在人际之间展开。不过,在本身就是目的这一点上,理论与实践又是相同的。正是在这个意义上,亚里士多德将理论视为最高的实践。简言之,在古希腊,理论是对永恒东西的观察和凝视,而实践的最根本的规定性在于:一是它本身就是目的;二是它不是人维持生命的生物活动和生产活动,不是人与自然之间的活动,而是人与人之间的政治伦理行为。[①] 当然,这也包括以可变东西为对象的行为。

第二,理论主义取向(用理论"吞噬"实践)。在《后形而上学思维:哲学文集》(1988,德文版)中,哈贝马斯说形而上学的基本特征之一,就是强大的理论概念。阿多尔诺认为,尽管康德区分了理论理性与实践理性,但其理论理性是指纯粹理性,而其实践理性则将去实践化与去对象化结合在一起。"理性的存在者"不是根据质料,而是根据形式包含着意志的决定根据,这就是康德的实践形式主义。这种理论主义倾向,与主体主义取向联系在一起。

[①] 关于古希腊实践概念的详细分析,参见张汝伦:《作为第一哲学的实践哲学及其实践概念》,载《复旦学报》,2005年第5期。

第三,实践主义取向(使理论"屈从于"实践)。在这里,或片面强调实践第一性,或制造实践神话。就前者而言,尽管柯尔施将理论与实践的关系问题视为马克思主义哲学的核心问题,但在具体论述中有突出实践的嫌疑;至于葛兰西的实践一元论则更加明显,尽管他对实践有独特的理解;阿尔都塞强调理论也是一种实践,即理论实践,表面似乎是抬高理论,但实际上暗含着使理论"屈从于"实践的倾向。就后者而言,美国实用主义,以及教条主义的马克思主义对于实践的片面强调,几乎达到了神话的程度。阿多尔诺的这种说法,对于理解理论与实践的关系有启发意义,但却未必完全正确,需要具体分析。

第四,理论与实践"有差异的统一"(理论与实践相互独立又不绝对分离,而是有差异的统一)。例如,阿多尔诺既反对实践第一性,强调理论批判的重要性;又将理论批判视为一种实践形式,目前甚至是唯一合理的形式——作为一种批判行为,它只能以理论的方式介入实践,否则就像大学生运动那样,变成一种"行动主义"(Aktionismus)、"实践主义"(Praktizismus)、"伪—行动"(Pseudo-Aktivität)。①

考察理论与实践的关系,主要是为了揭示批判理论(critical theory/kritische Theorie)的内涵。所谓批判理论,从广义讲,是指人们对(包括理性在内的)文明历史、社会现实进行批判性反思而形成的思想观点、理论学说,既包括古希腊传统的评判的艺术/批评的艺术在内的文化批判模式,又包括康德传统的纯粹理性批判/形而上学批判的内在批判模式,更包括马克思传统的政治经济学批判+意识形态批判的社会现实批判模式;从狭义讲,特指法兰克福学派"以辩证哲学与政治经济学批判为基础的"社会哲学理论,即形而上学批判与社会现实批判相结合模式。这里的批判理论,指的是法兰克福学派批判理论。

概括地说,批判理论第一期发展主要体现在以下三个方面:

第一,确立了社会哲学研究方向,确定了批判理论基本纲领。

---

① 详见〔德〕哈贝马斯:《后形而上学思想》,曹卫东等译,译林出版社,2001年版,以及谢永康:《形而上学的批判与拯救》关于理论与实践关系的分析。

C.格律贝格①领导的法兰克福大学社会研究所致力于社会主义史与工人运动史研究,对批判理论构建并没有什么实质性贡献。当然,他为社会研究所规定的超党派学术立场、跨学科研究方法,成为社会研究所的一笔宝贵精神财富,并为法兰克福学派批判理论的真正奠基人霍克海默,以及所有批判理论家所继承。然而,早在《社会哲学的现状与社会研究所的任务》(1931)②就职演说中,霍克海默就力图改变C.格律贝格"重史轻论"的学术路向,并将社会哲学确立为社会研究所的研究方向。他认为,社会哲学既不是一种阐释具体社会生活意义的价值哲学,又不是各种实证社会科学成果的综合,而是关于个体与社会关系、文化的意义、共同体形成的基础、社会生活的整体结构的思想。"社会哲学的最终目标是,对并非仅仅是作为个体的,而是作为共同体成员的人的命运进行哲学阐释。因此,社会哲学主要关心那些只有处于人类社会生活关系中才能理解的现象,即国家、法律、经济、宗教,简言之,社会哲学从根本上关心人类的全部物质文化和精神文化。"③在《社会研究杂志》创刊号(1932)"前言"中,霍克海默又强调,社会哲学研究要与具体科学研究、一般哲学研究、纯粹经验描述、当代形而上学主流精神、世界观和政治考虑区分开来,但要与社会学研究叠合在一起,通过对历史、现实和未来进行跨学科研究,揭示整个社会、个人心理与文化变化之间的关系,从而在总体上把握整个人类文明。

事实上,霍克海默不仅为社会研究所确立了社会哲学研究方向,而且还与马尔库塞一起确定了批判理论基本纲领。在《传统理论与批判理论》(霍克海默,1937)、《哲学与批判理论》(霍克海默、马尔库塞,1937)中,他们认为,批判理论并非在唯心主义的纯粹理性批判意义上使用的,而是在政治经济学的辩证批判意义上使用的。这意味着,法兰克福学派批判理论不是康德意义上的纯粹理性批判理论,而是青年马

---

① 〔奥〕C.格律贝格(1861—1940),又译格律恩堡,奥地利马克思主义之父,维也纳大学政治学教授,法兰克福社会研究所第一任所长(1924—1929)。

② 〔德〕霍克海默:《社会哲学的现状与社会研究所的任务》,王凤才译,载《马克思主义与现实》,2011年第5期。

③ Max Horkheimer, *Gesammelte Schriften*, Bd. 3, Hrsg. von Alfred Schmidt, Frankfurt/M.: Fischer, 1988, S. 20.

克思意义上的政治经济学批判理论,因而又称为"批判的社会理论"、"批判的马克思主义"。

例如,在《传统理论与批判理论》中,霍克海默从各个方面阐述了批判理论与传统理论之间的对立:一是从理论基础看,传统理论是以笛卡尔的《方法谈》(即《正确运用自己的理性来追求真理的方法》,1637)奠立的科学方法论为基础的,它只研究命题之间,以及命题与事实之间的相互关系,从而把理论视为外在于社会历史的;而批判理论则是以马克思的政治经济学批判为基础的,它关注包括人在内的社会整体,并对之进行具体的、历史的分析。二是从理论性质看,传统理论是超然物外的知识论,是缺乏批判维度和超越维度的顺从主义;而批判理论则是批判社会的激进思想,是具有批判维度和超越维度的批判主义。三是从理论目标看,传统理论仅仅是在认同、顺从、肯定社会现实中追求知识的增长;而批判理论则在批判、反叛、否定社会现实中追求社会的公正合理,以求得人的解放和人的幸福。[1]

第二,系统阐发了否定辩证法,试图为早期批判理论奠定规范基础。早期批判理论到底有没有规范基础?如果有,它是什么?如果没有,又意味着什么?这历来是有争议的,不过有一点倒是很明确:尽管早期社会研究所核心成员[2]的观点有所不同,但却有一个共同点,那就是他们都赞同否定辩证法(Negative Dialektik)。从这个角度看,是否可以将否定辩证法视为早期批判理论的规范基础?为了回答这个问题,首先需要弄清否定辩证法是什么。

众所周知,传统辩证法(无论柏拉图、黑格尔,还是马克思)都认为矛盾双方存在着对立统一关系,认为否定是包含着肯定因素的辩证的否定,否定之否定就是肯定。但在阿多尔诺看来,矛盾就意味着非同一,否定辩证法是一以贯之的非同一性意识。因而,否定辩证法摈斥否

---

[1] Vgl. Max Horkheimer, *Traditionelle und Kritische Theorie*, Frankfurt/M.: Suhrkamp, 2005, S. 205–259.

[2] 从与批判理论关系角度看,笔者将霍克海默、阿多尔诺、马尔库塞、洛文塔尔、波洛克等人视为早期社会研究所核心成员,而将 W. 本雅明、弗洛姆、诺伊曼、基希海默等人视为早期社会研究所外围人员。

定之否定这个传统辩证法图式,它应该摆脱同一性的还原主义传统,用非同一性原则代替同一性。"改变概念性的方向,使之转向非同一物,这是否定辩证法的关键。"①他认为,任何概念都不能与自身对象完全同一,因为概念本身已经包含了非概念的东西,即否定自身的非同一的东西。因而,否定辩证法必须努力"通过概念而摆脱概念"②,从根本上清除对概念的崇拜。这样,否定辩证法真正感兴趣的东西,就是黑格尔与传统相一致宣布他们不感兴趣的东西,即非概念的东西、个别的东西、特殊的东西。阿多尔诺从这种否定辩证法出发,对一切体系哲学、二元论哲学、本体论哲学在内的传统同一性哲学,尤其是对黑格尔的辩证法和海德格尔的基础本体论(Fundamentalontologie)进行了内在批判,并严厉批判了基础主义和形式主义、相对主义和绝对主义、主体主义和客观主义。当然,"对本体论的批判,并不想走向另一种本体论,即使非本体论的本体论"③。因而,否定辩证法既非方法又非实在,而是一种"反体系"④。

那么,这样一种否定辩证法能否成为早期批判理论的规范基础呢?笔者认为,否定辩证法作为法兰克福学派的共同思想,最早肇始于《哲学的现实性》(1931)一文⑤,经过《理性与革命》(马尔库塞,1941)、《启蒙辩证法》(霍克海默、阿多尔诺,1947),最终完成于《否定辩证法》(阿多尔诺,1966)。因而,否定辩证法是阿多尔诺对批判理论的最大贡献。事实上,自从《理性之蚀》(霍克海默,1946;即德文版《工具理性批判》,1967)、《启蒙辩证法》以来,早期批判理论家就将理性局限于工具理性,并对工具理性进行了严厉批判,这就放弃了将理性作为批判理论

---

① Theodor Wiesengrund Adorno, *Negative Dialektik*, Frankfurt/M.:Suhrkamp,1975,S. 24.
② Theodor Wiesengrund Adorno, *Negative Dialektik*, Frankfurt/M.:Suhrkamp,1975,S. 27.
③ Theodor Wiesengrund Adorno, *Negative Dialektik*, Frankfurt/M.:Suhrkamp,1975,S. 140.
④ Theodor Wiesengrund Adorno, *Negative Dialektik*, Frankfurt/M.:Suhrkamp,1975,S. 10.
⑤ 该文是阿多尔诺于1931年在法兰克福大学的就职演说。在该文中,他不仅力图避免普遍性概念,还极力清除自我满足的精神总体性观念,并提出了否定性、辩证的否定等概念,强调哲学应该严格排斥所有传统意义上的本体论问题,认为哲学问题集中在具体的内在于历史的复杂性中。由此可以断定,该文应该被视为否定辩证法的萌芽。王凤才译文,载《国外社会科学》,2013年第1期。

的规范基础的可能。不过,《否定辩证法》使之极端化而已。就是说,否定辩证法以非同一性为理论基础,以反概念、反体系、反传统为基本特征,以"被规定的否定"(bestimmte Negation)为核心,最终陷入了"瓦解的逻辑"[1]。从这个意义上说,否定辩证法不仅不是,反而解构了早期批判理论的规范基础,并由此成为后现代主义的理论渊源之一。[2] 这样说来,哈贝马斯、霍耐特、S. 本哈比等人的看法就是有根据的。他们认为,早期批判理论的缺陷之一,就是规范基础缺乏理论论证,或者说根本缺乏规范基础。于是,批判理论的规范基础问题,就成为阿多尔诺之后的批判理论家急于解决的问题,哈贝马斯是如此,维尔默也不例外。

第三,全方位批判现代工业文明,使批判理论系统化并加以运用。这主要体现在以下几个方面:

一是启蒙理性批判。《启蒙辩证法》的核心问题就是试图阐释:为什么在科学技术进步、工业文明发展似乎可以给人们带来幸福的时候,在理性之光普照世界大地的时候,"人们没有进入真正的人性完善状态,而是深深地陷入了野蛮状态"[3]？在这里,霍克海默、阿多尔诺以人与自然关系为主线,以神话与启蒙关系为核心,对启蒙理性进行了深刻的批判。他们不仅揭示了"神话已经是启蒙,启蒙倒退为神话"的过程,而且阐明了启蒙精神的实现过程,就是进步与倒退相交织、文明与野蛮相伴生的过程。因此霍克海默、阿多尔诺断定,启蒙精神最终走向了自我毁灭。

那么,启蒙理性批判究竟是一种什么性质的批判？哈贝马斯说,《启蒙辩证法》"没有充分注意到文化现代性的本质特征……根本没有

---

[1] Theodor Wiesengrund Adorno, *Negative Dialektik*, Frankfurt/M.: Suhrkamp, 1975, S. 148.

[2] 参见王凤才:《阿多尔诺:后现代主义的思想先驱》,载《山东大学学报》(哲学社会科学版),2002 年第 5 期。

[3] Max Horkheimer und Theodor Wiesengrund Adorno, *Dialektik der Aufklärung*, Frankfurt/M.: Fischer, 1988, S. 1.

告诉我们如何才能摆脱目的理性的神话暴力"①。所以,启蒙理性批判是一种带有悲观主义色彩的文化批判。但霍耐特指出,在《启蒙辩证法》中,霍克海默、阿多尔诺从自然史而非社会史出发重构欧洲文明过程。② 因而,启蒙理性批判并不是一种纯粹的文化批判,而是一种自然支配模型批判,一种开放的社会批判,其中贯穿着病理学诊断。维尔默认为,《启蒙辩证法》的不寻常之处,在于它试图把两个互不相容的传统,即启蒙理性批判传统与资本主义批判传统融合在一起。③

在笔者看来,所谓启蒙理性,就是一种以征服、支配自然为出发点,以科学知识万能、技术理性至上为特征,以人类中心主义为核心,以历史进步为目标的文明乐观主义。简言之,启蒙理性的核心价值就是,技术理性主义、个体中心主义、文明进步主义。因而,对启蒙理性批判需要从三个方面加以分析:其一,这个批判直接针对启蒙理性,但实际指向工业文明,甚至整个人类文明史。不过,需要纠正一个流传甚广的误读,即法兰克福学派否定科学技术、否定理性,甚至否定文明本身。事实上,他们只是想矫正科学技术滥用、工具理性膨胀带来的工业文明弊端。当然,在这个过程中,确实存在着情绪化和片面化倾向。其二,需要纠正一个较为普遍的看法,即法兰克福学派只是致力于文化和意识形态批判,不太注重经济分析。事实上,尽管早期批判理论确实是以文化和意识形态批判为核心,但并没有忽视,反而比较重视经济学分析。按照霍耐特的理解,在早期批判理论的历史哲学框架中,经济学解释模型、社会心理学解释模型、文化理论解释模型是相互补充的。④ 其三,这个批判核心在于对技术理性主义、人类中心主义、文明进步主义的批判。尽管它是带有浓厚浪漫主义色彩的悲观主义文化批判,但这种批

---

① [德]哈贝马斯:《现代性的哲学话语》,曹卫东等译,译林出版社,2004年,第131页。

② Axel Honneth, *Kritik der Macht. Reflexionsstufen einer kritischen Gesellschaftstheorie*, Frankfurt/M.:Suhrkamp,1989,S.49.

③ Albrecht Wellmer, *Zur Dialektik von Moderne und Postmoderne. Vernunftkritik nach Adorno*, Frankfurt/M.:Suhrkamp,1985,S.10.

④ Axel Honneth, *Die zerrissene Welt des Sozialen. Sozialphilosophische Aufsätze*, Frankfurt/M.:Suhrkamp,1999,S.32-36.

判性反思是发人深省的,实际上是对工具理性霸权、价值理性被贬抑的强烈抗议。这种批判立场,上承卢梭等人的浪漫主义、尼采等人的非理性主义、卢卡奇等人的早期西方马克思主义,下续福柯等人的后现代主义。因而可以说,无论是在西方马克思主义发展史上,还是在现当代西方哲学史上,它都占有十分重要的地位。

二是文化工业批判。早期批判理论家对大众文化/文化工业的态度有所不同,但否定性批判倾向占据支配地位,这在阿多尔诺那里表现得尤为突出。在《启蒙辩证法》第二部分,即"文化工业:作为大众欺骗的启蒙"中,阿多尔诺指出,一切文化工业都是相似的,无论从微观角度看,还是从宏观角度看,文化工业都表现出齐一性,从而使个性成为虚假的;文化工业产品作为一种特殊商品,只注重经济效益,并导致人格异化;文化工业通过广告诱导消费者,并通过娱乐活动或不断地向消费者许诺公开欺骗消费者。总之,"整个世界都经过了文化工业的过滤"①。

在《再论文化工业》(1963)②中,尽管阿多尔诺有限度地承认文化工业的作用,但仍然像在"文化工业:作为大众欺骗的启蒙"中一样,强调必须用文化工业(Kulturindustrie)代替大众文化(Massenkultur)概念,因为文化工业并不是从大众自身中自发成长起来的、服务于大众的通俗文化,也不是大众艺术的当代形态,而是为大众消费量身定制的,并在很大程度上规定着消费本身的文化工业产品;是技术化、标准化、商品化的娱乐工业体系;具有重复性、齐一性、欺骗性、辩护性、强制性特征;本质上是为了经济利益(即利润)人为制造出来的。因而,它试图通过人为刺激的虚假消费满足给人们带来虚假幸福,最终成为了一种消除人的反叛意识、维护现存社会秩序的意识形态,从而阻碍了个性形成发展和人的解放。由此可见,阿多尔诺对文化工业的态度总体上是否定的。尽管这种批判有过激和片面之嫌,但文化工业批判理论无疑是阿多尔诺对批判理论的又一重要贡献。这不仅是对西方文化危机振

---

① Max Horkheimer und Theodor Wiesengrund Adorno, *Dialektik der Aufklärung*, Frankfurt/M.: Fischer, 1988, S. 134.

② [德]阿多尔诺:《再论文化工业》,王凤才译,载《云南大学学报》(社会科学版),2012年第4期。

聋发聩的反思,而且对当代文化研究也产生了重要影响。

三是压抑性文明批判。像霍克海默、阿多尔诺一样,马尔库塞也对工业文明进行了激烈的批判。他在《爱欲与文明》(1955)、《单向度的人》(1964)等著作中指出,文明产生于"基本压抑"(basic repression),即为了维持文明延续而不得不对性本能进行的必要压抑;工业文明产生于"额外压抑"(surplus repression),即为了使文明永续而对性本能进行的附加压抑。这样,工业文明就是一种压抑性文明,而发达工业文明则是压抑性文明的顶峰。随着科学技术进步,文明不断发展,但文明发展必然伴随着沉重的代价。就是说,文明发展并没有给人们带来自由和幸福,而是带来了全面压抑和精神痛苦。可悲的是,人们在物质享受的虚假满足中,丧失了痛苦意识而充满了幸福意识,心甘情愿地成为发达工业文明的奴隶。然而,尽管"发达工业文明的奴隶是升华了的奴隶,但他们仍然是奴隶"①。

与霍克海默、阿多尔诺的悲观态度不同,马尔库塞试图在改造弗洛伊德压抑性文明论基础上重建非压抑性文明。为了重建非压抑性文明,必须重建新文明观念,确立新文明目标。为此目的:其一,要超越现实原则,重建现实原则与快乐原则的关系,协调感性力量与理性力量的关系;其二,要将工作转变为游戏,消除一切异化劳动和异化现象;其三,要将性欲转变为爱欲,重建爱欲与文明的关系,通过性文化革命改变现存社会秩序,重建人与自然的和谐、人与人的和谐,实现非压抑性升华。当然,重建非压抑性文明并不意味着回归原始自然状态,而是寄希望于文明的进一步发展。可见,马尔库塞对待未来文明的态度是相对乐观的,但最终没有摆脱悲观主义结局:"批判的社会理论并不拥有能够消除当代与未来之间鸿沟的概念;它不承诺任何东西,不显示任何效果,它保留的只是否定。因而,它想忠诚于那些自身生活毫无希望,正在和将要献身于大拒绝的人们。"②

---

①Herbert Marcuse, *Der eindimensionale Mensch*, München: Deutscher Taschenbuch Verlag, 1998, S. 53.
②Herbert Marcuse, *Der eindimensionale Mensch*, München: Deutscher Taschenbuch Verlag, 1998, S. 268.

尽管马尔库塞对发达工业文明的批判有过激之嫌，但他不仅揭示了发达工业社会的某些新特点，而且提出了某些令人深思的问题与合理的见解。正如李小兵所说，作为反潮流的思想家，马尔库塞的思想是偏激的，其思想中的空想成分俯拾皆是，但他捍卫知识价值、艺术价值、精神价值、人的价值。"马尔库塞的思想，表现出他作为当代思想家的独创个性：不是社会现实的建设者和辩护者，也不是人类原初精神家园的追忆者和眷恋者（像他的先师海德格尔那样）。毋宁说，马尔库塞是一位面向未来的预言家。"[①]我们认为，从根本上说，马尔库塞的非压抑性文明论是一种爱欲解放论。尽管马尔库塞极力反对将它理解为性解放论，但它对性解放确实起到了推波助澜的作用，而且它试图通过性文化革命反叛现存社会秩序也具有空想性。不过，马尔库塞的非压抑性文明论，以西方发达工业社会压抑性文明批判为核心，以重建非压抑性文明、实现人的爱欲解放为目标，尤其是重建感性与理性关系、爱欲与文明关系、人与自然关系、人与人关系的构想，对于克服工业文明弊端，实现科学精神与人文精神的融合具有重要的启发意义。

二、批判理论第二期发展：从批判理论到新批判理论

概括地说，批判理论第二期发展主要体现在以下四个方面：

第一，对早期批判理论进行批判性反思。对早期批判理论进行批判性反思，这是阿多尔诺之后的批判理论家首先要做的事情，哈贝马斯可谓开风气之先。在20世纪80年代初的一次学术访谈中，当霍耐特等人问到"早期批判理论的不足之处在哪里"时，哈贝马斯回答说，早期批判理论的缺陷主要体现在：一是局限于工具理性批判，而没有对复杂的社会现实进行经验分析，由此陷入了抽象的文化哲学批判之中，从而使批判理论缺乏规范基础；二是未能扬弃黑格尔的理性概念，不能真正把握理性的含义；三是未能认真对待资产阶级民主，不能客观地评价

[①] 参见〔美〕马尔库塞：《审美之维》，李小兵译，广西师范大学出版社，2001年，"译序"第20页。

后期资本主义(Spätkapitalismus)①社会福利政策所取得的成就。总之，早期批判理论仍然以马克思的历史哲学为根据，始终未跳出主体哲学窠臼。然而，运用主体哲学范式反思现代文明问题已经进入了死胡同。所以，需要转变哲学范式：从侧重主体与客体关系、崇尚主体性的主体哲学转向侧重语言与世界关系、崇尚主体间性的语言哲学，从传统批判理论转向交往行为理论。

第二，创立交往行为理论，重建批判理论的规范基础。早期批判理论家试图修正马克思的某些预测，但并没有打算彻底告别马克思。当然，流亡经历肯定影响了他们的历史唯物主义立场。就像德国政治哲学家 H. 杜比尔所说，20 世纪 30 年代，他们还从历史哲学角度对理性抱有部分信任，但到了《启蒙辩证法》中，这种信任就消失殆尽：他们反对将理性作为意识形态批判的有效基础，认为意识形态批判应该让位于总体性批判。哈贝马斯认为，《启蒙辩证法》更多地应归功于尼采，因为在《美学理论》(阿多尔诺，1970)之前，尼采第一个使审美现代性概念化，并将意识形态批判转向了谱系学批判。因而可以说，"尼采的知识批判与道德批判也预设了霍克海默、阿多尔诺用工具理性批判形式所阐述的思想"②。在启蒙传统中，启蒙理性总是被理解为神话的对立面，但霍克海默、阿多尔诺强调启蒙与神话的共谋关系，并告诫人们不要对启蒙的拯救力量抱有任何希望。这样，"他们就从早先对实证主义科学观的批判，转变为对被工具理性同化的整个科学的不满；并从元伦理道德阐释的批判，转向对道德怀疑主义的赞同"③。当然，哈贝马斯的这种解读，并不完全符合实际情况。

在哈贝马斯看来，从马克斯·韦伯、卢卡奇一直到早期批判理论，现代性概念的立足点就是"被总体管理的社会"(totale verwaltete Soziale)与

---

①在西方学界，Spätkapitalismus 概念为阿多尔诺、曼德尔、哈贝马斯、詹姆逊等人使用，国内学界一般译成晚期资本主义。笔者以为，结合现代资本主义的实际情况，以及他们使用这个概念的语境，译成后期资本主义或许更恰当一些。

②〔德〕哈贝马斯：《现代性的哲学话语》，曹卫东等译，译林出版社，2004 年，第 141 页。

③〔德〕哈贝马斯：《现代性的哲学话语》，曹卫东等译，译林出版社，2004 年，第 128—129 页。

"被伤害的个体主体"(verletzte individuelle Subjekte)之间的对立,但霍克海默、阿多尔诺把 M. 韦伯的"铁的牢笼"主题重新解释为黑格尔主义的马克思主义的历史哲学语言,并将现代性批判还原为工具理性批判。因而,他们只是对工具理性进行了内在批判,但没有说明这种内在批判的根据何在,从而没有为批判理论奠定坚实的规范基础。为了重建批判理论的规范基础,从 20 世纪 60 年代哈贝马斯就开始酝酿交往行为理论,至 80 年代初得以完成,从而实现了批判理论的"语言哲学转向"。在哈贝马斯那里,所谓交往行为(kommunikatives Handeln),就是指至少两个具有语言能力和行为能力的主体通过语言或其他媒介所达到的相互理解和协调一致行为,实质上是主体之间以语言或其他符号为媒介通过没有任何强制的诚实对话而达到共识、和谐的行为。交往行为的有效性要求,即"真实性"(Wahrheit)、"正当性"(Richtigkeit)、"真诚性"(Wahrhaftigkeit),是交往合理性得以重建的前提条件。交往行为理论作为哈贝马斯论的核心,主要是探讨交往合理性问题。因而,在一定意义上说,交往行为理论就是交往合理性理论。哈贝马斯相信,交往合理性理论可以摆脱主体哲学前提,能够对黑格尔的"伦理"(Sittlichkeit)进行重建,并可以从中归纳出一种新古典主义的现代性概念,即交往合理性概念,以便作为批判理论的规范基础。

第三,现代性话语的批判与重建。与某些后现代理论家试图"告别现代性"不同,哈贝马斯把现代性视为一项未完成的规划,认为现代性还要继续发展,但是必须用政治意志和政治意识加以引导,因而需要对现代性话语进行批判与重建。

在《现代性的哲学话语》(1985)中,哈贝马斯将笛卡尔确立的主体性原则视为现代性的基本原则,同时断定这个原则使现代世界进步与异化并存。所以,关于现代性的最初探讨中就包含着对现代性的批判。在这个意义上可以说,席勒的《审美教育书简》(1795)是现代性审美批判的第一部纲领性文献。因为在那里,席勒批判了异化劳动、官僚政治,以及远离日常生活问题的知性科学,强调艺术是通过教化使人达到真正政治自由的中介。18 世纪末,黑格尔首先提出了现代性的自我批判与自我确证问题,创立了启蒙辩证法原则。而一旦有了这个原则,现代性自我确证问题就能做到万变不离其宗。所以说,尽管黑格尔不是第一位现代哲学家,但"却是第一个意识到现代性问题,并清楚阐释现代性概念的哲学家"①。在黑格尔之后,现代性话语出现了三个视角,即黑格尔左派、黑格尔右派和尼采。

然而,无论黑格尔,还是嫡传左派或右派,都未曾想对现代性成就提出过严肃质疑。只有尼采试图打破西方理性主义框架,认定人们对现代性已经无可奈何,因而放弃了对主体理性的再修正,并放弃了启蒙辩证法原则。换言之,尼采依靠超越理性视阈的激进的理性批判,最终建立起权力理论的现代性概念。哈贝马斯指出,随着尼采进入现代性话语,整个讨论局面发生了天翻地覆的变化。从此以后,现代性话语不再坚持解放内涵,并在两个方向上被发扬光大:一是从海德格尔到德里达;二是从巴塔耶到福柯。"如果说尼采打开了后现代的大门;那么海德格尔与巴塔耶则在尼采基础上开辟了两条通往后现代的路径。"②

在"尼采讲座"(1939—1946)中,海德格尔继承了黑格尔以来构成现代性话语的主题动机,但却独创性地将现代主体统治落实到形而上学历史中,贯穿于现代时间意识中。如果说尼采曾经希望通过瓦格纳歌剧回到古希腊悲剧中"未来的过去",那么海德格尔也希望从尼采权力意志形而上学回到前苏格拉底。然而,海德格尔在拒绝主体哲学本体论化的过程中,仍然拘泥于主体哲学的提问方式,因而,除了抽象否定之外,海德格尔也没有给出打破主体哲学牢笼的途径,最终还在否定意义上坚持了主体哲学的基础主义,比如《存在与时间》(1927)就流露出空洞抉择的决定论倾向。哈贝马斯认为,在《存在与时间》中,尽管海德格尔通过对"此在"(Dasein)的生存论分析为走出主体哲学框架做出了许多努力,但没有从交往行为理论角度回答"此在为谁"的问题;尽管他已经意识到自己走出主体哲学的努力失败了,但没有意识到这是追寻存在意义问题的必然结果。在后期海德格尔那里,出现了从基础本体论到"思"(Denken)的转向。这体现在三个方面:一是放弃了

---

① 〔德〕哈贝马斯:《现代性的哲学话语》,曹卫东等译,译林出版社,2004年,第51页。
② 〔德〕哈贝马斯:《现代性的哲学话语》,曹卫东等译,译林出版社,2004年,第121页。

形而上学提出的自我确证要求;二是拒绝了存在本体论的自由概念;三是否定了还原到第一原则的基础主义思想。哈贝马斯说,这本来可以作为走出主体哲学死胡同的出路,但是海德格尔断然拒绝这种做法。当然,后期海德格尔用"事件"(Ereignis)取代"此在","超越了尼采的形而上学分析,而且事实上也脱离了现代性话语"①。

德里达沿着海德格尔的路径,试图与胡塞尔的"在场形而上学"划清界限。在《声音与现象》(1967)中,德里达反对胡塞尔的意义理论,并揭露现象学的形而上学特征。他说,胡塞尔放任自己被西方形而上学基本观念所蒙蔽,即理想的自我认同的意义只能由活生生的在场加以保证。在《文字学》(1967)中,德里达把文字学称为形而上学批判的科学导言,因为它深入到了模仿声音的文字的根源之中。哈贝马斯指出,尽管可以将德里达的解构主义与阿多尔诺的否定辩证法视为对同一问题的不同回答,但阿多尔诺的否定辩证法与海德格尔的形而上学批判一样不能令人满意;而德里达试图颠覆逻辑学优于修辞学的传统,让修辞学成为逻辑学的基础,并解构哲学与文学、文学与文学批评的差异,这固然受到了罗蒂的追捧,但却是一种错误的诉求。哈贝马斯说,尽管德里达摆脱了后期海德格尔的隐喻学,并超越了海德格尔试图颠覆的基础主义,从而他的语音中心论批判可以被视为超越本源哲学过程的关键一环,但是德里达最终未能摆脱海德格尔的束缚,因而也未能走出主体哲学窠臼。

哈贝马斯指出,巴塔耶与海德格尔一样都致力于打破现代性牢笼,并试图打开西方理性的封闭空间,但与后者有着不同的人生取向和政治选择,这主要是基于两种不同的体验:超现实主义审美体验和左翼激进主义政治体验。"他们之所以有如此巨大的差异,原因在于巴塔耶在攻击理性时并没有触及到认知合理性的基础,即科学技术客观化的本体论前提,而是关注伦理合理性的基础。虽然巴塔耶给现代性的哲学话语指出的方向与海德格尔的方向相似,但他选择了另外一种完全

---

① [德]哈贝马斯:《现代性的哲学话语》,曹卫东等译,译林出版社,2004年,第186页。

不同的途径来告别现代性。"①就是说,巴塔耶继承了萨德的黑色写作风格,并试图继承尼采作为意识形态批判家留下的遗产,从而表现出与尼采的亲缘性。这主要表现在对审美自由概念,以及超人自我的捍卫。因而,哈贝马斯断言,尽管巴塔耶与青年卢卡奇、早期批判理论有相似之处,但他所思考的问题根本不是物化理论,而是关于排挤的历史哲学,关于不断剥夺神圣的治外法权的历史哲学,最终是用人类学来扬弃经济学的消极的形而上学世界观。

诚然,作为"纯粹历史学家"、哲学家的福柯与作为人类学家、社会学家的巴塔耶根本不属于同一传统中成长起来的人,但巴塔耶反对启蒙的性话语非自然化,并试图恢复性放纵、宗教放纵的色情意义,这深深地吸引了福柯。所以说,尼采的理性批判主题是经过巴塔耶而非经过海德格尔传给了福柯。福柯在《词与物》(1966)中指出,现代性的特征在于主体具有自相矛盾的、人类中心的知识型。在尼采的影响下,福柯从60年代末开始就力图将历史学与人文科学对立起来。哈贝马斯说:"海德格尔和德里达想沿着解构形而上学的思路把尼采的理性批判纲领推向前进,福柯则想通过解构历史学实现这一目的。海德格尔和德里达用超越哲学的思想来超越哲学,福柯则用以反科学形式出现的历史学来超越人文科学。"②但是,福柯一直没有弄清楚话语与实践的关系。直到70年代初,他才力图将知识考古学与权力谱系学区分开来,在方法论上告别解释学,并试图抛弃现代性的在场时间意识,从而把普遍历史推向了终结。这样,福柯就遇到了三个难题:一是没有认识到人文科学考古学与海德格尔的形而上学批判之间的亲缘性;二是福柯与结构主义之间的亲缘性是成问题的;三是仅用知识考古学手段研究人文科学的发生,最终陷入了尴尬境地。总之,福柯无法用从主体哲学中获得的权力概念,消除他所批判的主体哲学的种种困境。

综上所述,从黑格尔到马克思,经过尼采到海德格尔和德里达,或

---

①〔德〕哈贝马斯:《现代性的哲学话语》,曹卫东等译,译林出版社,2004年,第248页。
②〔德〕哈贝马斯:《现代性的哲学话语》,曹卫东等译,译林出版社,2004年,第300页。

巴塔耶和福柯,对现代性的批判最终都没有摆脱主体哲学窠臼,没有走出主体理性批判模式。但主体理性,以及自我意识结构只是理性的一个侧面,而非全部理性。

第四,揭露现代文明危机根源,寻找通往未来文明之路。在这里,哈贝马斯主要做了三方面工作:(1)划分后期资本主义危机类型:一是经济危机,即以利润率下降为特征的经济系统的持续性危机;二是合理性危机,即由合理性欠缺所导致的政治系统的产出危机,它是一种被转嫁的系统危机;三是合法化危机,即由合法性欠缺所导致的政治系统的投入危机,它是一种直接认同危机;四是动因危机,即由合作动机欠缺所导致的文化系统的产出危机。[①](2)揭露现代文明危机根源。他指出,自19世纪最后25年以来,后期资本主义社会出现了两个巨大变化:一是国家强化了对经济生活的干预;二是科学技术成为了第一生产力并变成了意识形态。这两个变化使得交往合理性与工具理性的关系发生紊乱,从而导致了生活世界殖民化(Kolonialisierung der Lebenswelt),即作为现代文明系统的市场经济系统和官僚政治系统,借助于货币媒介和权力媒介侵蚀了原本属于非市场和非商品化的私人领域和公共领域,从而导致生活世界意义和价值丧失;同时,由于现代技术进步服务于生产力发展,放逐了早期市民社会的自由、平等、正义这些价值观念,从而使文化世界荒芜,最终导致了文明危机。(3)寻找摆脱文明危机的途径、通往未来文明之路。他认为,既然后期资本主义文明危机根源于生活世界殖民化,那么摆脱文明危机的途径,就在于生活世界殖民化的克服。为此目的,必须重新协调系统与生活世界的关系,平衡工具理性与交往合理性的关系,重建交往合理性。所谓交往合理性(kommunikative Rationalität),就是交往主体以语言或其他符号为媒介,通过没有任何强制性的诚实对话,达到相互理解、获得共识为目的的理性。因此,交往合理性本质上是对话性的。只有重建交往合理性,才能实现社会合理化。所谓社会合理化(soziale Rationalisierung),就是

---

① Vgl. Jürgen Habermas, *Legitimationsprobleme im Spätkapitalismus*, Frankfurt/M.:Suhrkamp,1973,S. 73 – 128.

借助于普通语用学改变社会舆论结构,创造理想言谈情境,使所有对某一情境不满的人,自由地进入讨论该问题的话语结构中,经过协商达成普遍共识,在此基础上,实现个人与社会的协调一致。

由此可见,像早期批判理论家一样,哈贝马斯也对现代工业文明进行了批判,不仅区分了文明危机类型,而且揭露了文明危机根源,但在摆脱文明危机的途径、通往未来文明之路问题上,哈贝马斯与早期批判理论家是不同的:霍克海默、阿多尔诺对工业文明只是激进地批判,没有找到摆脱文明危机的途径,也没有指出通往未来文明之路——要么在早期资本主义文明的认同中自我安慰(霍克海默),要么在现代资本主义文明的否定中自我折磨(阿多尔诺),马尔库塞则在非压抑文明性文明的憧憬中自我陶醉;而哈贝马斯对现代工业文明则表现出辩护倾向,并试图在现代工业文明校正中重建后期资本主义文明。他主张用理解、宽容、和解的态度处理不同信仰、不同价值观、不同生活方式、不同文化传统、人际关系和国际关系,因为只有话语民主才是社会交往、文化交流的行为准则,是建立理想、公正、稳定社会秩序的前提条件,是社会文明合理性的基础,是社会合理化的根本标志,是未来文明发展方向。

三、批判理论第三期发展:从新批判理论到后批判理论

批判理论第三期发展,实现了批判理论的"政治伦理转向"。

所谓转向:一是指研究思路、基本观点转变,如康德的"哥白尼式革命"、近代哲学的"主体主义转向";二是指研究领域、研究侧重点转变,如这里所说的"政治伦理转向"。它意味着,在这之前,政治伦理向度在批判理论中至多处于边缘地位;在这之后,政治伦理向度在批判理论中处于核心地位。从这个角度看,早期批判理论中确实存在着政治伦理向度,但它只处于边缘地位而非核心地位。这有两层意思:一是该向度为社会研究所外围人员所拥有;二是该向度在社会研究所核心成员那里只处于边缘地位。

尽管在20世纪60年代至70年代,哈贝马斯就讨论了政治哲学、道德哲学问题。例如,在《公共领域的结构转型》(1962)中,不仅讨论了公共领域的历史形成与构想,而且分析了公共领域的社会结构及其转型,并试图在新的理论框架下考察政治公共领域及其功能转型等问题;[①]在《理论与实践》中,分析了古典政治学说与现代社会哲学的关系、自然法与政治革命的关系,以及黑格尔的政治哲学等问题;在《后期资本主义的合法性问题》(1973)中,讨论了道德发展与自我认同等问题,尤其考察了后期资本主义合法化危机问题。然而,所有这些在前期哈贝马斯视阈中都处于边缘地位。创立交往行为理论、试图为批判理论奠定规范基础,才是前期哈贝马斯工作重心之所在。应该说,批判理论的"政治伦理转向"始于后期哈贝马斯,维尔默、奥菲进一步推进了这个转向,霍耐特则最终完成了这个转向。

第一,后期哈贝马斯的话语伦理学与协商政治理论,开启了批判理论的"政治伦理转向"。交往行为理论,即交往合理性理论是话语伦理学的理论基础,话语伦理学是交往行为理论在伦理学领域的拓展。因而,理解交往行为就成为理解话语伦理学的前提。在哈贝马斯那里,交往行为的三个有效性要求,即断言的真实性、规范的正当性、表达的真诚性,是重建交往合理性的前提。交往合理性与工具理性本质上是不同的,它不仅注重交往行为的有效性要求,而且遵守道德规范要求。这样,交往合理性就不仅是交往行为理论的核心概念之一,而且是话语伦理学的核心概念之一。

如果说交往合理性理论是话语伦理学基础,那么U原则与D原则就是话语伦理学基本原则。在《后期资本主义的合法性问题》中,当讨论"实践问题的真诚性"时,哈贝马斯就指出:"规范有效性要求的基础,不是缔约双方的非理性意志行为,而是由合理性动机诱发的对规范的承认。所以,规范的认知要素并不局限于规范行为期待的命题内涵;毋宁说,规范有效性要求本身在假定意义上是认知的,这种规范有效性

---

① Jürgen Habermas, *Strukturwandel der Öffentlichkeit*, Frankfurt/M.: Suhrkamp, 1990, S. 11–50.

要求是通过话语来兑现的,即存在于参与者通过论证获得的共识中。"①就是说,由于所有参与者原则上都有机会参与实际协商,因而这种话语意志形成的理性就在于被提高为规范的行为期待,在没有欺骗情况下使被确定下来的共同利益具有正当性。在《道德意识与交往行为》(1983)、《话语伦理学解说》(1991)中,哈贝马斯又详细阐发了 U 原则和 D 原则。U 原则,即普遍化原则(Universalisierungsprinzip),是指"每个有效规范都必须满足这些条件,即对该规范的普遍遵守所产生的预期效果与附带效果,对每个具体的人的利益满足来说,能够为所有参与者非强制地接受"②。D 原则,即话语伦理原则(Diskursethischer Grundsatz),是指"每个有效规范都将会得到所有参与者的赞同,只要他们能参与实践话语"③。

自从 1903 年 G. E. 摩尔提出元伦理学(meta-ethics)与规范伦理学(normative ethics)的划分,就宣告了元伦理学时代的到来。从此以后,元伦理学就成为与规范伦理学相对立的当代西方最重要的伦理学说。在当代西方元伦理学中,尽管 R. M. 黑尔力图将普遍主义与规定主义结合起来,创立一种普遍的规定主义伦理学,使事实、逻辑、价值统一起来,从而使元伦理学从非认知主义、反规范主义转向认知主义、价值规范科学,但从总体上看,当代西方元伦理学,如 G. E. 摩尔的价值论直觉主义、S. W. D. 罗斯的义务论直觉主义、C. L. 斯蒂文逊的情感主义、S. E. 图尔敏的规定主义,或多或少都与道德怀疑主义有牵连——或者本身就是道德怀疑主义,或者最终滑向了道德怀疑主义。在这种背景下,哈贝马斯的话语伦理学强调实践话语普遍化、话语伦理普遍性、道德规范有效性,可以被视为继罗尔斯的《正义论》(1971)之后,道德普遍主义的又一次高扬。尽管有些西方学者,如 A. 阿雷托将哈贝马斯的话语伦理学归结为政治伦理学未必完全正确,但是话语伦理学成

---

① Jürgen Habermas, *Legitimationsprobleme im Spätkapitalismus*, Frankfurt/M.: Suhrkamp, 1973, S. 144.
② Jürgen Habermas, *Moralbewußtsein und Kommunikatives Handeln*, Frankfurt/M.: Suhrkamp, 1983, S. 131.
③ Jürgen Habermas, *Moralbewußtsein und Kommunikatives Handeln*, Frankfurt/M.: Suhrkamp, 1983, S. 132.

为后期哈贝马斯的政治哲学,即协商政治理论的一个基准点,则是确定无疑的。

协商政治理论作为话语理论的拓展和运用,主要体现在《事实与价值:关于法权的和民主法治国家的话语理论》(1992)、《包容他者:政治理论研究》(1997)、《后民族结构:政治文集》(1998)等著作中。

《事实与价值:关于法权的和民主法治国家的话语理论》作为后期哈贝马斯最重要的法哲学著作,对批判理论的"政治伦理转向"贡献在于:

一是将交往行为理论当作法权话语理论的基础,揭示触及到交往行为理论基础的事实与价值之间的张力,并试图澄清常常被人忽视的"交往行为理论的多元主义特质"①。在这里,哈贝马斯不仅讨论了作为事实与价值之社会媒介范畴的法权,而且讨论了社会学的法权构想与哲学的正义构想。他指出,法权话语理论就是要重构现代道德实践的自我理解,以便保护自己的规范内核既能够抵制科学主义的还原,又能够抵制审美主义的同化。

二是用话语伦理学阐发法权话语理论的内容,揭示法权本身蕴含着的事实与价值之间的张力,并重新阐释道德规范与法律规范的关系。在这里,哈贝马斯在法权话语理论框架中,不仅讨论了法权体系和法治国家原则,而且讨论了法权的不确定性与判决的合理性,以及宪法判决的作用与合法性问题,尤其是重新阐释了道德规范与法律规范的复杂关系。哈贝马斯指出,道德规范与法律规范都是用来调节人际关系冲突的,它们都应平等地保护所有参与者及其自主性,但两者的调节对象和外延是不同的:前者保护个体的人格完整,后者保护法权共同体成员的人格完整。但在后形而上学论证基础上,道德规范与法律规范应该协调一致。

三是在澄清协商政治(deliberative Politik)内涵的基础上,从社会学视角检视对复杂的社会权力循环过程进行法治国家调节的条件,

---

① Jürgen Habermas, *Faktizität und Geltung. Beiträge zur Diskurstheorie des Rechts und des demokratischen Rechtsstaats*, Frankfurt/M.:Suhrkamp,1992, S. 9.

并从合法性视角讨论话语民主理论,最终提出程序主义的法权模型。①在这里,哈贝马斯讨论了经验民主模型、规范民主模型,以及程序民主概念,并讨论了公民社会与政治公共领域的作用。他指出,在复杂的社会中,要在素不相识的人们之间建立具有道德法则性质的相互尊重关系,法律仍然是唯一的媒介。

当然,对于社会秩序建构这个"霍布斯难题",无法用个别行为者合理抉择的偶然聚合做出满意解释。在语言学转向之后,康德的道德义务论获得了话语理论理解。由此,契约模型就为话语模型所取代:法权共同体是通过协商达成的共识构成的而非通过社会契约构成的。这样,哈贝马斯就将话语伦理学的普遍化原则发展成为话语民主理论的协商原则。所谓协商原则(deliberativer Grundsatz),是指"只有那些所有可能的相关者(作为合理协商参与者)都可能同意的行为规范才是有效的"②。在此基础上,哈贝马斯提出了超越自由主义与共和主义的程序主义法权模型。在这个模型中,富有生机的公民社会与健全的政治公共领域必须能够承担相当部分的规范期待。

作为后期哈贝马斯的政治哲学、道德哲学文集,《包容他者:政治理论研究》③的核心问题是:在今天,共和主义的普遍内涵究竟带来了什么后果?在这里,哈贝马斯试图从多元主义社会、跨民族国家、世界公民社会三个视角加以论述。④该文集对批判理论的"政治伦理转向"贡献在于:

一是进一步阐发"对差异十分敏感的道德普遍主义",它要求"每个人相互之间都平等尊重,这种尊重就是对他者的包容,而且是对他者的他性的包容,在包容过程中既不同化他者,也不利用他者"⑤。因而

---

①Vgl. Jürgen Habermas, *Faktizität und Geltung. Beiträge zur Diskurstheorie des Rechts und des demokratischen Rechtsstaats*, Frankfurt/M.: Suhrkamp, 1992, S. 10.

②Vgl. Jürgen Habermas, *Faktizität und Geltung. Beiträge zur Diskurstheorie des Rechts und des demokratischen Rechtsstaats*, Frankfurt/M.: Suhrkamp, 1992, S. 459.

③德文版题名。

④Vgl. Jürgen Habermas, *Die Einbeziehung des Anderen*, Frankfurt/M.: Suhrkamp, 1997, "Vorwort".

⑤[德]哈贝马斯:《包容他者》,曹卫东译,上海人民出版社,2002年,第43页。

"包容他者"意味着:道德共同体对所有人开放,包括那些陌生人或想保持陌生的人;要求平等尊重每个人,包括他者的人格或特殊性;要求所有人都团结起来,共同为他者承担义务。

二是与罗尔斯的政治自由主义相比,话语理论更适合把握道德直觉观念。哈贝马斯高度评价罗尔斯的《正义论》,认为它是当代实践哲学里程碑式的著作,因为它恢复了长期以来备受压抑的道德问题作为哲学研究对象的地位。但是,哈贝马斯怀疑罗尔斯是否始终如一地以最有说服力的方式运用自己的直觉观念。因而,在肯定罗尔斯的正义论的基础上,哈贝马斯批评罗尔斯的政治自由主义,并力图将它与自己的康德式的共和主义区分开来。哈贝马斯认为,与罗尔斯的政治自由主义相比,他自己的话语理论更适合把握他们共同关注的道德直觉观念。

三是进一步拓展了公民身份与民族认同观念,并探讨在全球范围内,以及一国范围内的人权承认问题。哈贝马斯指出,在整个世界已经成为风险共同体(Risikogemeinschaft)的背景下,公民身份与民族认同问题越来越迫切;国际人权承认问题日益凸显;主流政治文化压制少数民族文化的倾向遭到了抵制。因而,承认政治应当能够保障不同亚文化、不同生活方式在一个法治国家内平等共处,即使没有共同体的权利与生存保障,承认政治也应该能够贯彻下来。

四是在论述三种民主规范模式的基础上,再次论述法治国家与民主的内在关联,进一步完善协商政治理论。在哈贝马斯看来,自由主义与共和主义的主要分歧在于对民主进程作用的理解不同,从而导致了对公民地位、法律观念、政治意志形成过程的不同理解。他认为,实际上,自由主义与共和主义各有优缺点,而自己的协商政治理论吸收了两者的优点,将民主程序与规范内涵融合起来。就是说,这种程序主义的民主理论在协商、自我理解话语与正义话语之间建立起了内在关联。这样,协商政治理论作为民主与法治国家的基本观念,就有助于揭示人民主权与人权同源同宗这一事实。

《后民族结构:政治文集》作为后期哈贝马斯的政治哲学文集,围绕着"在超越民族界限的情况下,社会福利国家的民主如何能够持续和发展"这个核心问题,表达了他对当前德国政治与国际政治等问题

的看法。① 因而,该文集对批判理论的"政治伦理转向"贡献在于:

一是从不同视角讨论了民族结构,分析了从文化民族概念到民族国家概念的转变,认为:"德国的政治统一可以被描述为长期以来形成的文化民族统一体的过时的完成……在民族国家中,语言共同体必须与法权共同体一致。因为,每个民族似乎从一开始就有政治独立权利。"②

二是探讨了民主合法性与社会正义的关系。他指出,"没有社会正义就没有民主合法性",这是保守主义的基本原则之一。但是,哈贝马斯既不认同保守主义,又对超越新自由主义和社会民主主义的第三条道路不抱任何希望,至少对"超越左和右"的乌托邦设计持怀疑态度。因为在他看来,革命派与保守派之间存在着角色互换的可能。

三是在欧盟实现联邦制的基础上,在未来可以建立一种既能够保持差异性,又能够实现社会均衡的新世界秩序。"对每个社会的和文化的暴力驯化来说,欧洲既要保护自己不受后殖民主义侵蚀,又不退回到欧洲中心主义之中。"③就是说,即使对关于人权的文化间性话语,也能够保持这种充分"解中心化的"(dezentrierte)视角。

第二,维尔默的政治伦理学与奥菲的福利国家危机理论,进一步推进了批判理论的"政治伦理转向"。毫无疑问,维尔默与第一代批判理论家,尤其是与第二代批判理论家有着直接的学术传承关系。尽管一般将维尔默划归为第三代批判理论家,但实际上,他是介于法兰克福学派第二代与第三代之间的过渡性人物,是批判理论第二期发展与第三期发展之间的中介人物,在批判理论发展史上具有承前启后的作用。可以说,维尔默的政治伦理学介于批判理论与后批判理论、现代主义与后现代主义、自由主义与社群主义、普遍主义与特殊主义之间,对批判理论的"政治伦理转向"做出了重要贡献。

---

①Vgl. Jürgen Habermas, *Die Postnationale Konstellation*, Frankfurt/M.: Suhrkamp, 1998, "Vorwort".

②Jürgen Habermas, *Die Postnationale Konstellation*, Frankfurt/M.: Suhrkamp, 1998, S. 23.

③Jürgen Habermas, *Die Postnationale Konstellation*, Frankfurt/M.: Suhrkamp, 1998, S. 9.

一是批判理论的规范基础重建:政治伦理学的理论背景。正如前面所说,哈贝马斯、S.本哈比、霍耐特等人认为,早期批判理论的缺陷之一,就是缺乏对规范基础的理论论证,或者说根本缺乏规范基础。那么,早期批判理论到底有没有规范基础? 这历来是有争议的问题。实际上,从霍克海默等人的启蒙辩证法,到阿多尔诺的否定辩证法,再到哈贝马斯的交往合理性理论,都是构建批判理论的规范基础的尝试。为了阐发政治伦理学,维尔默首先必须解决规范基础这个前提性问题。笔者认为,在批判理论的规范基础重建问题上,维尔默与哈贝马斯有四个共同点:其一,都认为早期批判理论只是致力于纯粹批判——或者是悲观主义文化批判,或者是启蒙理性批判与资本主义批判的结合,从而缺乏规范基础;其二,都认为早期批判理论仍然处在主体哲学框架中,沉溺于工具理性批判,从而不能正确对待现代性;其三,都认为现代性哲学话语需要引入新的思维范式,用语言交往哲学代替主体哲学;其四,都强调维特根斯坦语言哲学在重建现代性哲学话语中的作用。如果说有什么不同的话,那就是哈贝马斯试图用交往合理性重建批判理论的规范基础,而维尔默则试图用"多元的、公共的合理性"重建批判理论的规范基础。但从总体上看,维尔默并没有跳出哈贝马斯的思维框架。

二是后形而上学现代性理论:政治伦理学的理论视阈。在现代性与后现代性关系问题上,哈贝马斯作为"最后一个现代主义者",坚决捍卫现代性,强烈批评后现代主义。他认为,现代性是一项未完成的规划;现代性还要继续发展,但他并非一味赞同现代性,而是认为现代性的发展,需要用政治意志与政治意识加以引导。与哈贝马斯不同,维尔默试图在现代性与后现代性之间寻找某种平衡。一方面,在后形而上学现代性语境中,维尔默划分了主体理性批判形式,论述了"理性的他者",并断定现代性的政治道德基础已经被毁坏了,"以至于决胜局变成了玩火的游戏"[①]。这表明,他对现代性的不信任,以及对后现代性的同情。另一方面,他又反对理性批判夸大了的怀疑主义,并指出后现

[①] Albrecht Wellmer, *Revolution und Interpretation. Demokratie ohne Letztbegründung*, Assen:Van Gorcum,1998,S.10.

代性的局限性,并以詹克斯①的建筑美学为例,阐发了现代性与后现代性辩证法。维尔默指出:"后现代性,正确地理解,或许是一个规划;而后现代主义,就它确实不仅仅是一个纯粹的模型、倒退的表达或新的意识形态而言,最好被理解为寻找记录变革痕迹并使这个规划的轮廓更加凸现出来的尝试。"②简言之,后现代主义不过是后形而上学现代主义,是主体理性批判的最高形式,"后现代可以理解为对启蒙理性的极端批判,同时它也是对现代性批判的自我超越"③。然而,捍卫形而上学终结概念,并不意味着告别理性与现代性,而是理性批判与现代性批判的自我肯定。

笔者认为,就后形而上学现代性理论而言,维尔默与哈贝马斯也有两个共同点:其一,都对现代性哲学话语进行批判性反思;其二,都看到了后现代主义的两面性。在维尔默那里,现代主体理性批判被划分为三种模式:其一,以弗洛伊德为代表的总体化理性的心理学批判;其二,以尼采、霍克海默、阿多尔诺、福柯为代表的工具理性的哲学—心理学—社会学批判;其三,以后期维特根斯坦为代表的自明理性及其意义构成主体的语言哲学批判。维尔默说,前两种批判形式尽管功不可没,但总体上没有摆脱主体哲学框架,只有第三种批判形式才真正突破了主体哲学限制,为重建后形而上学理性观和后形而上学主体概念提供了出路。在这个问题上,维尔默与霍耐特有所不同:后者将现代主体性批判分为心理学批判与语言哲学批判两条路径。尽管有这样或那样的差异,但这足以说明,第三代批判理论家都受到了哈贝马斯的较大影响,就是试图用当代语言哲学的成就避免第一代批判理论家工具理性批判的片面性,重建现代性的哲学话语。当然,与哈贝马斯基本否定后现代性、试图拯救现代性不同,维尔默与霍耐特试图协调现代性与后现代性的关系。因而可以说,维尔默是介于现代性与后现代性之间的批

---

① 詹克斯(Charles Alexander Jencks,1939—),美国后现代建筑理论家,后现代主义奠基人之一。
② Albrecht Wellmer, *Zur Dialektik von Moderne und Postmoderne*, Frankfurt/M.: Suhrkamp,1985,S.109.
③〔德〕维尔默:《论现代与后现代的辩证法》,钦文译,商务印书馆,2003年,"中文版前言"第1页。

判理论家。

三是共同体主义政治哲学:政治伦理学的理论基础。这主要体现在两方面:

其一,在讨论现代自由的两种模式,即(消极的)个体自由与(积极的)共同体自由基础上,阐发了自由平等与合理性原则、自由民主与政治合法性问题,并分析了自由主义与社群主义之争,以及自由与民主之间的相互交织。

众所周知,在现代政治哲学中,自由主义(或个体主义)与社群主义(或共同体主义)对自由的理解构成了现代自由的两种模式,即(消极的)个体自由与(积极的)共同体自由。维尔默说,如果现代世界自由包括个体自由与共同体自由之间的二元论,那么普遍自由概念就内含着个体主义与共同体主义之间的张力。与自由主义者不同,维尔默不是强调个体自由,而是强调共同体自由;与社群主义者也有所不同,维尔默并不完全否定个体自由,而是主张对个体自由进行共同体主义阐释。正是在这个意义上,维尔默自称为"共同体主义者"或"自由的社群主义者"——与桑德尔的"社群的自由主义"不同。

在维尔默看来,尽管自由主义与社群主义存在着根本差异,即对待欧美自由民主社会的态度不同,但在很大程度上,它们是共同的价值取向内部的不一致,即它们强调同一传统内部的不同方面:自由主义强调自由的基本权利及其非欺骗性;社群主义更喜欢与美国早期"公民共和主义",即与共同体的民主自治传统联系在一起。这样,它们之间的不一致就可以这样来描述:自由主义的兴趣在于自由的基本权利。对自由主义来说,个体的自由权利构成自由民主传统的规范内核;而社群主义则试图证明,只有在共同体的生活方式中,自由的基本权利才能获得合法意义。因而,自由主义与社群主义之争仍然是自由民主社会内部之争,其根本差异仅仅在于善与正义的优先性问题。事实上,自由与民主无论如何都能够联结成自由民主的政治共同体。

其二,在阐发人权普遍主义与公民权特殊主义基础上,讨论了人权与政治自由的关系,以及公民权、人民主权与民主合法性问题。

维尔默指出,在人权与公民权之间,不仅存在着内在关联,而且存在着特有的张力关系。因而,人权不能化约为公民权,但人权可以作为公民权。这样,人权与公民权之间的张力关系,就作为公民权阐释与对这些阐释进行道德批判之间的张力关系出现。换言之,自由民主主义者借助于普遍主义道德理解,将作为公民权的人权承认为道德的或以道德为基础的法律诉求。这样,在法律体系中发生的人权侵犯,同时就被描述为对公民权的侵犯,如果有关法律体系容许这样的侵犯的话。正是在这种语境中,维尔默乐观地肯定,在非西方社会也有可能实现人权,尽管很难给出正义与非正义的标准。不过,一方面,若将对文化认同破坏、宗教认同破坏,以及对传统的破坏描述为伤害,也许是没有问题的;另一方面,如果完全没有这样的伤害,那就不可能在世界范围内形成广泛的自由民主共识。

在维尔默视阈里,公民权与民主话语的双重关系不可避免地存在着解释学循环,即人权承认不仅是政治自由、民主话语的前提,而且是政治自由、民主话语的结果。因而,通过公民权与民主话语的解释学循环,可以回到民主法律体系的内在关联中。这种内在关联,对民主法权共同体来说是结构性的。这样,在一定程度上,民主话语只能进行双重解码。就是说,民主合法性原则的两个层面能够相互阐发:一方面,民主合法性原则作为正义原则,要求所有参与者都有可能实际参与民主话语;另一方面,民主合法性原则作为平等的参与权和交往权,包括参与民主话语要求。

四是普遍主义伦理学重构:政治伦理学的理论前奏。这包括两个部分:

其一,在重构康德的形式主义伦理学基础上,论述从形式主义伦理学向话语伦理学过渡的必要性。维尔默指出,对康德的伦理学重构来说,大致有三种可能的选择:第一种方案承认不同的"理性的存在者"能够期待以完全不同的行为方式成为普遍的(道德普遍主义);第二种方案试图论证"最低限度伦理学"(阿多尔诺);第三种方案是对康德的道德原则进行话语伦理学拓展(哈贝马斯、阿佩尔)。他认为,只有第三种方案才能被看作是为康德的实践理性恢复名誉的尝试,它既无条件地捍卫道德规范的可辩护性,又无条件地捍卫道德"应当"的合理内涵。因而,像哈贝马斯、阿佩尔一样,维尔默也看到了从形式主义伦理学向话语伦理学过渡与从主体哲学向语言哲学过渡的内在关联,但是,这个关联使得康德的伦理学需要用对话式理解的普遍主义加以重新规定。

为此目的,维尔默区分了对话的伦理学(dialogische Ethik)与对话伦理学(Ethik des Dialogs):在前者那里,对话原则代替道德原则;在后者那里,对话原则处于道德原则的核心位置。按照维尔默的理解,康德对内在性的思考,尽管不是关于对话的伦理学的思考,但也许是关于对话伦理学的拓展。"就康德的伦理学所要求的情境阐释与对话阐释关系而言,对自我的需要视角与价值视角进行交往理解是可能的。因为拒绝对话的标准,在矛盾的要求、需要或情境阐释相互抵触情况下,在康德意义上是非普遍的。但在这个意义上引出的'对话原则'(Dialogprinzip),主要并不涉及准则普遍性问题,而主要涉及情境阐释与自我理解恰当性问题;尤其是在涉及他人的需要视角与价值视角的正确理解时起作用。"[1]维尔默认为,就话语伦理学在"准康德主义"框架中发挥的作用而言,哈贝马斯、阿佩尔的"话语伦理学一方面还是康德的,另一方面还不够康德的"——这就是维尔默对话语伦理学与康德的伦理学关系的基本界定。由此可见,维尔默的基本立场倾向于康德的伦理学而批评话语伦理学。

其二,在批评话语伦理学的两个前提,即真理共识论和最终论证要求的基础上,对话语伦理学的基本原则,尤其是U原则进行了重构。维尔默将U原则不是视为合法性原则而是视为道德原则,并认为U原则是对绝对命令的话语伦理学重述。他认为,如果将U原则理解为合法性原则,就会产生下述困难,即U原则没有解决这个问题:我"能够非强制地承认"普遍遵守一个规范,对每个具体的人来说意味着什么?因而也没有解决这个问题,即在这个意义上,所有人能够承认一个规范意味着什么?为了解决这个问题,维尔默对U原则进行了重新解读:(U1)一个规范,如果为所有利益相同的参与者普遍遵守,那这个规范

---

[1] Albrecht Wellmer, *Ethik und Dialog*, Frankfurt/M.: Suhrkamp, 1986, S. 48.

就是有效的;(U2)一个规范,如果能够为所有利益相同的参与者非强制地承认,那这个规范就存在于所有参与者的共同利益中;(U3)在 S h 情境中被做的(事情),(在道德上)是被正确地(禁止的),如果相应的行为方式被理解为普遍的,并考虑到每个具体的、利益相同的参与者能够非强制地承认其预期后果的话;(U4)在 S h 情境中被做的(事情),(在道德上)是被正确地(禁止的),如果所有利益相同的参与者能够(非强制地)期待,相应的行为方式(考虑到它对每个具体的、利益相同的参与者来说的预期后果)成为普遍的。由此可见,在这个问题上,维尔默的阐释与哈贝马斯的阐释是相似的:通过有效性标准,道德规范有效性的意义被理解为以语言为中介的主体间的普遍结构。因而,U 原则作为对绝对命令的话语伦理学重述,现在似乎可以被说成是,如果一个行为被理解成普遍的,对所有参与者来说是可承认的,那么它就是正确的。

五是民主伦理学构想:政治伦理学的理论核心。这主要体现在三个方面:

其一,在讨论政治哲学与道德哲学关系时,维尔默做出了三个区分:首先,"是"与"应当"的区分。他指出,尽管"是"与"应当"的区分以规则与规范存在为前提,但对规则与规范的承认内含着"是"与"应当"的区分。这个区分是伦理学的前提,"欧洲道德哲学,就是从个体伦理学和政治哲学两个维度对这两个问题的加工处理"①。黑格尔哲学则是为重新统一这两个相互分离领域所进行的最后的伟大尝试。然而,即使不是在马克思那里,但也许是在马克思主义传统中仍然重复着"将是还原为应当、将应当还原为是"的错误。其次,法律规范与道德规范的区分表明:法律规范与道德规范对立将成为有效的或失效的;法律规范与道德规范对立是结构性的;法律规范通常与外部认可的法律威胁联系在一起。不过,维尔默对法律规范与道德规范的区分,并没有注意到传统社会的具体伦理。在向后传统道德过渡中,道德的去习俗

---

① Albrecht Wellmer, *Endspiele. Die unversöhnliche Moderne*, Frankfurt/M.:Suhrkamp, 1999, S. 96.

化意味着法律的习俗化,即在某种程度上,法律规范被自由支配,即屈从于道德规范限制。再次,在谈到道德原则与民主合法性原则区分时,维尔默指出,道德成为凌驾于法律之上的审判机关;道德论证逻辑是通过普遍主义道德原则确定的;若道德话语不同维度能够获得共识,那么道德冲突一般都可以得到解决;道德规范论证问题具有应用问题的特征。

其二,在谈到法哲学与伦理学关系时,维尔默说:"为了阐明道德原则与法律原则如何相关联,我想直接引用它们之间的一致与差异。"[1]他指出,在将它们表述为规范的普遍化原则时,法权学说与伦理学说是一致的。其结构性一致就在于,它们固有的共识原则或对话原则最终都被压抑了。在这个意义上,康德的形式法概念就直接反映了绝对命令范畴的形式主义特征。他说,在最坏的意义上,法权学说与伦理学说之所以是"形式主义的",是因为康德使实践理性概念中固有的"程序形式主义"在关键点上停留在逻辑语义学的形式主义。"通过对康德、黑格尔、马克思关于自然法的接受与批判的概述表明,关于自然法的合理内核问题,他们当中没有一个人能够找到令人满意的答案。"[2]

其三,民主伦理是如何可能的?这是政治伦理学的核心问题。维尔默指出,后期黑格尔曾经试图为现代社会构建普遍的民主伦理(demokratische Sittlichkeit),并将它作为伦理的立足点,但他并没有说明,民主伦理形式如何对待传统的、前现代社会的伦理实质?就是说,黑格尔(包括马克思在内)并没有真正解决作为私人自主与公共自主之中介的民主伦理问题;相反,托克维尔试图解决如何构建民主伦理的问题。维尔默认为,民主伦理是如何可能的?这是政治伦理学的核心问题。"民主伦理概念并不规定美好生活的某些内容,而是规定相

---

[1] Albrecht Wellmer, *Endspiele. Die unversöhnliche Moderne*, Frankfurt/M.: Suhrkamp, 1999, S. 107.

[2] Albrecht Wellmer, *Endspiele. Die unversöhnliche Moderne*, Frankfurt/M.: Suhrkamp, 1999, S. 152.

互修正的善的概念之平等的、交往的、多样的共生形式。"①然而,民主伦理概念的悖谬性似乎在于,它不是被"实体性地"而是被"形式性地"(即"程序性地")规定的。因而,根本不存在民主话语的伦理实体,因为民主话语条件规定着民主伦理内核。这样,在公民共和主义意义上,民主伦理与公民德性再次聚合为实体的整体是不可能的。

在维尔默看来,民主伦理构想的目标是建立世界公民社会。所谓世界公民社会(Weltzivilgesellschaft)标志着人权与公民权之间差异的扬弃,标志着现代世界和平的文化多元主义条件,标志着从人权的幻想概念向纯粹道德的或纯粹经济学的状态过渡,但是并不意味着民主政治终结,而是作为新的情况下现代民主需要进一步发展的生存条件。由此可见,维尔默的民主伦理概念试图将托克维尔与黑格尔融合在一起、将个体主义与共同体主义整合在一起。

六是艺术崇高与审美救赎:政治伦理学的理论向往。这体现在四个方面:

其一,在继承与超越康德美学、阿多尔诺美学的基础上,围绕着"真实、表象、和解之间内在关联"这个核心问题,阐发了自然美与艺术美、艺术真实与审美体验、艺术与崇高之间的关系,提出美是"和解"的乌托邦、美是神圣功能与世俗功能的统一、只有审美综合("真实Ⅰ")才是对现实("真实Ⅱ")的艺术认知、审美体验是某种精神可能性,并论述了审美表象辩证法,主张将崇高嫁接到艺术中,因而认为崇高是艺术的基本结构,断言艺术崇高是对"和解"的彻底否定、崇高意味着审美的强化等。

其二,从现代艺术的二律背反出发,对现代—后现代艺术进行了批判性反思。维尔默认为,现代艺术的二律背反结构,一开始就存在于图像与符号、非概念综合与概念综合的分离中,即使在发达的工具理性条件下,它也与现代艺术一起成为自我意识。因而,尽管功能主义曾经起过一定的历史作用,但缺陷在于,它是一种与技术理性至上

---

① Albrecht Wellmer, *Endspiele. Die unversöhnliche Moderne*, Frankfurt/M.: Suhrkamp, 1999, S. 69.

精神一致的、形式化的、简化了的机械主义,它没有对功能与目的关系进行恰当反思;只有从这个反思出发,人们才能有效地进行生产和建造,而且只有这样,粗俗的功能主义才能持续地服务于现代化进程。

其三,在更广阔视野中对现代—后现代美学进行了批判性反思。维尔默指出,尽管利奥塔的崇高美学与阿多尔诺的否定美学之间存在着某些不一致,但在他们那里,理性批判与语言批判的深层逻辑的共同性,表现为同一性思维批判与表现符号批判之间的结构同质性。此外,阿多尔诺关于"真实、表象、和解之间内在关联"的描述,即否定美学概念又出现在 K. H. 伯勒尔①的突发性美学、H. R. 姚斯②的接受美学中。在维尔默看来,技术可以被区分为两类:一类是以人的需要、人的自主性、交往合理性为取向的技术;一类是着眼于资本利用的行政管理技术或政治操纵技术。因而,与 20 世纪初不同,在这里出现了生产美学对实用美学的让位。实用美学关系到体现在日常生活世界中可理解的目的关系的审美质量。

其四,大众艺术批判与审美乌托邦向往。维尔默既肯定阿多尔诺对文化工业批判的合法性,也指出他忽视了大众艺术隐藏着民主潜能与审美想象力;既肯定 W. 本雅明关于机械复制艺术暗示着现代大众艺术潜能的分析,也指出他对大众艺术评价不同于阿多尔诺的根本动机在于审美政治化。总之,维尔默对审美乌托邦怀着深深的向往,但对通俗艺术也并非完全否定,而是适度地肯定。

作为法兰克福学派第三代主要代表人物之一,奥菲的政治社会学思想,尤其是福利国家危机理论也对推进批判理论的"政治伦理转向"做出了重要贡献。奥菲的福利国家危机理论,既受到了美国社会学家、经济学家 J. R. 奥康纳尔的国家财政危机论的影响,更受到了哈贝马斯的合法化危机论的影响;反过来,奥菲关于国家批判的系统分析,又影响了哈贝马斯的"系统—生活世界"理论。奥菲强调,福利国家必须在维持、促进资本积累的同时,保障民主合法性。只有这样,才能保

---

① K. H. 伯勒尔(Karl Heinz Bohrer,1935—),德国文学评论家,美学家。
② H. R. 姚斯(Hans Robert Jauss,1921—1997),德国美学家,接受美学理论创始人。

证整个资本主义系统,即经济系统、政治系统、社会文化系统的正常运转。然而,这样,福利国家的矛盾就使得经济危机倾向可能在财政危机中达到顶峰,或者说,资本主义的根本危机在于国家中。在他看来,福利国家的矛盾就在于"后期资本主义系统既不能够与福利国家共存,又不能够没有福利国家"①。就是说,尽管福利国家对资本主义积累的影响很可能是破坏性的,但废除福利国家所带来的影响将是毁灭性的。

第三,霍耐特的承认理论、多元正义构想,以及民主伦理学,标志着批判理论的"政治伦理转向"最终完成。作为法兰克福学派第三代核心人物、批判理论第三期发展关键人物,霍耐特最终完成了批判理论的"政治伦理转向"。这主要体现在四个方面:

一是对传统批判理论进行批判性反思,阐明批判理论的"承认理论转向"②必要性。为了避免早期批判理论社会规范的缺失,又防止 F. V. 弗里德堡经验情结的误区,霍耐特从梳理社会哲学的两条路径(即历史哲学路径与人类学路径)出发,对从霍克海默到哈贝马斯的传统批判理论进行了批判性反思。其一,早期批判理论试图把哲学的时代诊断与经验的社会分析融合在一起,但从一开始就陷入了困境:从霍克海默批判理论的社会性缺失,到《启蒙辩证法》的支配自然批判的历史哲学模型的局限性,直至后期阿多尔诺批判理论对社会性的最终排斥。其二,尽管自 20 世纪 70 年代以来,批判理论的两个最有影响的分支(即福柯的权力理论与哈贝马斯的交往行为理论)可以被视为早期批判理论历史哲学模型所导致困境的两种不同的解决方式,但他们试图通过告别劳动范式来解决早期批判理论困境并不成功,即使交往行为理论也没有为批判理论奠定规范基础。其三,批判理论规范基础只能到人类学中去寻找。为此,必须走规范研究与经验研究相结合之路,即必须走出交往范式的狭义理解,从语言理论转向承认理论。

---

① Claus Offe, *Contradictions of the Welfare State*, Cambridge, MA: The MIT Press, 1984. p. 153.
② Nancy Fraser und Axel Honneth, *Umverteilung oder Anerkennung? Eine politisch-philosophische Kontroverse*, Frankfurt/M.: Suhrkamp, 2003, S. 148.

"交往范式不能理解为语言理论……而只能理解为承认理论。"①

二是从社会冲突两种模式(即"为自我保护而斗争"与"为承认而斗争")出发,霍耐特借助于G. H. 米德的社会心理学对青年黑格尔的承认学说进行重构,从而使黑格尔的承认观念实现了自然主义转化,以此阐明批判理论的"承认理论转向"可能性,并以承认与蔑视关系、蔑视与反抗关系为核心,建构了承认理论基本框架。在霍耐特视阈中:三种主体间承认形式,即情感关怀或爱(Liebe)、法律承认或法权(Recht)、社会尊重或团结(Solidarität),分别对应自信(Selbstvertrauen)、自尊(Selbstachtung)、自豪(Selbstschätzung)三种实践自我关系;个体认同遭遇的三种蔑视形式,即强暴(Vergewaltigung)、剥夺权利(Entrechtung)、侮辱(Entwürdigung),摧毁了个体基本自信、伤害了个体道德自尊、剥夺了个体自豪感;蔑视体验(Erfahrung der Missachtung)是社会反抗的道德动机,因而必须在社会冲突中重建道德规范,并将人际关系道德重建视为承认理论目标。

三是阐明承认与再分配、承认与正义、承认与道德的关系,提出一元道德为基础的多元正义构想,并试图建构以正义与关怀为核心的政治伦理学。其一,在进一步拓展承认理论的过程中,霍耐特首先将黑格尔法哲学重构为规范正义理论;通过分析再分配与承认关系,断定分配冲突是承认斗争的特殊形式,并考虑到文化承认作为第四种承认形式的可能性;针对弗雷泽的指责,霍耐特强调自己的承认理论并非"文化主义一元论",而是"道德一元论"②。其二,在此基础上,试图建构一元道德为基础的多元正义构想。霍耐特多元正义构想的三个核心命题在于:从多元的社会正义构想出发是正确的;社会承认关系质量应该成为社会正义构想立足点;社会理论命题,而非道德心理学被描述为获得社会正义规定性的关键。其三,在与当代实践哲学对话的语境中,明确提出了政治伦理学(politische Ethik)概念,并围绕着承认

---

①Axel Honneth, *Kritik der Macht. Reflexionsstufen einer kritischen Gesellschaftstheorie*, Frankfurt/M. :Suhrkamp,1989,S. 230.

②Nancy Fraser und Axel Honneth, *Umverteilung oder Anerkennung? Eine politisch-philosophische Kontroverse*, Frankfurt/M. :Suhrkamp,2003,S. 292.

与正义关系、承认与道德关系,阐发了自由、民主、人权、共同体、正义、关怀等问题,而且试图建构以正义(平等对待)与关怀(道德关怀)为核心的政治伦理学。笔者认为,强调"后现代伦理学与话语伦理学基本一致",是霍耐特的政治伦理学立足点;论证"平等对待与道德关怀存在相互包容关系",是霍耐特的政治伦理学核心;断定"承认道德介于康德传统与亚里士多德传统之间",是霍耐特的政治伦理学定位;断言"形式伦理是人格完整的主体间性条件",是霍耐特的政治伦理学目标。

四是建构以自由与正义为主线的民主伦理学。近年来,霍耐特又出版了一系列著作,不仅对批判理论做了进一步的批判性反思,如《阿多尔诺:否定辩证法》(合著,2006)、《批判理论关键词》(合著,2006)、《理性的病理学:批判理论的历史与现状》(2007)、《批判的创新:与霍耐特谈话》(合著,2009),而且进一步发展了承认理论及其多元正义构想,如《正义与交往自由:对黑格尔结论的思考》(合著,2007)、《厌恶、傲慢、仇恨:敌对情绪现象学》(合著,2007)、《从个人到个人:人际关系的道德性》(2008)、《我们中的自我:承认理论研究》(2010),并试图构建民主伦理学,如《自由的权利:民主伦理大纲》(2011)。

《我们中的自我:承认理论研究》包括霍耐特近年来已经发表和未发表的14篇论文或讲演稿,主要有四部分内容:其一,进一步拓展和重构黑格尔的承认学说,强调《精神现象学》(1805—1807)、《法哲学原理》(1820)对承认理论的重要性,这与在《为承认而斗争:社会冲突的道德语法》(1992)中强调黑格尔的《伦理体系》(1802—1803)、《思辨哲学体系》(1803—1804)、《耶拿实在哲学》(1805—1806)等前精神现象学著作明显不同;其二,进一步阐发劳动与承认、承认与正义的关系,强调道德与权力的内在关联;其三,重新规定社会化与个体化、社会再生产与个体认同形成之间的关系,强调社会哲学规范问题的解决必须包容经验追求;其四,从心理分析视角进一步拓展承认理论,既涉及到心理分析的承认理论修正,又分析了"我们中的自我:作为群体驱动力的承认"等问题。总之,该书是霍耐特对承认理论的进一步思考,不仅修正、深化了早年的某些观点,而且开辟了新的研究领域,并试图为正义理论提供一个新的文本。

在《自由的权利:民主伦理大纲》中,霍耐特试图以黑格尔的《法哲学原理》为范本,在社会分析形式中阐发社会正义原则,并致力于阐发民主伦理学。从基本结构看,该书包括三个部分:其一,"自由的权利"历史回顾。在这里,霍耐特主要阐发"消极自由及其契约结构"、"反思自由及其正义构想"、"社会自由及其伦理学说"。其二,"自由的可能性",从"此在基础"、"局限性"、"病理学"三个层面阐发"法律自由"与"道德自由"。其三,"自由的现实性",讨论"个人关系中的'我们'"(友谊、私密关系、家庭)、"市场经济行为中的'我们'"(市场与道德、消费领域、劳动市场)、"民主意志形成中的'我们'"(民主公共领域、民主法权国家、政治文化展望)。①

霍耐特认为,在当代西方政治哲学中,占支配地位的康德、洛克自由主义传统的正义理论,属于"制度遗忘的正义理论"(institutionenvergessene Gerechtigkeitstheorie),尽管它具有道德理性,但却缺乏社会现实性。新黑格尔主义试图按照黑格尔意图来建构正义理论,以及社群主义者M.沃尔泽、A.麦金泰尔等人试图超越纯粹的规范正义理论,并重新接近社会分析的努力,离与黑格尔的《法哲学原理》的意图尚有很大距离:黑格尔的思路是将道德理性与社会现实结合起来。诚然,在今天简单复活黑格尔意图和思路是不可能的。尽管如此,再次运用黑格尔的《法哲学原理》的意图,重构一种从当代社会结构前提出发的正义理论,即作为社会分析的正义理论,还是有意义的。②

应该说,《自由的权利:民主伦理大纲》在霍耐特思想发展过程中占有非常重要的地位,其学术地位足以和《为承认而斗争:社会冲突的道德语法》相媲美。如果说《为承认而斗争:社会冲突的道德语法》标志着霍耐特的承认理论框架基本形成,《正义的他者:实践哲学文集》(2000)、《再分配或承认?哲学—政治论争》(2003)等标志着霍耐特

---

① Axel Honneth, *Das Recht der Freiheit. Grundriß einer demokratischen Sittlichkeit*, Frankfurt/M.:Suhrkamp,2011,S.5-6.

② Vgl. Axel Honneth, *Das Recht der Freiheit. Grundriß einer demokratischen Sittlichkeit*, Frankfurt/M.:Suhrkamp,2011,S.14-17.

的承认理论进一步完善与多元正义构想和政治伦理学初步建构,那么《自由的权利:民主伦理大纲》则意味着霍耐特的民主伦理学基本形成。到此为止,霍耐特的思想体系已臻完善,足以和哈贝马斯相比肩——在哈贝马斯那里,有交往行为理论、话语伦理学、协商政治理论;在霍耐特这里,则有承认理论、多元正义构想、民主伦理学。正是借助于此,霍耐特最终完成了批判理论的"政治伦理转向",对批判理论第三期发展做出了决定性贡献。这标志着批判理论最新发展阶段,即从批判理论转向后批判理论,体现着批判理论最新发展趋向,即从语言交往哲学转向政治道德哲学(政治伦理学),并已经进入到与当代实践哲学主流话语对话语境之中。霍耐特成为当代最重要的实践哲学家之一。然而,尽管霍耐特徘徊于批判理论与后批判理论、现实主义与理想主义、一元主义与多元主义之间,但最终从前者走向了后者。因此,与其将霍耐特为批判理论家,倒不如称为后批判理论家。

王凤才
2016 年 12 月

The Research on Claus Offe's Theory of Crisis of the Welfare State

MULU
目　录

《当代国外马克思主义研究》总序　1
《当代国外马克思主义研究》续总序　1
如何理解批判理论的"政治伦理转向"？（代序）　1

导　论　1
　一、本书的研究意义　3
　二、关于奥菲的相关研究现状　5
　三、本书的思路、创新之处　9

第一章　奥菲福利国家危机理论溯源　15
　一、社会福利制度理论思潮　16
　二、经典马克思主义对奥菲福利国家危机理论的影响　25
　三、法兰克福学派对奥菲福利国家危机理论的影响　27
　四、欧陆社会学对奥菲福利国家危机理论的影响　32
　五、英美社会学对奥菲福利国家危机理论的影响　39

第二章　奥菲福利国家危机理论的形成与发展　46
　一、奥菲福利国家危机理论萌芽　46
　二、奥菲福利国家危机理论形成　52

三、奥菲福利国家危机理论发展　55

第三章　福利国家的结构性矛盾　62
一、资本利益与国家政策的矛盾　64
二、组织化权力结构的矛盾　70
三、民主与政治的矛盾　74
四、合法性与效率的矛盾　81
五、凯恩斯主义福利国家的终结？　86

第四章　福利国家危机的系统功能论诠释　91
一、社会系统及危机　91
二、危机管理的危机　95
三、不可能管理性　100
四、走向政治危机　104

第五章　走出福利国家危机　112
一、非国家主义战略　112
二、新社会运动　117

第六章　奥菲福利国家危机理论评价　136
一、奥菲福利国家危机理论作为一种社会哲学　136
二、奥菲福利国家危机理论作为一种国家理论　142
三、奥菲福利国家危机理论作为一种批判理论　149

附　录　156

参考文献　158

后　记　166

导　论

1984年11月26日,哈贝马斯(Jürgen Habermas)受邀于西班牙议会做了《新的非了然性——福利国家危机与乌托邦力量的穷竭》的学术演说。这一演说从哲学的维度探讨了福利国家的当下与未来,在报告中哈贝马斯多次引用了奥菲对福利国家的研究成果。这一年奥菲出版了英文版的论文集《福利国家的矛盾》,并借此在英美学界名声大噪,哈贝马斯对他的推崇更是使得奥菲为世人所知晓。

克劳斯·奥菲(Claus Offe,1940—),德国政治社会学家,法兰克福学派第三代主要代表人物,主要研究领域为政治社会学,主要研究方向为国家理论、社会政策、民主理论、转型研究,以及二元分配问题,他的理论具有较为鲜明的马克思主义倾向。1940年3月奥菲生于德国柏林,曾先后就读于科隆大学和柏林自由大学,攻读了社会学、经济学和哲学多个专业,1965年奥菲自柏林自由大学毕业后即在法兰克福大学社会研究所和社会学系攻读博士学位,1968年以《绩效原则与工业劳动：工业绩效社会组织原则中的"地位"分配机制》的论文获得社会学博士学位,并于1973年在康斯坦茨大学取得任教资格,1970年至1975年任马克斯·普朗克研究所助理研究员,1975年至1989年任比勒费尔大学政治学和政治社会学教授,1989年至1995年任不莱梅大学政治学和政治社会学教授,1995年至2005年担任洪堡大学政治社会学和社会政策研究教授,2005年退休之后又担任了柏林赫尔梯行政学院国家理论联合教授。此外,他还在美国加利福尼亚大学伯克利分校、哈佛大学、普林斯顿大学从事过研究工作,并先后担任过加利福尼亚大学伯克利分校(1974)、波士顿大学(1975)客座教授,经常前往美国、荷兰、澳大利亚讲学。他在英语世界的影响甚至超出了在德语世界。

作为法兰克福学派第三代主要代表人物,奥菲承继了该学派批判的社会理论传统,将马克思主义批判精神同社会学的结构功能主义、系统功能理论紧密结合,对后期资本主义①社会福利国家的矛盾进行了系统的分析。他早期关注于大学改革和科技进步问题,60年代中后期在法兰克福大学社会研究所与哈贝马斯共事,深受后者对生活领域中能动作用的关注,对后期资本主义国家自我瘫痪趋势的强调,以及哈贝马斯对马克思主义政治经济学一些基本观点提出质疑的影响。作为长期在德国社会学领域进行研究的学者,奥菲对德国早期社会学家如马克斯·韦伯(Max Weber)、西美尔(Georg Simmel)、莱德勒、曼海姆(Karl Mannheim)的理论和著作也曾经进行过深入研究。美国从教的经历让奥菲客观地看待英美的社会学理论,对结构功能主义在批判的基础上加以利用。奥菲的《绩效原则与工业劳动:工业绩效社会组织原则中的"地位"分配机制》(1970)、《资本主义国家的结构问题》(1972)、《"劳动社会":结构问题与未来视角》(1984)、《福利国家的矛盾》(1984)、《解组织化的资本主义:当代劳动与政治的转型》(1985)、《新社会运动:挑战体制政治的藩篱》(1985)、《转型的多样化:东欧与东德的经验》(1996)、《现代性与国家:西方与东方》(1996),以及《福利国家的民主:欧洲一体化张力之下的欧洲政权》(2000)等一系列著作反映了这样的思想轨迹。他对劳动市场与合理化、福利国家与失业、现代性与资本主义都进行了出色的研究,其中《福利国家的矛盾》和《现代性与国家:西方与东方》两部著作突出反映了奥菲的国家理论。除此之外,奥菲还发表了上百篇论文与报刊文章,涉及到社会政治的方方面面,其中既有经验研究的成果,也有规范研究的心

---

① 后期资本主义,德文为Der Spätkapitalismus,英文为Late Capitalism,一般译为晚期资本主义,复旦大学王凤才教授认为该词应译为后期资本主义,本书采取了这一译法。

得。2000年至今,奥菲仍然在学术上十分活跃,他的著作关注民主、信任、合作、权力,以及福利国家,在政治哲学和政治社会学方面仍然多有建树。

一、本书的研究意义

笔者之所以确定以国家理论作为研究的基本出发点,这是因为:首先,国家理论是关于人类实践和社会组织的最高层次的理论。从不同哲学视角出发对国家进行研究,这些研究的侧重点就有所不同,如从西方马克思主义的视角研究国家理论就偏重于国家理论的批判。其次,对国家本质、职能、发展趋势的确定,无一不可以在特定的哲学中找到根据。因此,通过揭示西方马克思主义者的国家批判,才能更好地理解国家理论。再次,从古至今的政治哲学史也让我们看到国家理论与哲学的关系。对国家理论在实践、组织结构和历史机制等方面的不同理解在于通过哲学剖析社会历史活动及其在组织结构中对自由和必然之间复杂关系的具体理解。通过这种理解,国家理论将超越大量的经验描述,实现问题真正的现实性。

国家作为社会政治组织形式或人的活动形式与人的社会结构、处理多种关系的活动,以及文化意识形态的机制是分不开的。因此,研究国家问题、国家理论离不开对实践活动和社会结构、历史的哲学思考。同样,若要对当代资本主义国家问题进行研究也离不开对当代资本主义国家的实践活动、社会结构的哲学思考。当代资本主义社会的繁荣发展由于一系列经济、政治和文化危机一直处于不稳定状态。资本积累过程矛盾的发展,国家政策陷入了系统的和不可超越的危机之中,不可能再假定国家可以成功地维持资本积累的过程,或再承受这一过程所产生的矛盾。20世纪70年代伊始,西方学者就将目光聚焦于此,对后期资本主义社会的矛盾展开研究,克劳斯·奥菲便是其中之一。他关于后期资本主义社会福利国家危机的理论也得到了学界的认可与推崇。这也是笔者将其福利国家危机理论作为研究重点的主要原因。

本书的立题还有着非常重要的社会现实意义。二战之后,随着西方发达资本主义国家以凯恩斯主义为宏观经济管理指导思想,进行政府收入改革,出现了以政府供给项目为主要方式的福利国家。到20世纪70年代,尽管凯恩斯主义的"微调"确保了经济的持续增长和相对充足的就业率,但是,许多福利国家却出现了经济衰退,甚至"滞涨"的状况。旨在维护市场交换关系的福利国家政策却使交换关系的存在越来越成为不可能。针对这一现象,奥菲对后期资本主义社会国家存在的矛盾,特别是对福利国家存在的矛盾及其发展趋势,进行了深入的分析,在西方理论界产生很大的反响。奥菲福利国家危机理论发端于1968年的博士论文《绩效原则与工业劳动:工业绩效社会组织原则中的"地位"分配机制》中对经典马克思主义模式的批判。在其代表作《福利国家的矛盾》中,奥菲提出了福利国家矛盾的概念,全方位地解读了发达资本主义国家内部积重难返的矛盾。其后的《解组织化的资本主义:当代劳动与政治的转型》、《新社会运动:挑战体制政治的藩篱》、《福利国家的民主:欧洲一体化张力之下的欧洲政权》等学术作品,可以说是奥菲结合新的社会形势对《福利国家的矛盾》的进一步阐述与补充。因此想要更好地理解西方的福利国家、福利制度、福利政策,以及福利国家的危机都绕不开奥菲的福利国家危机理论。

奥菲的福利国家危机理论自20世纪80年代中后期在国外受到极大的推崇,特别是哈贝马斯对奥菲的理论赞叹有加并多次引用,其实奥菲在国内最早被提及大都是因为哈贝马斯的引用。奥菲的作品也曾多次被译为英文出版,特别是《福利国家的矛盾》这一代表作品被译为多种文字出版。该书的中文版由厦门大学郭忠华教授于2006年编译出版,这也表明国内学界开始关注奥菲的作品与理论。国内许多学术著作中也对奥菲及其理论进行过较为宽泛的介绍,但是对奥菲福利国家危机理论的体系性研究几乎为零,对奥菲理论的评价及分析也很少。因此,笔者以奥菲的福利国家危机理论为题,试图梳理奥菲福利国家危机理论的体系,分析该理论的学术渊源,评介其具体内容、理论走向,并据此来解读发生在西方后工业社会福利国家中的一系列问题、危机,以及相应的对策与未来的发展方向,探讨福利国家危机理论在奥菲的整个思想体系中的地位,并试图对奥菲福利国家危机理论进行理论定位,评价其得失。同时,笔者也看到目前我国对法兰克福学派的研究热点主要集中在法兰克福学派早期批判理论及其学术领袖之上,对奥菲等法兰克福学派第三代、第四代代表人物的研究很少,因此笔者也希望能够借此研究来完善对法兰克福学派批判理论最新发展的认识,确定奥菲在整个法兰克福学派批判理论中的地位,以及对该学派理论发展所做出的贡献。

二、关于奥菲的相关研究现状

奥菲的福利国家危机理论是以福利国家的矛盾为核心的国家理论学说,它继承了法兰克福学派的批判理论传统,对资本主义、社会变迁、政治和公共政策之中相互关联的张力进行了观察和评论。

20世纪80年代中期,在西方民主国家福利制度难以克服危机,福利国家颓象频现的大环境下,奥菲的福利国家危机理论引起了许多西方学者的关注。这些学者从各自不同的视角和纬度对此进行评价和研究。赛达·斯考科波(Theda Skocpol)在《西方福利国家正在发生什么》(*What Is Happening to Western Welfare States?*)中,通过将奥菲的观点与其他两位福利国家危机研究者赫克歇尔(Heckscher)、米什拉(Mishra)各自观点相互比较指出,《福利国家的矛盾》是奥菲对福利国家危机比较成熟的理论探讨,虽然奥菲尽力避免他的新保守主义倾向,但是在著作中他又对新保守主义关于福利国家危机的诊断表示赞同。奥菲认为,新保守主义者和新马克思主义者都正确地发现了福利国家的矛盾所在,两者之间的不同在于新马克思主义者更为准确地探寻了造成发达资本主义内在矛盾的社会经济学方面的原因,并指出"资本主义不能与福利国家并存,但是另一方面资本主义又依赖于福利国家"[1]。斯考科波认为,奥菲暗示了"只要发达资本主义存在,就没有国

---

[1] Claus Offe, *Contradictions of the Welfare State*, Cambridge, MA: The MIT Press, 1984, p.153.

家能够克服福利资本主义的内在矛盾"①。胡恩·海克勒(Hugh Heclo)则指出,奥菲的福利国家危机理论中主要涉及到以下两个主题:一是商品经济在非市场关系领域中比重增加,普遍的解商品化使工薪劳动者失去其中心地位;二是后期资本主义时期的国家,不再是资产阶级的统治工具,经济管理越来越依赖于传统政治活动(议会和政党)以外的半私人协商方式,最后作为乐观的民主社会主义者,奥菲认为,未来生态社会主义的发展将占有主导地位。弥尔顿·菲斯克(Milton Fisk)着重分析了对奥菲福利国家危机理论产生影响的诸多因素。首先,他认为,奥菲深受美国社会学的经验主义传统的影响,特别关注环境保护主义、女权主义、和平运动等各种非阶级运动对福利国家发展的推动,这也体现了20世纪60年代德国新左派运动对奥菲的影响。而奥菲早期与哈贝马斯的接触则对双方都有影响,特别是在合法性这个问题上。此外,他也认为,奥菲在不同语境中都着重申明的一点是国家干预不仅仅在经济领域,也涉及到公民的生活领域,目前福利国家产生的矛盾之一就是福利国家试图扩大服务交换领域来代替传统市场系统,但实际上解商品化在目前的市场系统中仍然较弱。新社会运动还处在与积累相关系统比较次要的地位,目前新社会运动的脆弱性和间断性也反映了传统社会运动的重要性。新社会运动必须和传统的社会运动相结合,才能更好地发挥作用。

从政治经济学角度对奥菲福利国家危机理论做出较为出色分析的是约书亚·柯亨(Joshua Cohen)。他认为,奥菲试图通过福利国家矛盾的特性来讨论当前存在的危机。一般认为,在资本主义经济中,劳动被作为商品在市场上买卖。但是由于劳动力的拥有者是人类,即使他们没有在市场上出售劳动力,这些劳动力的主人的生存对资本主义仍然很重要;即使劳动力的拥有者出售了劳动力,他们也能够通过拒绝劳动来反映他们"不可摆脱的主观因素",所以劳动并不可能从它的拥有者自身中分离出来,一旦分离,劳动也就不成其为商品。因此,资

---

①Theda Skocpol, What Is Happening to Western Welfare States?, *Contemporary Sociology* 14(3), May 1985, p.309.

本主义社会需要通过解商品化来保障工人的生活（即使他们并没有出售自己的劳动力）以确保劳动力市场的运转。但如果福利制度提供了太多的保障，劳动力市场也将趋于崩溃。同时，柯亨强调，奥菲的理论是政治性的而非经济学视角的，奥菲致力于揭示的是福利国家"阻止和补偿经济危机"能力的有限性。奥菲认为，福利国家的危机在于合法性危机、管理（合理性）危机、财政危机。柯亨认为，由于奥菲没有说明不同历史的不同国家在危机问题上具有突出相同之处的原因，以及没有透彻地分析美国福利制度，因此他对当前存在问题的诊断，以及对福利国家内部危机理论的分析都并不让人满意。格兰特·乔登（A. Grant Jorden）也指出奥菲与其他观察者的不同在于他主要关注的：一是以解商品化/商品化的概念来讨论介于市场（商品化）经济需求和由非市场支撑提供支持之间的矛盾；二是介于后期资本主义社会的子系统——经济系统与政治系统、管理及合法化之间的矛盾。从这方面来说，奥菲表现得更像一个评论者而非理论家，他的评价和批判与他的理论方法并不一致。

另外，嘉瑞·温特朗特（Jari Vettenrant）从私有化角度探讨了奥菲的福利国家危机理论。卡洛琳·安德鲁（Caroline Andrewe）从女权运动的角度来诠释福利国家危机理论。卡罗尔·J.海格（Carol J. Hager）在《民主化的科技：西德能源政策中的公民和国家，1974—1990》一文中还试图运用奥菲的福利国家危机理论来探讨西德能源政策的问题。

国内学者对奥菲福利国家危机理论也是有所关注的。陈炳辉在《奥菲对现代福利国家矛盾与危机的分析》一文中描述了所谓"奥菲悖论"，即资本主义不能没有福利国家却又不能与福利国家共存的内在矛盾，指出奥菲从无法解决的过程性危机出发来分析现代福利国家危机管理的危机，并对奥菲有关现代福利国家的矛盾和危机理论进行了初步探讨。在文章中，陈炳辉也对奥菲的当代社会主义运动中非国家主义战略进行了论述。他指出，奥菲着眼于研究发达工业资本主义的结构条件是否有利于非国家主义战略的社会主义变革，根据当代发达资本主义社会的实际情况，对社会主义运动进行了新的思考和新的探索,但这仅仅是积极的探索和思考,并没有完全解决当代社会主义运动的理论和实践问题,如在"国家权力"方面,奥菲陷入了矛盾之中,"发达工业社会的社会主义'没有'国家权力是不能建立起来的,但是同时它又不能'仅凭'国家权力建立起来"①,并对新社会运动是否一定是社会主义运动的组成部分提出疑议。陈炳辉认为:"新社会运动尽管是对资本主义的否定和抗议,但这个运动并不是明确以社会主义为目标的,把它说成是社会主义运动的组成部分,是过于牵强的。"②

一些学者则侧重从奥菲福利国家危机理论与马克思主义之间的关系进行述评。周穗明在《德国后马克思主义的西方阶级和社会结构变迁理论述评》中指出,奥菲专门研究了后期资本主义国家职能的扩大对西方资产阶级和社会结构变迁的影响。奥菲接过了福柯(Michel Foucault)后现代国家理论的话题,进一步分析了福利国家所体现的强制性,国家在资本主义社会的发展是对资本主义生产基本矛盾引发的危机的反映。在这里,关于国家功能扩张及其实质的论述显然刻着后现代主义的烙印。杨玉生在《福利国家的马克思主义批判》一文中认为,作为西方新左派代表人物的奥菲不免受到马克思思想的影响,这点特别体现在他对福利国家批判的政治经济学角度。我们知道,在马克思的视野中,资本主义不可能成为工人的福利国家,这是由于无论资本主义国家采取什么样的制度形式,在本质上都是维护资产阶级利益的国家。在马克思看来,保证广大工人获得真正的福利和完全满足他们的实际需要,同资本主义的经济结构是不协调的。奥菲从财政危机、行政管理缺陷和合法化缺陷三个角度对福利国家所隐含矛盾进行证明,并指出"私人调节的资本主义经济"天生具有危机的倾向。在这里,奥菲所得出的结论与马克思的理论相契合。

另外,尹树广在《国家批判理论——意识形态批判,工具论,结构主义和生活世界理论》(2002)和《20世纪70年代以来的西方马克思主

---

① Claus Offe, *Contradictions of the Welfare State*, Cambridge, MA: The MIT Press, 1984, p. 246.
② 陈炳辉:《奥菲对当代社会主义运动的新思考》,载《当代世界与社会主义》,2001年第6期,第81页。

义国家批判理论》(2003)两本著作中都提到了奥菲及其有关福利国家危机的理论,谈到了奥菲对福利国家危机的分析,将奥菲的福利国家危机理论归结为西方马克思主义的国家批判理论,还特别对奥菲的系统论方法的得失加以述评。在《蔑视与反抗——霍耐特承认理论与法兰克福学派批判理论的"政治伦理转向"》(2008)一书中,王凤才指出,奥菲的福利国家危机理论,既受到奥康纳尔国家财政危机理论的影响,更受到哈贝马斯合法化危机理论的影响,而哈贝马斯"系统—生活世界"理论,则受到奥菲国家批判的系统分析理论影响,[1]并着重分析了奥菲对批判理论"政治伦理转向"的贡献。

从以上的综述中不难看出,奥菲的福利国家危机理论得到了国外学界的广泛关注,学者们对此进行了多角度的研究与评论。而在国内,学界对奥菲的关注也日渐增多:郭忠华翻译了奥菲的主要著作《福利国家的矛盾》,并从管理学的角度对奥菲的一些观点加以述评;陈炳辉对奥菲的福利国家危机理论,以及非国家主义战略有着比较详细的介绍、分析;尹树广、王凤才也都在各自的著作中给予了奥菲一定的篇幅。但是,国内学界对奥菲福利国家危机理论的系统研究并没有出现。

三、本书的思路、创新之处

(一)基本思路

笔者在攻读博士学位伊始,就确定了本书的主题,收集到奥菲的多部英文著作(由于国内已翻译的奥菲著作仅有郭忠华译的《福利国家矛盾》一书)和学术文章,甚至还包括一些德文材料。近年来,笔者也围绕着奥菲的福利国家危机理论这一主题发表了数篇学术文章,可以说,本书既是笔者对奥菲福利国家危机理论研究的总体报告,也是对以往研究结果的进一步完善。奥菲的著作在现代性、工业化、社会主义

---

[1] 王凤才:《蔑视与反抗——霍耐特承认理论与法兰克福学派批判理论的"政治伦理转向"》,重庆出版社,2008年,第327页。

未来景象方面都有所论及,而他最主要的理论是福利国家危机理论,因此,本书将以奥菲的福利国家危机理论为核心,深入地发掘奥菲福利国家危机理论的思想渊源,周详地诠释其福利国家危机理论的体系,并探讨其福利国家危机理论的内涵、特点、得失等。最后,本书试图厘清三个方面的关系:一是奥菲福利国家危机理论与社会哲学的关系;二是奥菲福利国家危机理论与国家理论之间的关系;三是奥菲福利国家危机理论与批判理论三期发展的关系。通过厘清这些关系来确定奥菲在整个法兰克福学派批判理论中的地位,以及对该学派理论发展所做出的贡献,指出法兰克福学派批判理论最新发展趋势。

(二)具体框架

本书分为七个部分,在导论中笔者主要对奥菲其人其著进行大致的介绍,从理论与社会现实两个方面论证了本书的研究意义,述评了国内外研究状况,并简要介绍了本书的基本思路、具体框架,指出了本书的主要创新之处与不足。

第一章"奥菲福利国家危机理论溯源"首先简单介绍社会福利制度的生发过程,然后考察不同社会思潮对福利国家的诠释与主张,不仅有凯恩斯主义、新保守主义、合作主义对福利国家制度的观点,还谈到了第三条道路,以及福利多元主义对福利国家制度的主张。本章最主要的部分是笔者就经典马克思主义、法兰克福学派、欧陆社会学、英美社会学对奥菲福利国家危机理论的影响进行的理论溯源。经典马克思主义对奥菲的影响方面,笔者主要是就马克思有关国家的经典理论进行阐述。笔者在分析法兰克福学派早期批判理论如霍克海默(Max Horkeimer)、阿多尔诺(Theodor Wiesengrund Adorno)等人的观点与法兰克福学派第二代学术领袖哈贝马斯理论之间学术异同的基础上,发掘了他们各自对奥菲福利国家危机理论的影响。欧陆社会学对奥菲福利国家危机理论的影响,笔者主要谈到包括黑格尔的国家理论、马克斯·韦伯关于官僚与合法性问题的观点、系统理论及其代表人物尼克拉斯·卢曼(Niklas Luhmann)的思想,并提及了二战后德国著名社会学家施坦莫尔对奥菲的影响。英美社会学对奥菲福利国家危机理论的影响,主要包括结构功能主义代表人物帕森斯(Talcott Parsons)的结构功能主义方法论、米利班德(Ralph Miliband)的结构功能主义国家理论以及他与希腊学者普兰查斯(Nicos Poulantzas)之间有关于国家理论的论争、奥康纳尔(James O'Connor)的福利国家财政危机理论和亨廷顿对民主与权威的思考。除了上述这些理论之外,笔者也提及了葛兰西(Antonio Gramsci)的"无产阶级领导权"理论、福柯的"前政治权力思想",以及批判社会科学的经验研究等思想对奥菲福利国家思想的形成与发展有着不可忽视的影响,并指出福利经济学为奥菲提供了概念与理论支撑。

第二章"奥菲福利国家危机理论的形成与发展"中,笔者通过对奥菲学术经历的深入研究,试图勾画出奥菲福利国家危机理论形成发展的思想轨迹,并将这一思想的形成与发展分为萌芽、形成,以及进一步发展这三个过程。笔者根据奥菲福利国家危机理论这些不同发展阶段,以及相应的代表著作对其思想的形成进行了分析。

第三章是本书的主要内容之一,即"福利国家的结构性矛盾"。福利国家在二战之后日益显现出矛盾趋势:一方面,福利国家作为政治解决社会矛盾的主要方式获得了广泛的赞同,甚至被认为可以超越毁灭性阶级斗争与阶级矛盾;另一方面,20世纪70年代中期以后福利国家又成为批判的目标与新的矛盾焦点。奥菲分析了与福利国家相关的七个主题,即马克思主义的国家理论、资本主义国家、商品化、商品形式的瘫痪、交换机会最大化、行政性再商品化、国家政策手段。以这七个主题为基础,奥菲指出,正是这些旨在通过政治、行政手段来稳定商品形式和交换过程并使之普遍化的尝试导致了后期资本主义社会一系列明显的结构性矛盾,即资本利益与国家政策之间的矛盾、组织化权力结构的矛盾、民主与政治之间的矛盾、合法性与效率之间的矛盾。笔者在本章中对奥菲提出的这些结构性矛盾进行了具体的描述与分析。最后,奥菲对凯恩斯主义福利国家政策的存留给出了他自己的答案。

第四章"福利国家危机的系统功能论诠释"是本书的主要内容,同时也是奥菲福利国家危机理论之中最具有理论特色的组成部分。奥菲从系统功能理论的角度出发对危机的概念进行考察,将"危机管理的危机"作为常量预测和分析国家在维持稳定的活动中所存在的不足和局限,并以新保守主义的不可能管理性危机理论作为批判的目标。奥菲认为,新保守主义对危机的诊断是没有任何可靠理论依据的,也无法提供对不可能管理性病症进行治疗的方案,新保守主义对不可能管理性政治危机所做出的解释是折中主义的,他们试图通过修正规则与规范使之适应于行动以符合隐含于系统之中的功能强制性与客观规律,从而解决不可能管理性问题也是不可行的。奥菲认为,不可能管理性实质上是系统的一般病理,如果能够在具有重大社会意义的动机与系统功能之间树立起一道完全无法逾越的屏障,以确保功能法则不受到来自于行动范畴的干扰的话,社会系统就不会产生不可能管理性病症。通过对政治—行政系统的财政资源、行政理性和大众忠诚三种资源进行考察,奥菲说明了资本主义社会存在着累进性的自我破坏过程,这表明政府调节本身就具有自我破坏的特征。奥菲不再从生产领域的动力方面去寻找危机的根源,不再将危机仅仅局限在经济领域,而是由经济危机理论走向了政治危机理论。奥菲指出,福利国家中不再能够参与市场关系的价值主体被允许在一种由国家人为建立起来的条件中生存下来,由于他们的收入是从财政资源中获得,这将导致了国家财政开支增加,造成国家经济状况难以控制,高税收和福利供给抑制投资并抑制工作的后果,导致财政危机进一步加剧。资本主义经济越是被迫运用"外在调节机制",它就越是面临着抵制这些侵略性机制的内在动力以维持自身生存的难题。① 福利国家的矛盾就是:"后期资本主义体系不能与福利国家共存,又不能没有福利国家。"②尽管它对资本主义积累的影响很可能是破坏性的,然而废除福利国家所带来的影响将简直是毁灭性的。最终,奥菲指出了资本主义体系虽然存在着各种各样的矛盾冲突但却至今能够维持生存的秘密。

"非国家主义战略"是奥菲对无法化解的福利国家矛盾,对后期资本主义社会危机提出的解决方案,笔者在第五章"走出福利国家危机"

---

①Claus Offe, *Contradictions of the Welfare State*, Cambridge, MA: The MIT Press, 1984, p.51.
②Claus Offe, *Contradictions of the Welfare State*, Cambridge, MA: The MIT Press, 1984, p.153.

中对此进行了详细述评。奥菲认为,新自由主义试图以重新返回到不要任何国家干预和管理的市场社会中的方案来替代福利国家是完全行不通的。为此,他提出了替代资本主义福利国家的社会主义方案,当然它只能是一种民主的社会主义。奥菲通过比较分析左派与右派各自的观点指出,他们都认为福利国家不再被认为是解决发达资本主义社会政治问题的有效手段了,认为虽然福利国家旨在通过国家的干预和管理手段来维持资本主义经济的正常运作,但是福利国家不仅无法真正解决资本主义的矛盾,还使得危机加剧恶化。在这种情况下,一种努力占据社会政策与福利国家改革舞台的新运动出现,那就是新社会运动。新社会运动关注就业问题、维护民主权利、保护生态环境、呼吁和平安全,试图强迫资本主义体系发展出更高的认知能力以抵制其盲目发展的逻辑,来重构诸如民主、正义、解放,以及自决的理想目标。最终,奥菲认为,社会民主政治的出路在于通过新社会运动的倡导来抵制和阻止资本主义合理化过程进一步盲目发展从而实现生态社会主义。

第六章"奥菲福利国家危机理论评价"中,笔者对奥菲的福利国家危机理论做出了评价。通过分析,笔者指出奥菲福利国家危机理论既是一种社会哲学的,也是一种批判的国家理论,确定了奥菲在整个法兰克福学派批判理论中的地位,以及对该学派理论发展所做出的贡献,并指出法兰克福学派批判理论最新发展趋势。笔者在本章中也总结了奥菲福利国家危机理论的内涵、特点与得失。

附录也是本书不可或缺的部分,是奥菲阐释福利国家危机理论所使用的分析模型,有助于理解奥菲的分析方法。

(三)创新之处

本书的创新之处在于:

第一,本书在全面考察奥菲福利国家危机理论的历史线索与逻辑结构基础上,第一次对奥菲福利国家危机理论进行了比较系统的阐述,使人们对奥菲福利国家危机理论有了总体的了解,这将有利于批判理论研究视域的拓展。

第二,本书试图在当代国外马克思主义与政治社会学语境中对奥菲福利国家危机理论进行理论定位,分析其理论得失,这将有利于人们对奥菲福利国家危机理论具体认识,也将有利于法兰克福学派批判理论研究的深化。

第三,本书从奥菲本人的著作出发,深入阐发了奥菲的福利国家危机理论与批判理论第三期发展的关系,阐发了奥菲的福利国家危机理论对批判理论的"政治伦理转向"做出的重要贡献,这本身就体现了研究的前沿性,并试图在一定程度上彰显批判理论和国外马克思主义的当代意义。

正如霍克海默所说:"……在从一种语言翻译到另一种语言的过程中……其意义差别的细微改变是不可避免的。尤其是在哲学、社会学和历史学中,翻译的过程本身总是包含着简化和泛化的危险。"[1]这也许就是本书的最大不足所在。

时至今日,2010年美国新福利法案颁布,而欧洲的一体化/高福利的福利模式受到巨大的冲击,内部动荡,在危机重重的情况下,福利国家究竟何去何从?福利国家制度的现实和相关理论之间的关系到底为何?这些亦旧亦新的问题的不断出现使得对奥菲福利国家危机理论的研究具有巨大的现实意义。研究奥菲福利国家危机理论,有助于我们了解西方学界对后期资本主义的观点和看法、资本主义福利国家目前的困境,以及相关的解决方案,特别有助于研究全球化背景下发达资本主义国家、福利资本主义国家的运行状况。这些都对我国社会主义经济、政治建设具有极大的警示意义。

---

[1] Max Horkheimer, Re: Certain Charges made against the Institute of Social Research (Columbia University), Max Horkheimer Archive, IX 63.

第一章
奥菲福利国家危机理论溯源

奥菲曾经说过:"尽管我发现自己常常处于略显尴尬的境地……但我仍然认为当代社会科学并不存在着某种单一的范式,某种得到如此充分建构和整合以至于可以不要其他方式的范式。"[1]这是奥菲针对其理论被批判为折中主义的自我辩护,同时也反映了奥菲学术背景的复杂化与学术思想的多元化。可以说奥菲的福利国家危机理论在其生发演变的过程中,受到了许多学术理论、思想观点的影响,而这些影响对于奥菲的理论阐发来说是相当重要与不可或缺的。本章中,笔者对奥菲福利国家危机理论进行溯源,首先将以较短的篇幅大致介绍社会福利制度的出现、发展与福利国家的产生,以及在这一发展过程中呈现出来的思想思潮与意识形态。

---

[1] Claus Offe, *Contradictions of the Welfare State*, Cambridge, MA: The MIT Press, 1984, p. 253.

一、社会福利制度理论思潮

(一) 福利国家制度的生发

对于社会福利制度缘何出现,一般来说有三种认识路径:一种认识路径认为,福利是国家的目的。例如,英国经济学家霍布森(John Atkinson Hobson)就将生产、消费与福利都归属于伦理道德范畴,伦理道德正是社会经济与发展的源泉与动力。同样,德国新历史学派的瓦格纳(A. Wagner)也认为国家在维护社会秩序,保护人民安全之外,亦有着"文化与福利的目的"。第二种路径则认为,社会福利制度是社会的自我保护形态,旨在消灭贫困与剥削,达到社会普遍福利,实现阶级同化的收入革命,其实质是"社会主义的人权",将福利国家看作是民主社会主义,这也是目前大多数西方福利国家所鼓吹的。最后一种认识路径认为,社会福利制度的出现是为了掩盖社会冲突,缓和阶级矛盾。这一认识路径主要是由国内的徐崇温先生所阐发。他认为,社会福利制度的产生、发展,特别是二战后福利国家制度的广泛流行都是源自于资本主义生产方式的矛盾,即生产的无限扩大趋势同消费的有限性之间的矛盾。资本主义生产方式的矛盾激化导致危机的爆发,这就需要资本主义的国家干预,以维持资本主义的生产方式,但其实质上是一种阶级妥协的方式,工人的社会福利收入只是雇佣工人出卖劳动力价值的转化形式。

社会福利制度的萌芽最早可以追溯到古希腊、罗马时期。1601年英国伊丽莎白女王时代颁布的《济贫法》被认为是现代西方国家社会福利制度的前身。学界普遍认为,现代社会福利制度正式建立的标志是德国俾斯麦于1883年至1889年间推出的疾病、工伤与老年三项社会保险立法,强调社会保障旨在进行工资补偿,由雇主与雇员共同分担保险费。针对当时的德国社会状况,可以说这是德国当时的统治者为了缓和阶级矛盾,试图消除社会主义革命的政策手段。正是这一立法为现代西方工业国家的社会福利制度提供了实践基础与理论指导。

1942年，在二战仍在进行的情况下，英国就开始着手筹划社会保障制度改革了。首先是《社会保险及相关服务》报告的出台，鉴于该报告由当时英国著名经济学家贝弗里奇（William Beveridge）提出，因此该报告又称为《贝弗里奇报告》。该报告强调全民保险，体现"普遍和全面"的原则，其后又获得了战后执政的工党认可，并在英国逐渐形成了包括《家庭补助法》（1945）、《国民医疗保健法》（1946）、《国民保险法》（1946）、《国民救济法》（1948）等相关立法与法律在内的战后英国福利制度法典。1948年，英国工党首相艾德礼宣布了英国成为福利国家。20世纪50年代，社会福利制度进入了"黄金时期"，在西方发达资本主义国家广泛建立，日益普及化、全民化。虽然根据不同国家的历史、国情与社会现实，社会福利制度在指导思想、理念与具体的模式上各有不同，但是它们的实质、功能与基本内容都大体相同。

西方国家国民经济快速发展时期，项目不断增多，受众不断增加，开支也日益增长，甚至出现了社会福利支出速度的增长超过了生产发展速度，也超过了政府财政收入的增长速度。20世纪70年代，随着两次石油危机的爆发，西方国家进入了经济的"滞涨"期，经济发展缓慢。在这种情况下，庞大的福利支出必然导致了财政赤字、通货膨胀、物价上涨的经济危机现象。而社会福利制度本身存在的弊端也日益显现出来。本来社会保障制度旨在以国家干预的形式保证社会劳动再生产进行所必需的条件，调节社会总产品实现过程，维护社会资本再生产所必需的共同外部条件。但实际上许多西方发达资本主义国家的高福利社会保障制度却促进了人们的惰性，人们往往依赖于社会保险、社会救济而乐于处在失业状态，失去了进入劳动力市场的动力。与此相对应的是，为了维持福利开支需征收的高额累进所得税，以及失业人员不劳所获的收入与在职人员收入相差无几，都打击了雇主与雇员的积极性，也就是资本投资与劳动力投入的积极性。这些问题都对福利国家的维持与发展产生了消极作用，也对社会福利制度的存在与完善提出要求。

在社会福利制度以及福利国家产生、形成与发展的同时，相应的社会福利理论、国家理论也随之发展。特别是1948年英国率先宣告建成福利国家以来,到 20 世纪 70 年代社会福利制度、福利国家日益成为各界关注的焦点。经济学家、社会学者、政治学家甚至哲学家,都对这种社会制度的产生和发展产生了极大的兴趣,他们从各自的角度对社会福利制度、福利国家进行了研究,产生了许多理论与思潮。

最早提出福利、福利国家理论的是英国经济学家庇古(Arthur Cecil Pigou)。在其《福利经济学》(1920)一书中,他指出:"所谓福利是指一个人获得的某种效用和满足,它来自于个人对财物、知识、情感、欲望的占有和满足,而所有社会成员的这些满足或效用的总和便构成社会福利。"[1]庇古为福利经济学提供了方法论基础与"最大社会福利原则"。"最大社会福利原则"包括两个要点:国民收入总量越大,社会经济福利就越大;国民收入分配越是均等化,社会经济福利就越大。庇古之后的福利经济学家们大都继承了庇古的福利经济边际效用价值学说、消费者自由选择学说,以及自由竞争学说,并主要对庇古所提出的效用可比性观点和收入均等化理论进行了补充和修改。另一位对福利国家理论有着巨大贡献的则是凯恩斯(John Maynard Keynes)。他在《就业、利息和货币通论》(1936)一书中运用总量分析的方法,论证资本主义条件下存在需求不足的必然性及其根源,提出了国家干预理论,以"市场失灵"(market failing)作为该理论的起点,以创造有效需求为该理论的政策目标,以挽救资本主义制度为宗旨,以实施累进税制和社会福利措施为政策,试图实现资本主义的自我调整。西方发达资本主义福利国家曾经以要求政府采取积极的财政政策以消除失业和克服萧条的凯恩斯主义国家干预理论作为最重要的指导思想。《就业、利息和货币通论》一书也被称作是一部拯救资本主义的名著。其后,艾斯平·安德森(Gsta Esping-Andersen)在《福利资本主义的三个世界》(1990)中提出以两个维度来解析社会福利制度:劳动力解商品化或称降商品化(decommodification)程度,以及福利受益人身份的分层化程度。解商品化指的是由于福利制度的作用,人们获得了一种机会、资格或者条件,他们可以不通过市场商品交易,不必支付成本或价格,只需要凭借其社

---

[1] 陶一桃:《庇古与福利经济学的产生》,载《特区经济》,2000 年第 8 期,第 51 页。

会权利,就可以得到某种货币的或非货币的福利服务,就可以维持其基本的或体面的生活水平或生活方式。分层化则是指在福利国家的制度安排中,人们拥有不同的社会身份或居于不同的社会地位。安德森的理论建设特别是他提出的解商品化概念,为福利国家体制的分析提供了重要的理论工具。

(二)福利国家制度的主要思潮

20世纪70年代以来,在福利国家出现危机的情况下,西方世界针对危机出现了不同的理论思潮。它们都旨在应对社会福利制度本身存在的缺陷,并尝试解决福利国家的危机。它们对待社会福利制度、福利国家的态度各不相同,甚至是相互冲突的,主要包括新保守主义思潮、社会合作主义思潮、第三条道路等。

根据R.米什拉(Ramesh Mishra)在《资本主义社会的福利国家》(2003)一书中对福利国家发展阶段的划分,在1973年以前的"前危机"阶段,各个福利国家以凯恩斯主义为主要指导思想,普遍采取积极干预政策,国家积极干预经济和市场的发展。但是,随着凯恩斯模式福利国家过分强调国家干预,管制经济运行,忽略市场本身的作用,导致了通货膨胀,以及经济的全面停滞。大约20世纪70年代中期和后期,是为福利国家的"危机"阶段,凯恩斯主义的福利国家指导思想备受质疑,甚至被认为是反经济动力、反发展与反逻辑的。

随着凯恩斯主义模式的可信度迅速下降,新保守主义(Neo-conservatism)开始登上历史舞台。新保守主义主张政府不要干预社会经济生活,让市场经济自主运行,带有典型的反国家主义色彩,它的思想根源是古典自由主义经济学说及其在20世纪的新发展。对福利国家制度,新保守主义展开了无情的批判。他们认为,福利制度是"蠕动蔓生的社会主义"(creeping socialism)[1],使贫穷者更具依赖性,并造成财政开支庞大,损害经济效率,阻碍了经济的发展。他们要求大幅度削

---

[1] [美]米尔顿·弗里德曼:《弗里德曼文萃》,高格、范恒山译,北京经济学院出版社,1991年,第138页。

减社会福利开支,强调通过工资的涨落和劳动力之间供求的自发调节来解决就业问题。1980年以后的"后危机"阶段,新保守主义国家政策放弃了凯恩斯主义福利国家政策的目标和方法,恢复市场的本身作用。虽然在"后危机"阶段,各国的主要政策趋向为右,但各国在社会福利政策和意识形态上的分歧却不断扩大。哈贝马斯对新保守主义的福利国家政策曾做出过如下评价:"新保守主义主要有以下三个特征:1.一种以供给为取向的经济政策应该能够改善资本的利用条件,并再次使资本的积累过程运行起来。这种政策是以较高的失业率为代价的,当然,它们以为这仅仅是暂时的。美国的统计数字表明,在收入的重新分配过程中,下层人民的负担加重了,只有大资本家的收入有了显著的增加。与此同时,社会福利国家的功能也越来越受到限制。2.政治系统的合法化成本应当有所降低。'要求膨胀'和'失去控制'是一种政策的代名词,这种政策旨在把行政和公众意志尽可能地脱离开来。这就刺激了新社团主义的发展,从而增强了非国家的大组织的控制力,特别是企业家组织和工会的控制力。此外,把合乎规范的议会权能变为仅仅是功能性的商谈伙伴,从而使国家变成众多商谈伙伴中的一个。权限转入新社团主义的灰色地带,使决策模式越来越失去了社会内涵,而按照宪法的规定,决策应当均等照顾方方面面的利益。3.文化政策受命在两条战线上行动。一方面,它要让知识分子作为现代主义醉心权力而又不生产的代表阶层斯文扫地;因为后物质主义的价值,首先是对自我实现的明确需要和对普遍主义启蒙道德的批判,被认为是对劳动社会和非政治公共领域动力基础的威胁。另一方面,传统文化,即具有维系力量的传统道德,如爱国主义、市民宗教、民族文化等,应当受到保护。这些东西之所以存在,是为了让私人生活世界摆脱个人的约束,并抵挡竞争社会和不断加速的现代化所带来的压力。如果新保守主义政策在那种由它促成的分裂社会内找到自己的基础,它就会有付诸实施的机会。那些遭到排挤的边缘群体没有支配着投票权。因为它们是被划在生产过程之外的少数,需要赡养。国际范围内中心与边缘的发展模式,现在好像正在发达资本主义社会内部重演:这些稳固的势力在它们再生产过程中愈来愈不指望贫穷无权者的劳动与合作意愿。当然，一种政策不仅必须得到贯彻，也必须发挥作用。但是，执意宣布取消社会福利国家的妥协，似乎也会在功能方面留下缝隙，只有压迫或破坏才能把这些缝隙弥补起来。"①

哈贝马斯想要指出的正是"这样一种局面，在这种局面下，一种依然还从劳动社会乌托邦汲取营养的社会福利国家纲领，正在失去为集体规划美好生活和美好未来的力量"②，也就是所谓的"新的非了然性"。哈贝马斯认为，社会整合的资源除了新保守主义强调的金钱和权力，还应当包括团结。

社会合作主义（corporatism）常常也被称为社团主义，合作主义被定义为："一种特殊的社会政治过程，在这个过程中，数量有限的、代表种种智能利益的垄断组织与国家机构就公共政策的产出进行讨价还价。为换取有利的政策，利益组织的领导人应允许通过提供其成员的合作来实施政策。"③因为合作主义基本上被理解为根据总的国家形势为谋求各种经济和社会目标之间达到平衡状态而在社会层面上实行的三方伙伴主义（tripartism），这三方指的是政府、雇员工会和雇主组织建立起的"社会伙伴关系"，也就是"主要利益集团之间的制度化合作"④，这其中雇员工会是三方赖以存在的基础。R.米什拉就认为，社会合作主义是与新保守主义冲突的福利国家思潮，他们强调的是政府导向与集体主义。20世纪七八十年代，社会合作主义在新保守主义思潮的冲击下，一度跌入低谷。"但是以国家、雇主组织和雇员工会三方合作为主要特征的、以北欧一些国家为典型代表的欧洲合作主义福利国家，在90年代又出现了回潮迹象。"⑤然而，受全球化的影响，出现了

---

① 〔德〕哈贝马斯：《新的非了然性——福利国家的危机与乌托邦力量的穷竭》，薛华译，载《世界哲学》，1986年第4期，第67页。

② 〔德〕哈贝马斯：《新的非了然性——福利国家的危机与乌托邦力量的穷竭》，薛华译，载《世界哲学》，1986年第4期，第64页。

③ 〔英〕戴维·米勒、〔英〕韦农·波格丹诺编：《布莱克维尔政治百科全书》，邓正来等译，中国政法大学出版社，2002年。

④ Ramish Mishra, *The Welfare State in Capitalist Society*, Birmingham: Harvester Wheatsheaf, 1990, pp.57-58.

⑤ 郑秉文：《全球化对欧洲合作主义福利国家的挑战》，载《世界经济》，2002年第6期，第38页。

"强资本"、"弱劳工"的现象。由于工会组织率领集体谈判覆盖率的日益下降导致了对工会组织的合法性及其存在意义的质疑,工会组织谈判能力也呈现下降趋势。作为社会合作主义重要基石的雇员工会力量的减弱,必然导致三方伙伴的合作主义的衰落。

这样就出现了第三条道路(The Third Way)型的合作主义。一方面,20世纪70年代到80年代,新保守主义被证明其鼓吹的金融系统的完全自由化、完全解除管制、放松限制等政策是行不通的,它所鼓吹的市场原教旨主义已经宣告失败,形势的发展要求重新确立国家干预这只"看得见的手"去补充市场经济这只"看不见的手";另一方面,在资本主义发生了许多变化的历史条件下,再回到70年代以前那种国家干预已不可能。英国工党领袖、首相布莱尔和其精神导师社会学家吉登斯(Anthony Giddens)则主张在老左派和新右派之间和之外走第三条道路。英国的第三条道路正是适应于这样的需要而产生的。第三条道路认为,老左派传统的社会民主主义过分强调国家干预的作用,新右派的新自由主义又太强调绝对自由市场,各有偏颇,必须扬长避短,要在经济全球化的条件下,在调整市场经济和国家干预的关系中取得新的平衡。第三条道路以现代化的社会民主主义自诩,宣称它热情致力于维护其社会公正和实现中左的政治目标,他们试图变福利国家为社会投资国家,重点在于使消极福利变为积极福利,使个人和其他机构同国家一样对福利的实现和创造做出贡献。所谓的第三条道路既非新保守主义,也非社会民主主义,而是在总结过去几十年失败的基础上得出的一套新的政治经济理论,就是说,它是在资本主义框架内"超越"传统的"左"和"右"的第三条道路,其基本政策主张是既反对过度的国家干预,也不赞成否定国家干预,而认为应该给予适度的国家干预;主张政府与公民重建相互信任的合作关系,在大力发展社区建设与社区教育的基础上建立"新型民主国家";主张既利用市场竞争机制又重视公共利益,"没有责任就没有权利","没有民主就没有权威",这些"口号多于思想、含糊多于明确、折中多于个性、拿来多于创新的几乎包罗万象的自我表述只不过是合作主义频谱仪两端之间的简单移动而已"。①

可以说,为了应对沉重的财政负担和持续的经济低迷给福利国家所带来的压力,"后危机"阶段的福利国家,纷纷开始采取福利改革措施。然而,由于受到政治传统、阶级力量等因素的影响,指导思想、策略手段不尽相同。可以说,主要的两个方向就是受新保守主义影响的收缩福利制度和受社会合作主义影响的维持原有福利制度战略两个极端路线。新保守主义的右派认为,福利国家失败在于它不仅没有调和市场社会所产生的冲突,相反实际上还加剧了这种冲突,它妨碍了市场力量正确有效地发挥作用。福利国家对资本的管制和税收负担抑制了资本投资的动力,而且福利国家在赋予工人福利保障和权利的同时,也削弱了工人提高工作效率的动力。在社会合作主义左派看来,福利国家的危机可以通过一种"妥协"、"共识"和"合作"的机制来得到缓解。这种合作主义的政策安排仍然坚持维持充分的就业、提供普遍的社会服务,以及保持基本最低标准。总的来说,"后危机"阶段的西方福利国家仍然承担着重要的福利责任。

实际上,在大多数国家,新保守主义与社会合作主义出现了长期混存的局面,甚至出现了福利多元主义。1978 年,英国发布了《沃尔芬德志愿组织的未来报告》。这份报告首次主张将志愿组织纳入到福利的提供者行列中。1986 年,罗斯(Hilary Rose)提出福利多元主义(the welfare pluralism)的理论,②认为一个社会总体的福利来源于三个部门——家庭、市场和国家,将这三者所提供的福利相整合,就形成了一个社会的总体福利。福利多元主义强调,社会福利和社会服务的提供由多个不同的部门承担,政府的支配性作用降低并且不再是唯一的提供者,它超越了传统的国家与市场二分法,强调其他社会部门在社会福利提供方面的作用,意味着社会福利的供给出现多元化和分散化。但是,由于福利多元主义强调政府从产业和经济领域撤退,在社会福利领

---

① 郑秉文:《论"合作主义"理论中的福利政制》,载《社会科学论坛》,2005 年第 11 期,第 19 页。
② 田北海、钟涨宝:《社会福利社会化的价值理念——福利多元主义的一个四维分析框架》,载《探索与争鸣》,2009 年第 8 期,第 44 页。

域的政策或服务由政府转到民间,必然影响到社会福利制度的效力与效率。奥菲对国家主义政策的否定,探索非国家主义的福利国家道路,鼓吹新社会运动,在一定意义上可以说是反映了他多少接受了福利多元主义的一些主张。

黑格尔曾经说过"哲学是思想中所把握到的时代"[①]。哲学的时代性决定了哲学的本质与具体的时代是紧密联系的。20世纪70年代中期以来,西方的社会福利制度受到质疑,福利国家遇到了经济危机甚至政治危机,西方发达资本主义国家进入了"后危机"阶段,或者说是"后福利国家"[②]时期。但是,社会福利制度仍然是西方发达国家的主要社会制度,福利国家仍然是西方民主国家首选的政治体制。许多理论家从各自的角度出发试图发掘其中的原因,奥菲正是其中之一。他从政治哲学、社会学出发,运用了德国先进系统功能理论,以一种全新的、独特的视角诠释了福利国家的危机,并试图为福利国家的危机找到出路。

1960年至1965年,奥菲身为柏林自由大学的学生,身处于聚集了众多倾向于德国学生民运组织的左派知识分子和学生之中。当时的柏林自由大学与美国的伯克利大学十分相似,是一个高度政治化的地方,教师和学生们都热衷于发表政治观念和参与政治事务。这个时期,大学改革和科技进步是政治讨论的核心问题,奥菲也对这个主题表现出了很大的兴趣。1965年,他撰写了《民主之中的大学:德国大学的改革与重要贡献》。该文关注了社会政治与大学改革之间的关系,这也是奥菲最早的学术成就,可以说是他学术思想的最初阐发。奥菲于1965年开始在法兰克福大学攻读博士学位,法兰克福大学社会研究所为奥菲的研究工作提供了重要的学术支持,在这里他也遇到了对他学术思想产生了巨大影响的哈贝马斯。1969年至1971年奥菲前往美国,在伯克利大学和哈佛大学从事研究工作,并借此机会游历了美国多处。1971年,他与哈贝马斯在马克斯·普朗克研究所再续前缘,又共同工作了六年,直至1975年奥菲再次赴美。实际上,自20世纪60年代开

---

① [德]黑格尔:《法哲学原理》,范扬、张企泰译,商务印书馆,2007年,第12页。
② 所谓"后福利国家"是从时间的维度相对于福利国家的概念,并不是一个有着严格内涵与外延的学术名词,它仅仅代表的是福利国家未来走向与福利国家转型的目标。

始,奥菲就对英美社会学,以及结构功能主义假设日益增多的批判产生了浓厚的兴趣。学术成熟期的奥菲逐渐摆脱了其早期作品如《资本主义国家的结构问题》之中的系统理论倾向对其的束缚,转而将目光投向了社会运动,特别是生态社会主义性质的新社会运动。下面笔者将进一步探究奥菲福利国家危机理论的理论渊源。

二、经典马克思主义对奥菲福利国家危机理论的影响

奥菲承认他曾经极大地受惠于经典马克思主义和第二国际的重要社会学传统。① 战后的德国,研究马克思早期著作的风潮由一群活跃于新教教会的知识分子所发起。奥菲早在1961年左右,在鲁兹(Peter Christian Ludz)的引导下阅读了《1844年经济学与哲学手稿》,而鲁兹与新教教会知识分子的学术圈关系密切。正是马克思的这部著作触动了年轻的奥菲。奥菲的研究热情也为那些一直在20世纪社会科学范畴之中不懈批判马克思的知识分子所激励。正如达伦道夫(Ralf Dahrendorf)在《工业社会中的阶级和阶级斗争》一文中所指出的那样,自马克思以来,社会科学的潜在日程就是试图证明马克思思想的正确与错误,同时指出了自19世纪以来马克思所能预见到的社会变迁。奥菲也赞同这一观点,认为:"正是由于这种潜在的日程,马克思主义传统对于我这一代的理论家极端重要,为20世纪的社会理论提供了翔实的知识背景。"②

马克思并没有严格意义上阐述国家问题的专门著述。马克思的国家理论思想散见于他的诸多著作之中。马克思通过批判黑格尔的国家哲学来强调并非国家决定社会,而是社会决定国家。黑格尔强调,国家是人的伦理生活的最高现实;而马克思则认为,国家并非是伦理和自由

---

①Claus Offe, *Contradictions of the Welfare State*, Cambridge, MA: The MIT Press, 1984, p. 153.
②Claus Offe, *Contradictions of the Welfare State*, Cambridge, MA: The MIT Press, 1984, p. 254.

的现实,在资本主义阶段,国家与市民社会被分离开来,资产阶级的政治解放和国家生活并非真正的人的解放。

马克思将国家作为统治工具,以阶级分析理论为核心,并认为,现代资产阶级国家是管理资产阶级共同事务的委员会。这一观点在《共产党宣言》中有明确的表述。他认为,处于过渡时期的国家具有相对自主性,资本主义国家为了资产阶级的长远利益,有可能对被统治阶级让步,并把自己装扮成"社会国家"。除了在欧洲大陆多数国家革命中打碎资产阶级国家机器建立工人阶级经济解放的真正民主政治形式,部分发达国家中的工人革命还可以采取议会民主制。此外,国家统治并不只限于经济统治或暴力专政,统治阶级也在思想上把自己的阶级意识夸大成普遍形式的思想,利用意识形态进行统治。自然,在福利国家这个问题上,马克思的观点就是资本主义不可能成为工人的福利国家,无论资本主义国家采取什么样的制度形式,在本质上都是维护资产阶级利益的国家。在马克思看来,保证广大的工人获得真正的福利和完全满足他们实际需要的目的,同资本主义的经济结构是不协调的。

马克思指出了内在于劳动商品化的不平等权力,并将商品定义为私人为交换而生产的物品,由于生产资料被私人所占有,所以进行生产并不是直接为了满足生产者的需要,而是为了生产资料所有者的特殊利益。他指出,资本主义最基本的矛盾就在于生产社会化与资本主义生产资料私有制之间的矛盾。基于资本主义的基本矛盾,资本主义的发展必然是其自身的灭亡,资本主义越发展自身,越接近于顶峰,就越接近于衰落或毁灭。

马克思对奥菲福利国家危机理论的影响主要体现在以下几方面:一是奥菲对福利国家问题的研究首先是从政治经济学的角度来入手的。在他阐发福利国家危机理论的第一本著作《绩效原则与工业劳动:工业绩效社会组织原则中的"地位"分配机制》中,他借鉴了《资本论》的理论成果,着重研究了福利国家的生产过程,对集体生产与私人占有进行考察,发掘了福利国家所隐含的矛盾,指出"私人调节的资本主义经济"天生具有危机的倾向。在这里奥菲所得出的结论与马克思的理论相契合。奥菲进一步将资本主义的危机分为财政危机、合法化危机和政治危机。二是在方法论上,奥菲对马克思主义理论传统中的二分法有一定的运用。马克思的二分法一般用于分析存在着非对称性和等级性的社会关系中的矛盾,尤其是存在于劳资关系中的矛盾。马克思主义的理论认为,任何社会都必须通过一套制度化的规则才能正常运转,其中有关物质再生产的制度化规则有效地控制了人的劳动能力、生产资料的物质手段,以及生产过程本身。各种调节这三种物质再生产要素的控制机制和生产方式都可以历史地得到区分,而且每一种机制和方式都有其赖以建立的经济、政治和文化条件,以保证其作为一种社会生产方式的连续性。三是除了二分法的分析方法,奥菲还吸收了马克思主义原理对矛盾概念的运用,即矛盾术语既不是用来指认特定条件下特定行动者所具有的属性,也不是用来指认社会某一特定制度领域所存在的流行状况。矛盾是一个分析性的概念,与再生产社会自身的支配性生产方式关联。矛盾不是偶然的,而是植根于生产方式之中,这种生产方式似乎天生具有自我矛盾的倾向,即天生具有自我瘫痪和自我破坏的倾向。具体来说,奥菲用这样的矛盾分析方法分析了福利国家中资本利益与国家政策的矛盾、组织化权力结构的矛盾、民主与政治的矛盾、合法性与效率之间的矛盾。奥菲对福利国家危机的分析正是源自于马克思的劳动价值理论,以及马克思对资本主义社会本身的批判,但同时,他又提出了要对经典马克思主义的一些经济假设进行分析与修正。

三、法兰克福学派对奥菲福利国家危机理论的影响

法兰克福学派是以德国法兰克福大学创立于 1923 年的社会研究所为基地,由一群社会科学学者、哲学家、文化批评家所组成的学术社群。主要代表人物包括第一代的霍克海默、阿多尔诺、马尔库塞(Herbert Marcuse)、弗洛姆(Erich Fromm)、本雅明(Walter Benjamin),以及第二代的哈贝马斯等。法兰克福早期代表人物们吸收了马克思早期著作中的异化概念和卢卡奇的物化思想,也受到了叔本华、尼采与狄尔泰的非理性思想,以及韦伯的社会学的影响,建构了一套独特的批判

理论,试图对整个资本主义社会进行总体性的哲学批判和社会学批判。在法西斯主义于欧洲崛起的历史背景之下,他们不再持有无产阶级具有强大潜能的革命信念,强调的是工人阶级意识的否定作用。这个时期,霍克海默以论文的形式对在垄断法西斯时代工人阶级和资产阶级发生了何种变化进行回答,提出了欺诈理论。针对这一问题,阿多尔诺写出了《阶级理论的反思》一文。他坚持了霍克海默、波洛克和他本人对国家资本主义的分析,认为政治支配经济。到20世纪60年代末,由于欧洲学生与青年造反运动的失败,法兰克福学派第二代代表人物哈贝马斯逐渐从一种政治激进的立场上退缩,开始承认资本主义的现状,对早期批判理论或者说传统批判理论提出质疑,试图通过社会学的批判能力将人们从对社会结构的崇拜和社会总体性意识形态之中解放出来,提出交往行为理论,与当时该学派中力图保持批判理论统一性与延续性的施密特(Alfred Schmidt)、内格特(Oskar Negt)等人产生了严重的分歧。

1965年至1969年奥菲在法兰克福大学社会研究所攻读博士学位。这个时期正是法兰克福学派极盛而衰的时期。法兰克福学派在20世纪60年代的欧洲学生运动中获得了前所未有的声誉与关注,而1969年、1970年,霍克海默与阿多尔诺两位泰斗的相继离世,法兰克福学派开始失去向心力,逐渐走向分离衰落。笔者将就传统批判理论,特别是哈贝马斯的后期资本主义国家及其危机理论、交往理论与话语理论对奥菲的影响展开分析。

(一)传统批判理论对奥菲福利国家危机理论的影响

一般认为,传统批判理论是一种关于国家和垄断资本主义新阶段的理论,它着眼于哲学、社会理论和文化批判之间的关系,并且对社会现实提供一种系统的分析和批判。传统批判理论的哲学以实践哲学为前提。传统批判理论的学者们以能动的阶级意识与消极革命问题为核心,讨论国家与阶级斗争、国家与社会、国家极权统治、自由,以及国家消亡的问题。由于传统批判理论为法兰克福学派早期代表人物所阐释与倡导,因此也将其称为早期批判理论。法兰克福学派的奠基者霍克海默曾经说过:"哲学批判是一种知性的和实践的努力,它反对不加反思而纯粹习惯地接受主流观念、行为方式和社会关系。哲学批判作为一种努力,就是要让社会生活的方方面面取得和谐,让社会生活与时代的一般观念和目标取得一致,把现象和本质区分开来,对事物的基础加以研究。一句话,真正对事物有所认识。"[①]"防止人类在现存社会组织慢慢灌输给它的成员的观念和行为方式中迷失方向,人们在日常生活中一旦被迫建立孤立的观念和概念,他们就陷入矛盾之中,而哲学就是要揭示这矛盾。"[②]法兰克福学派早期代表人物霍克海默、阿多尔诺认为,哲学并不仅仅是单纯的主体性批判,还是社会批判、历史批判、文化批判。哲学的社会功能、哲学批判现有一切的作用,正是哲学的意义所在。奥菲沿袭了法兰克福学派强调哲学社会批判功能的传统,着眼于社会现实,不仅仅研究社会问题,也在研究社会问题的同时试图形成一种批判的和辩证的思想。

但是,传统批判理论将社会和国家直接建立在个别主体(个人或集体的主体)的实践活动之上,强调主体能动性的作用,并未真正认识到资本主义国家的本质、作用和地位,以及早期批判理论对理性彻底的自我否定也是奥菲所不能接受的。因此,奥菲认为,传统批判理论通过强调超结构因素(日常生活的方方面面,如大众传播、科学、家庭生活、流行文化以及政府行政)的压抑和规训作用,着重用于理解和解释法西斯主义和后法西斯主义时期的政治范式。在奥菲看来,这些理论和观点在今天已经不再具有说服力了。它们仅仅将福利国家的民众作为政府管理几乎完全的客体,并且由于传统批判理论忽视了对马克思主义进行深入的经济分析与阶级分析,在某种意义上,传统批判理论可以说对当今的社会具有误导甚至是危险的作用。奥菲对法兰克福学派传统批判理论的如此看法,反映了他与传统批判理论在哲学路径上的决裂,后文将会进一步分析奥菲是怎样将关注的目光转向传统批判理论

[①] Max Horkheimer, *Die gesellschaftliche Funkion der Philosophie*, Gesammelte Schriften, Bd. 4, Hrsg. von Alfred Schmidt, Frankfurt/M.: Fischer, 1988, S. 350.

[②] Max Horkheimer, *Die gesellschaftliche Funkion der Philosophie*, Gesammelte Schriften, Bd. 4, Hrsg. von Alfred Schmidt, Frankfurt/M.: Fischer, 1988, S. 352.

所没有涉及到的交往理性、战略理性,以及合法性等问题之上。当然作为法兰克福学派第三代代表人物,传统批判理论为奥菲提供了理论研究目的和研究思路,这一点是决不能够被抹杀的。

(二)哈贝马斯对奥菲福利国家危机理论的影响

哈贝马斯可以说是当代最伟大的哲学家之一,甚至被誉为"当代的黑格尔和后工业革命的最伟大的哲学家"①。他不仅自身的学术造诣深厚、思想多元,还积极提携后辈,如霍耐特、弗斯特(Rainer Forst)、施耐德巴赫(Herbert Schnaedelbach),以及奥菲等人在学术界的扬名立万都始于哈贝马斯的推介。

奥菲与哈贝马斯共同工作过多年,可以说两者的关系亦师亦友。奥菲自己在访谈中就曾经声称他们共同工作的十年对他来说意义重大。1971年至1975年在马克斯·普朗克研究所的共同工作过程中,他们对经典马克思主义和法兰克福学派的经济假设进行了修正。奥菲非常赞同哈贝马斯所提出的对法兰克福学派传统批判理论家们的批判,即他们过于依赖所谓马克思主义正统派的观点,并认为,关于马克思主义经济和阶级分析学说已经被证实,并不再需要深入探究。其实从奥菲自己的说明中我们可以看出,哈贝马斯与奥菲接触最为频繁的时期,正是哈贝马斯形成交往行为理论的时期,也就是1969年至1981年哈贝马斯致力于重建历史唯物主义期间,初步建立了社会批判理论的交往行为理论的时期。奥菲的作品也确实反映了哈贝马斯对后期资本主义的分析与交往行为理论对他的影响最深。

首先是资本主义的矛盾问题。哈贝马斯并不赞同经典马克思主义的经济决定论,并认为,仅仅运用两个相互补充的同属系统——经济、国家作为模式,从一个下属体系决定另一个出发,或者在两个同属系统之间转换,是难以充分说明后期资本主义的国家干预、群众民主和福利国家这些现象实质的。哈贝马斯认为,不能仅仅用经济原因和目的行动理论来说明资本主义社会危机,要求重建历史唯物主义以摆脱

---

① 欧力同:《哈贝马斯的"批判理论"》,重庆出版社,1997年,"前言"。

马克思国家理论中过于狭隘的经济解释。哈贝马斯还认为,资本主义的矛盾就在于体系脱离生活世界并反过来干预生活世界,使生活世界殖民化。因为后期资本主义结构高度分化,在这种分化中,后期资本主义阶段中国家具有相对独立性,国家的性质转向社会国家。劳动领域的危机不再那么突出尖锐,危机有了新的形式。

哈贝马斯认为,社会发展的动力源自系统整合与社会整合之间的对抗性,社会动力的决定性要素是上层建筑。他强调,超结构因素对社会动力的决定性衡量标准。正是因为如此,人们常常将他与传统批判理论的其他学者相提并论。哈贝马斯也指出,由于不能够容纳人们的动机能量,后期资本主义体系不可避免地面临着新的、自相矛盾的合法化问题:一方面,受自身合法性条件的限制,一旦后期资本主义国家承担了维护公众普遍利益的社会政治任务,就要产生对资本积累起限制的副作用;另一方面,后期资本主义国家又要制定繁荣和发展的经济政策,维护积累过程的继续。因此,社会国家必须通过民主的政治保障,维护国家公民的经济利益来体现其合法性,而合法性机制在后期资本主义阶段构建了国家权力的新基础。

同样,他从重建历史唯物主义出发,强调了后期资本主义的阶级对立趋于平稳化,国家获得了相对自主的地位,国家的性质变成了社会国家。社会国家在限制阶级冲突的过程中发挥了根本性的作用,它的官僚化统治渗透到生活世界之中,形成了新的危机和物化形式,以货币化、伪政治交往和普遍的法律化代替交往的理解和共识,并对个人进行压制。

哈贝马斯又将国家看作是从生活世界中分化出来的,又反过来向生活世界扩张的、专门化的、以权力为媒介的子系统。哈贝马斯强调,生活世界是一个以理性交往行动为核心的领域,能够对抗国家权力扩张的力量。由此,哈贝马斯将行动理论、结构理论和功能结构理论结合起来,在批判主体实践哲学的基础上,实现哲学的转型,进而把国家视为一种破坏生活世界的官僚化权力扩张因素,提出以话语民主实践对抗当代的国家主义各个方面对人的生活的侵蚀。在揭示当代资本主义市场经济与国家干预体系的不平衡中,他指出了国家职能矛盾的尴尬处境。在交往理论和生活世界理论基础上,他运用新的社会合作和民主形式,探讨了制约官僚化权力扩张的途径。这也是奥菲提倡新社会运动,强调通过对话来解决社会问题的理论依据所在。

奥菲认为,哈贝马斯在强调后期资本主义的自我瘫痪趋势这点上与法兰克福学派的传统批判理论发生了决裂。他与哈贝马斯都认为,结构问题才是关键,正是后期资本主义结构本身暂时克服了阶级冲突,保持积累增长和保证社会稳定。他也赞同哈贝马斯的国家非经济决定的观点,主张要分析制度和资本主义社会政治对立的具体形式,不同意仅仅反对抽象理性。他从限制经济决定发挥作用的范围出发,强调历史进步中规范起重要作用。奥菲与哈贝马斯同样也认为,现代国家的形成并不是经济主义能够说明的,在后期资本主义阶段,官僚国家和社会国家的活动具有了自主性,组织机构是特定异化过程和极端合理化过程的副产品,通过组织机构对社会、政治控制的机制首先切断了行动的动机,而后不断侵蚀并消解个人或是集体认同得以建构和维护的生活领域。

四、欧陆社会学对奥菲福利国家危机理论的影响

欧陆社会学传统既包括一般的社会学理论,也包括社会哲学,具有非常鲜明的人文主义色彩。欧陆社会学最早可以追溯到黑格尔的市民社会思想。黑格尔将市民社会从属于政治国家,提出了市民社会决定国家的著名结论,以及必须经过真正的革命来建立新国家的观点。德国早期社会学传统之中,比较有代表性的是韦伯的理解社会学、西美尔的形式社会学,以及曼海姆的知识社会学等。而在法国主要是以涂尔干(Emile Durkheim)等人为代表的社会实在论,强调社会结构对个人行为的制约作用,强调从社会事实出发来研究社会,希望通过集体道德的作用来整合社会。奥菲深受德国早期社会理论传统的影响,对德国早期社会理论的代表人物如韦伯、西美尔、莱德勒、曼海姆等人的著作和理论都深有自己的心得。奥菲特别指出,以上这些社会学家的思想

"必须经由移居美国的欧洲流亡知识分子重新引入二战后的德国"[①],才有助于理解他们自身的古典传统,才能强化他对最先进的自由社会理论的兴趣。除此之外,德国先进的系统功能理论也是奥菲常常利用的分析工具。笔者主要就系统论大家卢曼、韦伯的社会学思想,以及黑格尔有关于国家的学说来分析欧陆社会学对奥菲福利国家危机理论的影响。

(一)黑格尔对奥菲福利国家危机理论的影响

国家是"伦理理念的现实"[②],是"绝对自在自为的理性东西"[③],亦是绝对精神本身。黑格尔认为,国家的理念具有直接现实性,国家是在世界历史过程中自证现实性的普遍理念。在黑格尔的理论中,国家作为不任性、不偶然的普遍物而具有至高无上性,但这并不表明黑格尔的国家是否定个人的。"国家是现实的,它的现实性在于,整体的利益是在特殊目的中成为实在的。现实性始终是普遍性与特殊性的统一,其中普遍性支分为特殊性,虽然这些特殊性看来是独立的,其实它们都包含在整体中,并且只有在整体中才得到维持。如果这种统一不存在,那种东西就不是现实的,即使它达到实存也好。"[④]国家赋予个人作为成员的客观性、真实性、伦理性,不作为国家成员的个人并不是真正意义上现实的人;而国家也唯有通过个体的主体性与自由在特殊性中达成自己的普遍性,成为一个自在自为现实的整体,否定个体意义的国家也是虚假的、不现实的。在权利与义务的平衡中,国家与个人达成了和谐统一。

在对国家进行论述之后,黑格尔区分了市民社会与国家。他认为,市民社会是内含于精神自身规定中的伦理的第二个环节,"处在家庭和国家之间的差别的阶段,虽然它的形成比国家晚","在市民社会中,

---

[①] Claus Offe, *Contradictions of the Welfare State*, Cambridge, MA: The MIT Press, 1984, p.253.
[②] 〔德〕黑格尔:《法哲学原理》,范扬、张企泰译,商务印书馆,2007年,第253页。
[③] 〔德〕黑格尔:《法哲学原理》,范扬、张企泰译,商务印书馆,2007年,第253页。
[④] 〔德〕黑格尔:《法哲学原理》,范扬、张企泰译,商务印书馆,2007年,第280页。

每个人都以自身为目的,其他一切在他看来都是虚无"①,市民社会是个体的、特殊性为基础的,充斥着偶然性与任性的,但是,"特殊目的通过同他人的关系就取得了普遍性的形式,并且在满足他人福利的同时,满足自己"②,它同样是特殊性交互作用而得到、转化到、过渡到普遍性的中介。市民社会含有三个环节,分别为:一是通过劳动、分工(造成不同与等级)等中介使得自己与他人的需要得到满足的需要的体系;二是司法对上述体系的保护,自由与普遍性的达成;三是警察与同业公会等对特殊利益个体实现共同利益保护的组织。

　　黑格尔认为,市民社会与国家的关系可表现在如下几个方面:一是市民社会与国家看似具有对立性。市民社会作为带有特殊性个体的集合,不可避免地具有脱离真实与现实的任性与偶然性,而国家作为自在自为的整体,却是真实的、现实的、善的。二是市民社会与国家实质上的统一。组成市民社会的并不是孤立的个人,在"原子"的相互作用间,市民社会实现的是特殊性向普遍性转化,这个过程也是国家的普遍性在个体特殊性得到实现、整体得以完成的过程。三是国家高于市民社会。国家是最终的至高目的。国家构成了个体的最终目的,个体从国家中找到了其存在、义务和满足的真理。市民社会中,个体的权利来自于教养领域,具有普遍性,被人们作为普遍的东西来期望和承认。而实现这种普遍性与整个特殊性领域的统一是行政机构的任务:确保财产及人身安全不受侵害;将每个人的生活和福利当作一种可能性,这种可能性的实现受到人的任性与自然特殊性的制约,也受到客观需要的制约。国家的活动就在于保护这种存在于市民社会之特殊性中的普遍性,通过外在的秩序和法规来支持和维护市民社会中众多的目的与利益。社会中的权力是以一种矩阵的方式呈现的。黑格尔还认为:"主观的'意志'和合理的'意志'结合,道德的全体就是'国家',国家是现实的一种形式,个人在它当中拥有并享有他的自由,但是个人必须承认、相信并情愿承受那种'全体'所共同的东西。"③黑格尔在此处的表

---

① [德]黑格尔:《法哲学原理》,范扬、张企泰译,商务印书馆,2007年,第197页。
② [德]黑格尔:《法哲学原理》,范扬、张企泰译,商务印书馆,2007年,第197页。
③ [德]黑格尔:《法哲学原理》,范扬、张企泰译,商务印书馆,2007年,第40页。

述更是体现出了一种福利国家的观念。

奥菲对国家的认识,以及在国家与市民社会的基础上对福利国家危机的研究很显然受到了黑格尔对国家的性质、国家的目的、国家与市民社会之间关系论述的启发。这其中,黑格尔社会权力矩阵思想对奥菲福利国家政治过程的分析模式产生了直接的影响,他认为,社会权力矩阵层面是政治权力产生、分配与行使的关键,它决定了政治精英赖以决策的可能空间。[①] 福利国家发展的未来方向或是受到资本主义社会结构矩阵的塑造或是相反,即通过福利国家的成败重塑资本主义社会结构矩阵。另外,在分析新社会运动之中可能存在的社会联盟时,奥菲认为,新社会运动各个不同的社会力量之间也存在着这样一种权力矩阵。

(二)韦伯对奥菲福利国家危机理论的影响

韦伯作为德国早期社会科学的代表人物,也是社会学的奠基人之一。韦伯首先在社会行为框架中对理性化加以阐释。他认为,理性化就是现代性。韦伯总结出社会行为的四种类型:目的理性行为,即通过对外界事物的情况和其他人的行为的期待,并利用这种期待作为条件或手段,以期实现自己合乎理性所争取和考虑的行为成果目的所决定的行为;价值理性行为,即不管后果,而由有意识地对一个特定行为的无条件固有价值(如伦理的、美学的、宗教的)的纯粹信仰所决定的行为;情感行为,即由现时的情绪或感情状况支配的行为;传统行为,即由约定俗成的习惯所控制的行为。他也进一步指出了西方社会现代化"特质"表现为以目的理性行为为基本定向。近代西方文明的成果也源于合理性行为方式及其思维方式的"牵引"。有学者指出,韦伯的理性化含义多达 16 种,但最核心的含义是:目的理性行为取代传统(包括情感)式行为,即目的理性行为的理性化,目的理性行为对传统行为的代替是理性化的根本构成要素。在对现代社会行为进行划分的基础上,韦伯对官僚制进行了系统的论述,首先对权威和权力进行区分,指

---

① Claus Offe, *Contradictions of the Welfare State*, Cambridge, MA: The MIT Press, 1984, p.156.

出了与权力相比,权威意味着人们在接受命令时出于自愿。相应地,在权威制度下,上级对下级的命令有其合法性。在这里,他首次提出了合法性问题。韦伯的合法性统治理论是从行动意义理论出发的,他区分了行动类型并且进一步划分了统治权力的合法性类型,强调了现代资本主义统治建立在技术化官僚统治之上,从而为研究统治权力和顺从之间的关系奠定了基础。

韦伯还对第二国际社会主义进行过批判,将它看作是官僚制支配的不断扩展。韦伯认为,官僚制国家与资本主义生产是同步扩展和同时存在的,并非是完全对立的过程。韦伯甚至假定,在资本主义条件下,市场力量的发展与官僚制国家的控制可以和谐共存。通过官僚制国家和资本主义企业中"负责任"的上层领导者,市场力量的发展与官僚制国家的控制可以以一种不太稳定的形式共存。奥菲针对这一观点,讨论了私有财产和市场关系是否能够建构一套用以抑制官僚制支配的屏障,大众民主是否真的能够制衡国家的官僚化,官僚制管理模式是否真的具有独特的效率和效益。奥菲认为,国家主义和官僚制的社会管理模式实际上都是脆弱而不堪批判的,尽管在西方与在东欧社会主义国家中的原因各不相同。

(三)卢曼对奥菲福利国家危机理论的影响

尼克拉斯·卢曼既是帕森斯的学生,又是社会学早期经典人物的杰出继承者。虽然卢曼的理论是以发展意识结构功能主义为基础的,但是卢曼并不是帕森斯的忠实追随者。卢曼将结构—功能主义策略性地转向问题—功能主义,并以功能均等与复杂性概念为核心理念,形成了他自己独特的系统功能理论。

卢曼的早期作品受到了奥菲的特别推崇。卢曼认为,没有任何系统是唯一存在于世界的系统,由于区分的选取可能而且必然是恣意的,各个系统总是依照各自的选择开始运作,而且因而必然有所不同,由此就导向一个多元脉络的世界概念。① 卢曼将社会定义为最广泛的有意

---

① Niklas Luhmann, Neue Entwicklung in der Systemtheorie, *Merkur* 42, 1988, S. 297.

义地沟通的系统,并认为,沟通才是社会系统中生产与再生产的最后元素,就人与社会的关系而言,人只是社会系统的环境。现代社会作为功能分化的社会,经济、政治、法律、科学、教育与宗教都是分化的功能系统,也就是子系统。所有子系统的建立都代表系统整体也就是社会新的表达,对每一个子系统而言,系统的整体皆分裂在系统与环境的特定分化之中,亦即该子系统与其系统整体内部环境(社会内环境)的分化之中,每个功能系统皆与其环境一起重建这个社会。国家这个概念是系统理论用来指涉系统语意层面的,卢曼就认为,国家仅仅是社会中政治系统"自我描述"的一个公式,政治系统把自己描述为国家。① 由于权力作为政治沟通的媒介太不确定,无法为政治系统建立同一性,所以国家的概念就被援引为必要的导向,如此政治系统就基于其与国家的关系而确定了。系统功能理论认为,政治系统乃是与其他系统共存的功能系统,其功能为生产并贯彻具有集体拘束性的决定与保障公共利益。因此,在系统功能论主义那里:首先,国家是一个不确定的、在分析上没有用处的概念;其次,系统功能理论研究社会秩序得以建立的机制,它强调,系统是由各个彼此联系并与复杂环境区别的整体,力图把政治系统和社会系统区别开来,并对它们的内部进行分类;最后,政治系统并不为诸如经济或社会价值的外部固定因素所控制和操纵,它在内部关系和外部关系上都是由诸多因素复杂交织的。该理论在政治理论中取消国家概念,否认实践规范问题的意义,对社会体系中没有特殊性的源于主体行动的因素,以及各种同等的系统因素进行系统分析。卢曼也较为完整地建构了系统论研究方法,通过区分主观动机与客观功能以及结果之间的不同,得出结论:客观组织化的功能以及社会活动结果必然而且越来越与主体的主观动机相分离。② 通过与哈贝马斯的论战,他试图将系统理论的观点加入到交往行为理论中去。他采用了如下表述:无论多么抽象地表述系统的一般理论、进化的一般理论和交往行

---

① Niklas Luhmann, Staat und Politik. Zur Semantik der Selbstbeschreibung politischer Systeme, in: ders., *Soziologische Aufklärung* 4, Opladen: Westdeufscher Verlag, 1987, S. 78ff.

② Claus Offe, *Contradictions of the Welfare State*, Cambridge, MA: The MIT Press, 1984, p. 258.

为的一般理论,这三者的结合是特定社会学理论的必要组成,它们是互相依赖的。①

在《资本主义国家的结构问题》一书中,奥菲首次采取了系统功能理论的观点,将后期资本主义国家系统分为社会子系统、经济子系统与政治子系统三个子系统,并对三者之间的关系进行了较为完整的论述。他认为,政治子系统如果要保持三个子系统之间的平衡,就必须以危及三个子系统的存在为代价。随着奥菲对新社会运动的关注,以及社会、政治权力冲突模式的依赖,②他对系统功能理论的运用似乎越来越少,但是他仍然认为,系统功能理论是一套非常有用的分析工具,通过它可以"对各种社会现象进行排序和分类,并研究其相互关系"③。同时,系统功能论的范畴仅仅局限于一定的社会系统,就比如说已经"自成体系"的后期资本主义,特别是被假定承担了整个社会秩序责任的福利国家。奥菲认为,政治、行政和经济精英的有序管理活动总是不够充分理性,并因此导致福利国家系统的自我瘫痪倾向。不过奥菲并未像卢曼那样重视现代社会法律和司法机构所起的作用。奥菲首先对当代社会法律管理的效力表示怀疑,他还特别认为,法律所具有的交换式的、理性计算式的刺激本身就破坏了主体间非正式交往过程中共享的规范。他宁愿倾向于研究具有非正式化和非法律化特征的合作主义。他认为,合作主义制度安排更具有效应对急剧变动的条件与事件的能力。④

除了以上对奥菲福利国家危机理论产生影响的欧陆社会学思想之外,奥菲还特别提到奥托·施塔莫尔(Otto Stammer),并认为,其作为20世纪50年代德国最重要的政治社会学家,承启了20年代德国早期社会理论和战后德国社会学理论的重要人物。施塔莫尔最为重要的著作

---

① Niklas Luhmann, *Soziologische Aufklärung 2: Aufsätze zur Theorie der Gesellschaft*, Opladen: Westdeutscher Verlag, 1975, S. 196.

② Claus Offe, *Contradictions of the Welfare State*, Cambridge, MA: The MIT Press, 1984, p. 256.

③ Claus Offe, *Contradictions of the Welfare State*, Cambridge, MA: The MIT Press, 1984, p. 257.

④ Claus Offe, *Contradictions of the Welfare State*, Cambridge, MA: The MIT Press, 1984, p. 280.

包括《马克斯·韦伯与社会学的今天》(1971)和《政治社会学》(1972)。他与20世纪20年代的许多思想家有过私人接触,一再倡导社会学的理论研究,对民主曾经有过非常深刻的思考,并特别阐释了韦伯的社会科学方法论。奥菲对政治社会学的青睐,以及对德国社会学的重视与施塔莫尔的一再倡导不无关系。

五、英美社会学对奥菲福利国家危机理论的影响

英美社会学具有很强的实证主义倾向,无论是早期的芝加哥学派对城市社区问题的实证调查研究,还是此后的结构功能主义对社会运作及其秩序的关注都反映了这一特征。20世纪60年代结构功能主义在美国影响巨大,这个时期正与奥菲在美国访学的时间相吻合,也正是在这一时期,奥菲对英美社会学产生了浓厚的兴趣。笔者在结构功能主义方面主要就帕森斯的理论、米利班德的结构功能主义国家理论,以及他与希腊学者普兰查斯之间的学术争论、奥康纳尔的福利国家财政危机理论,来谈谈他们对奥菲福利国家危机理论的影响。

(一)结构功能主义对奥菲福利国家危机理论的影响

这方面主要讨论的是帕森斯结构功能主义的理论基础与米利班德的结构功能主义国家理论对奥菲福利国家危机理论的影响。第二次世界大战后直至20世纪60年代,在西方社会学界,帕森斯的结构功能主义一直处于主导地位。他的结构功能分析模型,从功能分化的角度,将社会结构概念发展成一种庞大的旨在解释一切人类行动的系统理论。在帕森斯看来,社会结构是具有不同基本功能的、多层面的子系统所形成的一种"总体社会系统",包含执行"目的达成"、"适应"、"整合"和"模式维护"四项基本功能的完整体系。这个完整体系被划分为四个子系统,分别对应四项基本功能:"经济系统"执行适应环境的功能;"政治系统"执行目标达成功能;"社会系统"执行整合功能;"文化系

统"执行模式维护功能。帕森斯认为,这是一个整体的、均衡的、自我调解和相互支持的系统,结构内的各部分都对整体发挥作用;同时,通过不断的分化与整合,维持整体的动态的均衡秩序。在这里,结构表现为一种功能。

帕森斯始终认为,总体社会系统中的四个子系统之所以能够充分发挥功能,其关键在于社会拥有那些将其成员整合在一起的共同的价值体系。所谓共同价值体系,意指由一系列价值模式组成的,并已成为众人认同的规范体系。这些规范作为行为导向、依据和标准,可以约束行动者行为的边界,通过规范众人认同的准则或价值内化实现的行动者人格结构的塑造,产生一定的效力,并进一步成为社会性的共识。帕森斯认为,当各种不同取向的行动者根据他们的行动和价值取向的配置进行互动时,便逐渐产生了约定,维持互动模式,由此形成了制度化。

米利班德正是以帕森斯的结构功能主义为基础,侧重于国家理论的阐发。他更多地从政治和意识形态斗争出发考虑国家问题。他反对多元主义割裂经济和政治关系来讨论所谓当代资本主义更民主、统治更加技术合理化。他又从工具论的角度来讨论政治和国家的关系,将国家区分为机构与权力。国家成为统治阶级的工具,关键在于谁掌握统治权力。尽管权力存在于制度和机构之中,但制度和机构并不是统治利益直接实现的地方,因而统治阶级以通过掌握权力来维护自身的利益。

米利班德曾经与普兰查斯就国家理论的方法论问题、国家的阶级本质问题、国家的自主性问题发生过激烈的论战。普兰查斯试图通过对事物的结构进行认识,从而达到对真正具体事物的认识。他将国家理论建立在反对直接经济决定论和简单工具论基础之上,强调了资本主义国家政治权力的一般性和相对独立性。普兰查斯认为,在资本主义国家中,统治阶级的政治权力并非对国家机器的工具化占有和使用,而是来自于国家作为相对自主和总体上维护统治阶级长远利益的性质。从这一系列论战中,我们反倒可以发现,他们都存在着一个共同的前提,即国家能够符合资本主义的长远利益,国家政策在资本主义生产关系再生产方面是成功的。而其后所出现的结构功能主义、系统分析理论正是秉承了这个前提所隐藏的基本问题:如何从超经济的视角出发来研究国家问题？米利班德的方法考虑到占支配地位阶级的特征发生了变化,但是由于以上谈及的他对社会功能和国家组织一贯理论方法的限制,他没有将对精英分子多数意向的研究转向对占统治地位阶级影响的研究。普兰查斯将国家作为自治结构,在某种程度上既没有考虑到国家作为变动不居实体的历史特征,也没有考虑到社会总体性之中国家的具体经验特征。受他们的影响,奥菲试图提出一种更为有效的用以分析国家和公共政策的方案。奥菲试图将国家功能和结构分析范畴与后期资本主义社会性质的变迁相联系,密切关注国家活动的经验特征,对具体的政治变迁也保持关注。

(二) 奥康纳尔的国家财政危机理论

奥康纳尔是美国著名的新马克思主义学者。他以战后美国资本主义的发展为研究对象,分析了当代资本主义的矛盾与发展趋势,提出在资本主义矛盾日益剧烈的背景下,国家的经济职能日益突出,但国家对经济的调节造成了新的问题:财政危机正成为当今资本主义国家经济危机的集中表现,它不仅破坏着经济自身的生产能力,还直接威胁到资本主义国家的政治合法性。

奥康纳尔从国家开支来源的角度揭示了国家面临的财政危机。他认为,国家开支主要包括社会资本开支和社会开支两项内容。其中,社会资本开支旨在以社会投资和社会消费形式促进商业活动赢利和资本积累增长,而社会开支旨在维持社会秩序和国家合法性,如福利和军事方面的国家开支。福利国家开支的不断增加是垄断部门实现持续经济增长的需要,而福利国家本身构成了垄断部门生产成本社会化的基础,如果没有国家在物资和基础结构上投入的费用,垄断部门的利润将没有办法得到保证;同时,国家承担了垄断部门发展和经济增长的代价,为了维持一般的经济条件和自身的合法性,赢得被剥削劳动阶级的忠诚,国家必须满足解决失业、劳动伤害、丧失劳动能力、健康保护、环境等方面问题的要求,因此国家承受着在社会保险、社会福利住房、教育、健康和环境保护项目上增加开支的政治压力。

垄断资本的高利润和高工资使垄断部门倾向于占有社会生产总剩余价值的大部分,它们抵制国家税收和这部分剩余价值通过财政被分配给社会开支。因此,国家开支需要增长的同时,税收却受到了限制,国家财政不断出现赤字。这就是奥康纳尔的国家财政危机理论。奥菲的福利国家理论危机理论可以说是借鉴了奥康纳尔关于资本主义国家的财政危机理论,同样强调当代资本主义国家经常受到阶级斗争的制约而具有相互矛盾的功能。除了理论上的沿袭关系,奥菲还常常引用奥康纳尔《国家财政危机》(1973)一书的内容进行政策的经验分析。[1]

(三)其他理论对奥菲福利国家危机理论的影响

英美社会学中除了结构功能主义与财政危机理论对奥菲有所影响,美国的社会学家亨廷顿对后期资本主义国家中民主与权威的阐述也多次为奥菲所引用。亨廷顿认为,20世纪60年代民主浪潮是对现存权威制度的一次全面挑战,而正是由于与这种挑战并存充斥于社会的怀疑一切的精神导致了公众对于政府领导人和政府机构之权威的信心和信赖的衰落。公众对政府产生了疏离感,政治参与的热情在政治参与的高涨之中反而逐渐冷却。公众不再对某个党派产生认同,只是对候选者个人表示支持或是反对,政党本身的凝聚力与组织力也在下降,竞争性政党体制出现了分崩离析。在政府权威衰落之时,政府行政机构的权力也在相应地下降,而反对派发挥作用的机构却扩大了权力。随着民主活力的增强,民主的混乱也随之加剧。随着政府活动的膨胀,预算赤字激增,通货膨胀严重,为争取高薪而开展的罢工此起彼伏。随着政府权威的下降,政府控制工资和价格的努力,在强大的利益集团面前节节败退。亨廷顿关于民主危机的阐述也为奥菲分析民主的形式与内容、政治文化与政党,以及竞争性政党民主与凯恩斯福利国家提供了思想的火花。

奥菲虽然并未主要从经济的角度来看待福利国家的问题,但是在他

---

[1] 尹树广:《20世纪70年代以来西方马克思主义的国家批判理论》,黑龙江人民出版社,2003年,第86—87页。

对福利国家的分析过程中,福利经济学的理论和概念的运用是必不可少的。当今福利国家制度的理论来源可以追溯到撰写了《福利经济学》的英国经济学家庇古,凯恩斯提出的国家干预理论则是运用总量分析的方法进一步论证了资本主义条件下存在需求不足的必然性及其根源。由于奥菲所处的时代与经济环境,奥菲的福利国家思想受到凯恩斯主义的影响非常深刻。凯恩斯提出的国家干预理论之中的市场失灵、累进税制和社会福利措施、国家创造有效需求、后期资本主义的自我调节等理论和概念在奥菲的著作中被频频使用。除此之外,艾斯平·安德森所提出的劳动力解商品化和福利受益人身份的分层化也为奥菲较常运用。这两个概念是艾斯平·安德森在其著作《福利资本主义的三个世界》之中首次提出的。安德森之所以提出这两个概念,在于他试图考察福利国家中资源或机会的分配与再分配的现状与条件,因此他需要把握这两个最为重要的依据或者说是"尺度"。

除了以上论及的诸多思想渊源之外,葛兰西对国家问题的论述也对奥菲的思想产生了重要影响。葛兰西认为,阶级统治中思想领导权和行政强迫相互补充,两者的关系又来源于资本和劳动之间的关系。奥菲倾向于将实践哲学和科学的结构功能分析相结合进行研究就是受到了葛兰西对发达资本主义条件下革命实践文化特征阐述的影响。葛兰西又认为,政治是以价值扩展和承认集体同一性的市民社会为基础,一定层次的政治和联盟并不以国家机构内部代表团体的正式组织为基础,而是超越国家机构和阶级界线的,以价值观的散播和集体认同的宣告为基础。奥菲重要的理论——非国家主义的社会主义战略,强调要将政治性概念延伸到国家及其制度性渠道之外,显然是受到了葛兰西的无产阶级领导权、无产阶级霸权理论的影响。

奥菲对福柯的前政治权力表现出了同样的兴趣,特别是劳动服务业的发展方向。福柯在强调权力的时候,权力不再仅仅指现代国家正当使用的强制力,还包括规训的权力或"精妙的、计算性的压制技术",通过研究不同机构如收容所、医院、监狱等,维持其规则和秩序,并形成相应"管理"形式的方式而进行。奥菲曾以现代卫生系统中医疗行业和其他与健康相关的管理行业为例,指出,他们由于健康的职业化和医学化,对其服务对象拥有强大的经济权利地位和认识上的有利条件。对此,奥菲认为,生物和文化人类学认为系统越是复杂,其自身也就变得越脆弱。复杂的现代社会对异端现象越发敏感,也更依赖于极端狭隘的有关规范的界定,这些社会极端复杂性迫使他们对心理失常、社会动荡,以及"异端"行为模式等进行控制、监控和预防。现代社会的高度工业化、技术化、城市化,以及人口稠密,极易于其中"产生"各种形式的精神、生理和生态紊乱,因此,在它们对整个社会系统结构构成威胁以前,福利国家必须对此加以控制和治疗。

此外,这里还要提及的是奥菲基于批判社会科学的经验研究。霍克海默在他的就职演说中曾表明要通过将社会哲学和经验性的社会科学熔铸于一炉来克服马克思主义的危机。虽然法兰克福学派的早期代表人物们实际上并无意于此,但是这样的理论研究出发点仍然成为法兰克福学派的特点之一。奥菲可以说将这一点发扬光大了,他非常重视批判社会科学中的经验研究,并认为,经验研究有助于证明意识形态所系统宣传的某些假说是无效的,[1]或至少是局限的。他试图以经验论据来实现一种间接性的社会批判,这一批判是通过质疑错误的经验假设与信仰得以实现的。通过经验研究不仅可以对现存制度提出质疑,也可以为社会政治制度的创新与改革提供灵感。

奥菲在其思想发展过程中,由于其求学和工作经历,在客观上不免受到多种理论和思潮的影响。而在主观因素方面,奥菲认为,当今的社会科学领域,不可能仅有一种研究范式,因而他的著作明显采取了多个理论和方法论的视角。总的来说,奥菲福利国家危机理论的理论背景有如下几点:经典马克思主义与第二国际的社会学传统;法兰克福学派批判理论;英美社会学;欧陆社会学传统。具体来说,作为当代西方马克思主义的代表人物,奥菲对马克思著作的兴趣是毋庸置疑的。与大多数西方马克思主义学者一样,奥菲对马克思思想进行了批判性的继承。他接受了马克思分析矛盾的二分法,研究了马克思提出的劳动价值理

---

[1] Claus Offe, *Contradictions of the Welfare State*, Cambridge, MA: The MIT Press, 1984, p.206.

论,但也对马克思有关垄断资本主义的论断提出反驳。此外,传统批判理论作为奥菲学术成长的知识背景对他的影响不可忽视。奥菲对福利国家矛盾的分析也吸收了哈贝马斯对后期资本主义的批判,以及公共领域的界定、合法性危机、交往行为理论。奥菲的结构功能主义和系统论倾向也是非常鲜明的,系统功能论大家卢曼为奥菲提供了系统论方法的分析工具,结构功能主义理论者普兰查斯、米利班德与奥康纳尔的财政危机理论对国家以及福利国家问题的分析也被奥菲吸收借鉴。哈贝马斯与卢曼关于现代社会到底是一个自我运作、自我维护的系统,还是一个自我更新、社会参与者共同界出的生活世界的论战对奥菲深有启发。在奥菲思想中,我们还可以看到黑格尔国家理论中关于社会权力矩阵学说的身影。马克斯·韦伯和福柯给予了奥菲在政治权力和官僚制问题上的灵感。最后,福利经济学为奥菲论述福利国家提供了最为基础的概念支持。葛兰西的无产阶级领导权思想,以及发达资本主义条件下革命实践文化的阐述,引导了奥菲倾向于将实践哲学和科学的结构功能分析结合,以及对非国家主义政策与新社会运动的阐发。由此可以看出,奥菲理论背景丰富,无论是马克思主义理论、法兰克福学派的传统批判理论,还是经验社会学甚至福利经济学等;无论是哈贝马斯、马克斯·韦伯,还是卢曼甚至福柯等人,都对奥菲的福利国家危机理论产生了极有意义的影响。这些理论学说与思想观念对奥菲的影响可以说是各不相同,除了作为奥菲福利国家危机理论的思想渊源之外,有些是他借鉴的对象,有些是他批判的对象,而有些又从他那里获得了灵感。在下面的篇幅中,笔者将探究奥菲学术思想的演进过程,勾勒奥菲福利国家危机理论形成的思想轨迹。

第二章
奥菲福利国家危机理论的形成与发展

奥菲福利国家危机理论的形成当然不是一蹴而就的,这一思想形成与奥菲求学、工作的经历息息相关,本身就是非常具有个性化的轨迹。奥菲的学术著述颇丰,出版的专著、文集、合著、编著至今已有十多部,论文与报刊文章更是数以百计。本章中,笔者将从他的著作中撷取相应的代表作品结合其学术经历来详叙其思想发展的轨迹。

一、奥菲福利国家危机理论萌芽

(一) 奥菲福利国家危机理论的发端

1965年,奥菲从柏林自由大学毕业,当时他发表了《民主之中的大学:德国大学的改革与重要贡献》。正如他自己所说,他当时关注的是大学改革和科技进步问题。同年,奥菲进入了法兰克福大学社会研究所和社会学系攻读博士学位并参与一定的研究所工作。当时的研究所,既处于鼎盛时期,又处于衰落的前期。40年代末,法兰克福学派第一代代表人物相继回到德国,重建社会研究所,哈贝马斯、A.施密特、内格特开始声名鹊起,成为法兰克福学派第二代代表人物,社会批判理论进一步发展,对意识形态、技术理性、工业文明进一步批判。60年代末,席卷欧洲的学生运动与青年造反运动以法兰克福学派的激进文化批判思想为指导,更是将法兰克福学派推上了历史的制高点。但是随着阿多尔诺、霍克海默这些法兰克福学派灵魂人物的谢世,法兰克福学派的影响一度弱化。1969年,哈贝马斯开始担任社会研究所所长,当时的他已经提出了法兰克福学派的传统批判理论同现代社会条件不相适应的观点,强调对后期资本主义社会进行研究,包括后期资本主义社会的合法性问题,以及用交往理性取代工具理性,试图以交往行为理论为核心重建历史唯物主义。很显然,奥菲受到了这一主题转换的影响。1969年,他发表了《政治心理学:研究兴趣,主题和材料;政治权力和阶级结构:对后期资本主义社会制度的分析》。从这里开始,奥菲关注的是后期资本主义社会中的劳动、政治、社会地位这类与政治经济学相关的主题,他的《绩效原则与工业劳动:工业绩效社会组织原则中的"地位"分配机制》、《统治与阶级结构》(1970)等著作都反映了这样的思路发展路径。

可以说奥菲有关于福利国家的思想最早阐发于1968年的博士论文《绩效原则与工业劳动:工业绩效社会组织原则中的"地位"分配机制》。该文的德文版于1970年出版,英文版于1976年出版,题名为《工业与不平等:劳动与社会地位的绩效原则》。奥菲在其中首先叙述了所采用理论框架,讨论了何为绩效社会(achieving society),其后具体探讨了绩效原则(achieving principle)的功能、绩效原则与劳动收益,以及对绩效原则的批判。

在书中,奥菲认为,资本主义社会呈现出来交战状态的成功就是传统社会学的谬误之处。现代西方社会声称的绩效原则也就是个体所获得报酬、社会地位与权力取决于劳动表现的原则。奥菲对这一原则提出了质疑,他并不赞同现代化过程中社会角色与社会冲突已经被绩效原则取代的普遍观点。通过对工业与组织社会学的再考察为基础,通过对任务结构与劳动组织的等级制度的具体分析,奥菲最终得出结论:在当今资本主义社会的劳动组织之中既不存在也不能够存在着这样的条件,即应聘、升职与收入完全取决于工作表现。

奥菲借鉴了《资本论》中马克思关于劳动过程的分析,指出尽管社会财富是社会集体生产的,但是生产什么与怎样分配并不是集体与民主决定的。经济决定的私人特质阻碍了由集体劳动自身带来的社会潜力的全面发展。这将最终导致以阶级斗争形式出现的阶级冲突,阶级斗争的目的在于通过集体化使生产形式与分配形式达成一致。马克思认为,集体生产与私人占有之间的矛盾、价值与交换价值之间的矛盾、生产力与生产关系之间的矛盾,所有这些既定的资本主义社会的最基本公共—私人的对立面将最终通过资本主义系统自身的转变而超越。在马克思主义的传统中,社会的基础——生产力,被理解为人们之间、人们与自然之间的关系。资本主义社会的劳动本质上是集体活动,社会关系既是合作也是剥削。可以看出,从《工业与不平等:劳动与社会地位的绩效原则》开始,奥菲已经意识到矛盾与冲突的区别。阶级斗争是明显的社会冲突,是对立面群体的斗争。马克思认为,这种冲突是由生产关系与生产力之间的斗争产生的,同时也反映了相应群体中人们的社会关系。马克思认为,正是这些社会关系、社会财富的集体生产私人占有的长期不兼容产生了资本主义社会的基本矛盾。马克思的著作着重关注的似乎都是矛盾的经济方面,以至于马克思主义理论甚至被看作为经济理论。但是,奥菲发现资本主义经济危机总是能够以资本主义的方式解决,但是资本主义的方式并不能够解决经济矛盾。矛盾与冲突之间的不同意味着我们不能就社会冲突中的社会矛盾显现做任何必然的假设,对资本主义的分析要从矛盾开始而不是冲突。

同时,奥菲也明确地反对工人阶级是资本主义社会根本矛盾必然载体的断言。他对经典马克思主义提出的两个基本假设质疑:其一,经典马克思主义认为雇佣劳动是一个不断倾向平等化与同质化的过程,无产阶级作为"阶级自身"的政治意识正是在这一基础上得以形成,即劳动导致同质化。但是,奥菲从对劳动市场划分的分析,以及对新中产阶级的研究中发现,在工人阶级内部还有其内在结构,内部存在分化,而且这种内部分化还在不断地被再生产出来。雇佣劳动者内部存在着种类繁多的范畴,雇佣劳动不仅没有产生同质化,反而不断提高工人阶级内部的异质性,这使得工人阶级的集体行动与组织形式很难统一起来。其二,经典马克思主义还假设了,劳动的结果有助于形成工人个体之间的基本平等,这种平等相对于基于其他因素上的个体平等来说,是最为重要的,这就是劳动中心化的假设。但是,奥菲认为,劳动仅仅决定了一部分的社会存在。他指出:"在现代资本主义的条件下,根本不存在一种可以仅仅以经济基础与上层建筑或是首要与次要的方式决定所有其他情况的核心条件。"①在那个时期,哈贝马斯的观点可能更为激进。他认为,后期资本主义社会,由于国家对经济的干预,模糊了经济基础与上层建筑的界限,经济领域内存在了政治上的因素,由于上层建筑的因素进入了基础本身,单纯经济领域已经不复存在了。无论是从历史出发,还是从现实出发,经济基础与上层建筑都不是决定与被决定的关系。正是从《工业与不平等:劳动与社会地位的绩效原则》开始,奥菲逐渐抛弃了深陷于冲突之中的,以同质性群体为基础的阶级模式,其进一步的结论自然就是工人阶级并不必然是新社会运动的主体。这一思想中所体现出来的劳动批判既是对工业社会绩效原则的批判,又是对结构功能主义理论的社会分层与劳动组织理论的批判。并且正如德克斯特(Carolyn R. Dexter)所指出的那样,奥菲的这一批判由于吸取了德国与美国社会学的经验研究方法,因此它的研究具有一般政治社会学,以及哲学研究所鲜有的精确分析。

奥菲将后期资本主义社会中的劳动、政治、社会地位问题作为关注的焦点,认识到后期资本主义社会矛盾与冲突的区别,通过对劳动过程的分析质疑传统的成就原则,对马克思的经典假设进行了思考甚至修正。《工业与不平等:劳动与社会地位的绩效原则》中的这些观点在奥菲以后的研究中被不断阐发,并反映在他的福利国家危机理论之中,因此,可以说这本著作是奥菲福利国家危机理论的开端之作。

(二)奥菲福利国家危机理论的初步阐发

1968年,奥菲从法兰克福大学获得了社会学博士学位,但是他未

---

①Claus Offe, *Contradictions of the Welfare State*, Cambridge, MA: The MIT Press, 1984, p. 283.

能立即获得任教资格,在这种情况下,他前往美国,先后在加利福尼亚大学伯克利分校、哈佛大学从事研究工作,并在美国各处访学。这一时期正是美国结构功能主义蓬勃发展并广为传播的时期,很自然地引发了奥菲对英美社会学的兴趣。1971年,著名的系统论理论家卢曼与哈贝马斯展开了一场大争论,两者就现代社会是一个自我运作、自我维护的系统,还是一个自我更新、社会参与者共同界出的生活世界这两个观点展开争论。这场争论对整个德国社会科学界产生了极大的影响,也深化了奥菲对结构功能主义、系统功能理论的理解与认识。20世纪70年代以后,他逐渐接受了结构功能主义的观点,并将系统功能论的基本原理与分析方法带入了自己的研究。他将后期资本主义社会看作一个总的系统,并分为几个彼此相互关联作用的子系统,通过关注后期资本主义国家的功能问题,来发掘存在于福利国家中难以克服的危机与矛盾。这一时期,奥菲出版的著作有《资本主义国家的结构问题》、《教育体制,就业体制和教育政策:教育在社会整体中功能规范的方法;德国教育审议会教育统筹委员会的项目组"教育研究的计划"的评审报告》(1973)、《福利国家与大众忠诚》(1975,合著)、《国家与社会整合:对哈贝马斯、奥菲国家概念的分析与批判》(1977)。

1972年出版的《资本主义国家的结构问题》一书,其中的文章作于1968年至1972年间,包括《政治统治和阶级结构,对后期资本主义社会系统的分析》(1969)、《后期资本主义——一个概念规定的尝试》(1971)、《交换关系和政治调控:合法性问题的现实性》(1972)、《阶级统治和政治系统:政治制度的选择性》(1972)、《改革政策和国家自身利益》(1975)、《国家理论和社会政策:社会政策的功能和创新过程》(1977)。这些文章表明奥菲开始关注后期资本主义国家的结构问题,开始研究福利国家的功能性。在2005年的时候,奥菲又为该书续写了后记。

在书中,奥菲首先阐明了结构问题的重要性,并试图在为后期资本主义重新下定义的基础上,研究后期资本主义社会的政治统治和阶级统治、阶级结构和政治系统、社会政策和国家理论。奥菲在书中所提出的国家自身日益扩大的功能障碍与危机,这与当时流行的认为后期资本主义已经产生了毫无风险的稳定与融合作用的政治理论相左。奥菲认为,如果国家对私人经济领域"再政治化"部门的改革已经减少了经济危机对系统损害的危险,那么同时这也导致了"社会控制管理"部门与以价值认识为主导的部门之间的断裂。因此,在稳定机制与经济积累之间产生了结构性矛盾,最终导致了金融危机,以及国家政策的政治与社会冲突(哈贝马斯将奥菲的这一洞察融入了他的合法化危机理论之中)。接下来,奥菲将他的这些认识通过有价值的经验研究扩展到国家政治活动的具体方面。他认为,随着国家的财政危机,以及补贴经济生产领域市场交换关系之外福利国家政策的失败,国家逐渐承担了创造价值(特别是劳动力价值)作为商品重新获得功能的条件的任务。"行政再商品化"的政策由那些既不"支持"也不"忽视"具体经济部门的政策组成,这些政策试图恢复价值的商品功能。最终这些试图通过政治行政手段稳定和普及商品形式与交换过程的尝试,将会导致资本主义国家一系列具体的结构性矛盾成为日益增长的社会冲突和政治斗争的焦点。

在这部作品中,奥菲表达了他对马克思关于劳动力商品化过程观点的赞同。他非常认同马克思对于"活劳动"与"死劳动"的划分。在劳动力商品化过程中,由于作为供应方的劳动者不像需求方的资本家那样"等得过"(outwait),从而后者可以将某些条件强加予前者。不同的等待能力使得劳动者被迫接受了商品化过程中的不平等待遇,市场关系中雇佣者与工人之间的剥削关系在这个前提下得以形成。这是马克思关于剥削理论的合理内核。但是,这种基于市场权力资源不平等的剥削机制在整个社会机构中所起的作用日益减少。这是由于后期资本主义社会中日渐增多的解商品化现象导致后期资本主义社会越来越依赖于非资本主义的维持体系。虽然资本的权力与剥削机制在商品化过程中仍然具有核心作用,但是资本已经越来越多地从社会生活领域中撤出。劳工运动的社会作用已经在逐渐减弱,它只有在与消费者、客户、公民或是处于特定生态条件的居民建立起联系的条件下,才能更好地发挥作用。资本主义的存在必须要与非资本主义的权力与冲突形式相携发展。

除了阐明结构问题的重要性,指出一系列具体的结构性矛盾,分析劳动商品化过程之外,奥菲在《资本主义国家的结构》中还以结构功能主义为理论背景提出了系统问题、系统矛盾的概念,契合了卢曼所倡导的系统功能理论,并开始将后期资本主义社会的危机作为研究的主要对象。1972年至80年代中期,奥菲还发表、出版了《福利国家与大众忠诚》《劳动力市场政策项目:劳动力市场的受害者,结构性失业理论》(1977)等文章与专著。从以上这些,我们看出,其实奥菲研究的关键词是后期资本主义、福利国家、劳动。这都为奥菲福利国家危机理论的提出作了充足的理论准备。

二、奥菲福利国家危机理论形成

奥菲曾经说过,1968年德国学运之后,经济学、法学和政治科学产生了一种强烈的转向正统马克思主义理论的倾向,也就是所谓新正统马克思主义。许多新正统马克思主义者认为,福利国家制度的建立,政府增加对福利项目的支出,只是国家对劳动者阶级实施控制的一种机制。福利制度安排所体现的转移支付,只是在同一阶级内部从一部分人转移给另一部分人。他们批判福利国家制度没有体现社会平等,没有满足新增劳动力的需要,但同时又对20世纪80年代以后削减福利的改革计划表示强烈反对。奥菲极度反对新正统马克思主义,并认为,这种新正统马克思主义显得粗糙和不准确。他认为,新正统马克思主义强调一种自我封闭式、演绎式的推理,并不时点缀着出现在1907年至1911年间的机会主义、修正主义与左倾激进主义的词藻中,在20世纪70年代上半叶,新正统马克思主义理论已经不再产生什么影响了。奥菲以对经典马克思主义模式的批判为基础,重点研究了资本主义国家自身日益扩大的功能障碍与危机,将稳定机制与经济积累之间产生导致金融危机的矛盾研究扩展到了对国家政策的政治与社会冲突结构性研究之上,并关注国家政治活动的具体方面。1975年至1989年,奥菲任教于比勒费尔大学。这里是德国系统功能理论的重镇,奥菲不免受到浓厚的系统功能理论的影响。

1984年,奥菲用英文发表了其代表作《福利国家的矛盾》。该书一经出版,在欧洲与美国产生了巨大的影响,也使得奥菲跻身于一流思想家的行列。该书是在福利国家逐渐走向困境的大背景下逐渐成集,并出版于奥菲理论的成熟期。该书收录了奥菲基本上写作于1975年至1983年的12篇文章。其中,《现代福利国家的矛盾》(1981)一文是该文集的名称由来。奥菲在《国家理论论纲》(1975)中指出了福利国家的主题。两篇文章从后期资本主义社会系统危机的角度诠释了福利国家,即《危机管理的危机:政治危机理论的要素》(1973)与《"不可能管理性":保守危机理论的复兴》(1979),将当今后期资本主义国家困境的根源称之为福利资本主义国家中"管理危机的危机",对新保守主义提出的危机的不可能管理性进行批判。其余的篇幅分别探讨了福利国家中的政党政治、社会政策,分析了福利国家的合法性问题、效率与效力问题,以及对福利国家的未来进行了展望。他认为,福利资本主义国家不再能够充分地管理社会政治问题和后期资本主义带来的冲突,并讨论了新右派、合作主义、社会主义民主派对重建福利国家建议的可行性。

正是这部文集让学界了解了奥菲提出的福利国家矛盾的概念,这也成为奥菲构建的福利国家危机理论的核心。在《福利国家的矛盾》中,奥菲不仅指出了福利国家存在的种种结构性矛盾,还用精练的话语表达了他对后期资本主义、对福利国家及其危机的看法,其中"后期资本主义体系不能与福利国家共存,又不能没有福利国家"[1]、"自由民主内容与形式的分离"[2]等可以说是奥菲的名言,被多次引用。《福利国家的矛盾》一书,既是在当时欧洲福利国家制度普遍出现困境,联邦德国学者们对福利国家政策提出了质疑的现状之下,奥菲从马克思主义与德国社会学的视角对福利国家制度思考的产物,同时它的面世也进一步引发了学界对福利国家制度的探讨与热议。而在1985年发

---

[1] Claus Offe, *Contradictions of the Welfare State*, Cambridge, MA: The MIT Press, 1984, p.153.

[2] Claus Offe, *Contradictions of the Welfare State*, Cambridge, MA: The MIT Press, 1984, p.62.

表的《新社会运动:挑战体制政治的藩篱》中,奥菲开始了对福利国家出路的思考。奥菲认为,福利国家旨在通过国家的干预和管理手段来维持资本主义经济的正常运作,但是福利国家不仅无法真正解决资本主义的矛盾,还使得危机加剧恶化。这种全然建立在工具理性和战略理性基础上的现代化过程内在地是反目的性的并极具破坏性。新社会运动是对未来威胁或潜在威胁的反应,他们的目标在于试图保护那些值得保护的东西,试图制约和控制技术、军事、经济、城市和社会政策等现代化所带来的邪恶和破坏性结果。新社会运动试图强迫资本主义体系发展出更高的认知能力以抵制其盲目发展的逻辑,来重构诸如民主、正义、解放、自决的理想目标。

《新社会运动:挑战体制政治的藩篱》虽然篇幅不长,但是奥菲在该文中对新社会运动分析得非常透彻。首先,将新社会运动在价值、主题、行动者和制度化实践这四个维度与旧的政治运动范式相比较,分析了新社会运动的社会构成,包括社会基础与可能产生的社会联盟,并从社会结构的发展趋势上来发掘新社会运动产生的根源。奥菲自《工业与不平等:劳动与社会地位的绩效原则》伊始就已经意识到了劳工问题的关键是如何使劳工运动变得不仅仅是劳工运动。他一直强调,单独的工人运动策略必将会走向失败,社会运动的发展必然要考虑到新老中产阶级与边缘群体的呼声,这些呼声是围绕着和平主义、环保主义与公民权利等展开的。后期资本主义的福利国家中,与资本主义市场交换过程不断萎缩的趋势相对应,非市场化的制度安排与生活条件使得新老中产阶级与边缘群体的作用日益突出,西方民主政治运动的任务就是要挑战旧的政治范式的藩篱,处于危机之中福利国家的未来出路就在于新社会运动所引导的生态社会主义。

奥菲将对经典马克思主义的修正与先进社会科学基础之上的方法论相结合,分析了后期资本主义政治权威与危机控制问题,从劳动市场与合理化、福利国家与就业问题、现代性与资本主义等角度对福利国家进行了系统分析与批判,提出了福利国家危机理论。抱着乐观主义的心态,奥菲认为,生态社会主义的发展将超越现代传统社会运动,在多元化的社会发展中居于主导地位。显然,这是奥菲与第一代批判理论家甚至与第二代批判理论家不同的地方,也是他自己的特色所在。

1984年前后,奥菲还出版了《劳动时间政治:劳动力再分配的形成与后果》(1982)、《多数人民主的局限性:多数规则的政治学与社会学》(1984)、《零点方案的乌托邦:作为一种政治质量标准的现代性与现代化》(1985)等著作。

三、奥菲福利国家危机理论发展

在1985年的《解组织化的资本主义:当代劳动与政治的转型》一书中,奥菲以十篇文章的篇幅试图诊断西方民主政治社会权力和政治权威的高度解组织化系统影响之下所产生的症候,提出对解组织化倾向的可能的治疗。奥菲认为,关注社会权利与政治权威的政治社会学研究目标主要是社会权利矩阵与政治权威制度化问题。1910年,希法亭(Rudolf Hilferding)最早提出了组织化的资本主义。在《金融资本论》中,他多次提到组织化的资本主义。这一概念意指在竞争性市场条件下,个体经济行动者被正式的组织化的经济行动体所替代,强调个体经济行动者、组织化的经济行动体,以及不同的利益代表如工人、工会、商业协会这三者在竞争性市场中的相互作用。其后,20世纪20年代,一些德语区的民主社会主义理论家对此概念做出了进一步阐释。[①]作为一个被常常提及的理论概念,当代的历史学家与政治学家也对此概念争论不断。斯科特·拉什(Scott Lash)在《组织化资本主义的终结》(1987)一书中,从"资本主义发展新阶段"这个独特的视角对西方社会的新变化做了描述。他认为,现代西方社会,工业、银行和商业企业规模的不断扩大,以及由此造成的世界市场日益增长,由于经济日益呈现解工业化(deindustrialization)的态势,核心工人阶级绝对人数和相对比重在不断减少的同时,白领阶级特别是教师、科学家、管理人员这些独

[①] Claus Offe, *Disorganised Capitalism, Contemporary Transformations of Work and Politics* (Studies in Contemporary German Social Thought), Cambridge, MA: The MIT Press, 1985, p.45.

特的服务阶级人数在不断增长。大的跨国垄断公司从单个民族国家的直接控制和约束下逐渐独立出来,普遍主义的福利性国家制度与左右两派对福利国家提出实质性挑战,资本主义日益散播到大多数第三世界国家,第一世界国家的职业结构从以工业部门为主的结构转向以服务业为主的结构,各个政治党派的阶级特征日益衰减。时空距离上被压缩瓦解了各种民族性主体的结构,卷入资本主义生产过程国家的数量,以及在资本主义生产关系基础上组织起来的生产部门数量出现了激增。制造业部门雇佣人员的绝对数量和相对比重,以及这些部门对社会组织化的意义在发达资本主义国家中都不断降低;工业化城市在规模上,以及在所在区域中的统治地位开始降低。这些变化使得资本主义正在从以往组织化的资本主义转变为一种解组织化的资本主义。奥菲接受了纳什的观点,并认为,后期资本主义正处于解组织化的资本主义状态。他试图以解组织化的资本主义概念为前提,探讨组织模式、程序,以及制度机制如何能够有效地维护社会政治权力与政治权威之间动态平衡。

其中,在《劳动市场的政治经济》一文中,奥菲指出,劳动市场机构将劳动力作为商品是资本主义社会结构最为显著的特征,也是一种相对稳定与持续的社会权利矩阵形成的前提,同时也可以用来阐释后期资本主义社会权力分散的现象。后期资本主义社会中,"生产"劳动与"服务"劳动之间的差异越来越大,这种劳动力上的结构性差异一直是社会科学理论诸如后工业社会理论的议题之一,同时也是社会政治冲突层面如新社会运动的主题。《服务部门的增长》分析了后期资本主义社会结构中服务业的重要性在不断增加相关的复杂性的同时而又相互冲突的理论。奥菲认为,工人阶级中,最为突出的分歧在于劳动市场的实际参与者与从事家务,以及国家组织如学校、军队、监狱这些领域的参与者以非市场形式行动与他们维持物质生活部分的分离。奥菲在《失业问题的三个展望》与《劳动市场的未来》中就此差异探讨了许多国家的劳动市场不断降低吸收能力,将大量潜在的工人从资本主义社会中心权力机制相关部分排除。在《劳动:关键的社会学范畴?》一文中,奥菲试图通过参照工作与劳动这两个基本范畴来对权力矩阵进行理论重建。《利益的多样性与工会组织》从联邦德国的社会与政策入手来检验宣称代表了资本主义条件下工薪阶层利益的工会组织行为的有效性。《集体行为的两个逻辑》试图以一种确定为假设的方式将阶级理论与集体行为、政治组织理论相连接。《归因于利益集团的公众地位》一文则是关注组织制度化形式与实质利益集团内部的"中立性",并认为,只有当市民社会与政治权威之间的政治调解方式与沟通渠道处于中立时,程序形式自身才能够被看作是具有合法性或是被接受的。在《多数原则通过的合法性》中,奥菲指出,为了证实代表了大多数决定原则的公正性,必须对这一原则应用的社会与政治结构做经验主义的假设,但同时奥菲对这些假设是否能够实际满足西方自由民主政治的需要表示了严重的质疑。

在《解组织化的资本主义:当代劳动与政治的转型》中,奥菲认为,现代国家是一个高度复杂的机构,它履行着许多不同的、历史的、制度上相互联系的功能,国家权威的内容和形式与社会权力相呼应,它不可能化简为国家和社会两部分。制度化中介机制的沟通机制应该保持或发展,它们的作用是协调社会力量布局和国家权威之间的关系,使社会政治保持动态平衡。但是,由于制度失去了公平吸纳外部力量的能力,它的程序、组织形式、制度体制不能够继续作为中介保持社会力量和政治权威的平衡。

在研究了劳动市场的政治经济,展望劳动市场的未来,关注劳动、失业问题,分析工会的作用,探讨政治领域的合法化问题与合理化问题之后,奥菲断言后期资本主义社会的问题是非制度化政治冲突的增长。[1] 一方面,在制度化的中心,它有着高度制度化的利益表达;另一方面,在它的外围部分,却广泛分布着公民的社会运动,关涉城市、环境、教育等,但是这些在外围部分集聚的不满并没有通过组织化渠道进入体制。中心和外围的分化导致了分散的社会运动不断破坏着政治体制的合法性,它造成的怀疑和悲观情绪又反过来妨碍了政治体制的

---

[1] Claus Offe, *Disorganised Capitalism, Contemporary Transformations of Work and Politics* (Studies in Contemporary German Social Thought), Cambridge, MA: The MIT Press, 1985, p.255.

功能、理念或组织基础。这种分离现象除了导致情绪和暴力的升级,对社会变迁并没有任何建设性作用。奥菲通过分析指出,从某种意义上来讲,正是资本主义制度本身的局限"造成"了资本主义的解组织化现象。奥菲超脱出马克思主义与政治社会学既定形式的藩篱,关注就业者与失业者之间劳动力严重分歧的增长、"非正式部分"的重要性、工会在解决经济危机时所面临的严峻困境、新合作主义机制的不足,以及基于多数决定原则或是官僚管理机制的国家决策的失败。奥菲也对当代社会科学广泛存在的设想提出异议。他质疑了参与和代表的自由民主机制的中立性,工作的种类与劳动、资本区分的向心性(集中性),以及充分就业的可行性与希求等观点。

1985 年以后,"组织"一词经常出现在奥菲的著作中,如《组织交流的自我运作:发展机会与自我供给的问题》(1988)、《有组织的自我运作:合作圈的模型》(1990)、《政府的职能作用:"撒切尔主义"和国家行为的民粹主义批判》(1990)、《社会政策的接受与策略选择的合法性》(1990)、《劳动社会:结构问题和未来展望》(1991)。这也反映了面对当代社会组织化问题日益突出的现状,奥菲将学术重点转向了对社会结构的集中和聚合现象的研究,试图将系统功能理论与研究现代组织和制度相结合,寻找一种促进内聚与一致的制度,探讨一种构成新的认同和忠诚的道路。由此,我们也可以看出,奥菲进一步发展与完善了其政治社会学思想。

奥菲 1996 年出版的英文著作《现代性与国家:西方与东方》在探讨现代化与国家、民主实践的基础之上,着重研究民主政治,特别是福利国家的民主政治问题。该书分为四个部分,其中"现代性与自我限制"探讨了现代性与自由、复兴市民社会可能性之间的矛盾关系,以及如何消解这一矛盾;"国家理论:延续与再定位"为撤销管制的政策争论和市场正统派,以及民主实践的最有效形式提供概念和范畴;"社会福利的政治"作为本书的核心探讨了在何种程度上市场结果必须以效率的名义被接受或是以公正与平等的名义被改善;该书最后一部分"新东方"讨论了中东欧新市场经济问题,指出该地区民主化的成功取决于劳动力市场在何种程度上被社会保障的适当结构所缓和。

该书所收集的奥菲论文大多讨论的是后期资本主义社会福利国家的相关社会问题,针对的是福利国家高度现代性所带来系统内部、系统与生活世界之间日益增长的复杂性、不透明和高风险的相互依赖关系,担负着行动分析和规范定位的责任。奥菲对全球秩序的快速变化、分崩离析,以及不断增长的政治与道德迷失表现出了相当的担忧。

除了福利国家的现代性这一主要线索之外,奥菲在该书中还谈及需求满足和福利生产机制的指导原则。他认为,这一指导原则主要基于三个方面的因素:促进互惠的共同体;促进自由的市场;促进平等的国家。他还谈及福利国家的制度与规范性特征,主要探讨的是管制与解管制的矛盾与困境、国家社会主义与市场正统派,以及民主实践代议制与国民投票制的不同;探讨了当代国家中的结构与转向问题,以及对近期国家理论的反思,对监管、解除监管、重新加强监管问题上的反思,对更为有效和更具合法性的民主秩序的宪法设计主题的反思。

奥菲指出,虽然西方社会已经处于后期资本主义框架之中,但是内在于现代社会之中个体自由与监管之间的张力并没有消失,在后期资本主义社会中仍然还体现为自发与控制之间的矛盾。现代性的特点与决定性标准存在于行动中有效选择的增加,同样,也顽固地存在于调控的兼容确保机制之中。他探讨了调控的困境与所存在的二律背反和解除调控、国家社会主义,以及市场正统观念。奥菲认为,民主政治的核心实质在于何种程度上市场后果以效率的名义必须被接受或是以平等和正义的名义被修正。他对福利国家民主政治的讨论并没有向激进主义分子、干涉主义者,以及进退两难的"福利主义"解决方案倾斜。实际上,奥菲倾向的仍然是传统的社会民主主义信条。对那些坚持自由市场可以解决所有问题的自由主义观点,奥菲并没有寄予期望。他认为,社会民主左派的程序和要求在很大程度上已经消耗殆尽,对早期成果的纯粹防御性的斗争在政治上是徒劳的。他所找寻的是第三条道路(吉登斯),在没有财政危机的负担,以及对负担过重国家的一贯依赖的情况下,借助于创新策略将会带来更大的平等与民主,民主与福利国家既在某些方面相互支持,又在某些方面相互对抗。

很显然,奥菲在这部著作中的许多个性化论证模式与观点来自于法兰克福学派。这表现在：一方面，他以霍克海默、阿多尔诺以至于本雅明的现代性理论为批判工具；另一方面，他又接受了哈贝马斯所倡导的交往行为理论。他的理论既受到启蒙辩证法的影响，也涉及到对交往合理性的再思考。奥菲考察了后期资本主义社会制度秩序，以及主体行动者；指出了各种制度刚性、系统悖论、政策窘境，以及社会不稳定的福利国家现状；批判了占主导地位的新保守主义、新自由主义的解决方法，以及左翼后工业主义者的观点。奥菲讨论了制度变革的新形式，试图在系统世界中为被"管制的自我监管"提供有序的框架和福利供给的新形式。在该书中，奥菲以重新恢复生气的代议制民主与国家治理能力发展为前提，并使它们的功能问题化，以探讨如何建立具体的后期资本主义社会制度形式这样一贯的理论思路。

简而言之，奥菲认为，福利国家的经济和政治危机产生于现代性的"铁笼"，个人选择成功的展开恰恰在于社会对控制的逐渐减少。他并不相信这一问题可以通过更多对市场的依赖或是通过国家能力的不断增长而解决，他倾向的解决方法是依赖于"无负担"社会指导机制战略。而实现这一战略主要是通过不断增加社会相互依赖性从而实际减少对综合协调和指导的需要。作为一位极具原创力的社会思想家，奥菲的理论直接为当今资本主义社会政治与经济困境的解决提供了启示。

奥菲在同年还发表了《转型时期的政治理论》，1997年出版了《政治文化的内部整合：对后共产主义转型特殊性的说明》。这也体现了奥菲并不是一个坐在书斋中不闻天下事的学者，他关注社会的发展与现状，其著作与时代紧密联系在一起。

2000年以后，奥菲仍有多部著作出版，包括《福利国家的民主：欧洲一体化张力之下的欧洲政权》、《应对与危机：资本主义和后社会主义社会的体制政策》（2000）、《共同福利是谁的福利》（2000，与哈贝马斯合著）、《民主的挑战：制度政治的整合能力与效能》（2003）、《民主的民主化：诊断与改革建议》（2003）、《权力的多面：新的社会科学图书馆》（2008），以及《政治理论与政治哲学：手册》（2010，合著）。不难看出，奥菲在新的历史条件下，以欧洲一体化进程为背景，从民族心理文化、语言、市民社会等方面讨论了欧洲政治制度特别是欧洲福利国家政治制度的新现象与相应的应对方案。奥菲仍然将福利、危机、民主、权力作为他的学术关键词,致力于研究资本与民主之间的关系,关注转型之中的国家与经济。在对奥菲福利国家危机理论形成轨迹进行勾画的基础之上,笔者将就其理论的具体内容进行阐述与分析。

第三章
福利国家的结构性矛盾

对国家问题的探讨在奥菲的著作中占有很大比重,奥菲讨论过国家的权力、法律与道德,也谈到了资本主义国家的结构问题,甚至于冷战之后中东欧国家的转型问题也是奥菲的议题之一。这其中,奥菲的福利国家危机理论是其最具有个人色彩,也是最具有代表性的国家理论思想的综合。本章中,笔者将对福利国家危机理论的主要内容——福利国家的结构性矛盾进行阐释。

二战之后福利国家作为政治解决社会矛盾的主要方式获得了广泛赞同,福利国家被认为有效地限制和减少了阶级冲突,并有助于平衡不对称的劳资权利,因而可以超越毁灭性阶级斗争与阶级矛盾。福利国家,一方面,为公民在市场社会中所遭受的风险提供援助与支持;另一方面,在正式承认工会的基础之上,进一步接受了工会在集体谈判与公共政策制定方面的作用。但自20世纪70年代中期以来,福利国家却成为怀疑的对象、批判的目标与政治斗争的核心,成为新的矛盾目标和政治分裂的源泉。[1] 马克思主义的理论传统往往将矛盾理解为特定生

---

[1] Claus Offe, *Contradictions of the Welfare State*, Cambridge, MA: The MIT Press, 1984, p.147.

产方式所具有的破坏自身赖以存在前提条件的趋势,这样的矛盾概念是一个分析性概念,它与再生产社会自身的支配性生产方式相关联,这种生产方式具有自我矛盾的倾向,日趋自我破坏与自我瘫痪。资本主义生产方式的自我破坏与自我瘫痪是一个逐渐演化的历史过程,它的破坏性或是革命性潜能通过资本主义的各种适应性机制至少在短期内可以得到控制与保持。但是,由于适应性措施能力的有限,社会的组织原则迫使根本不可调和的要求与意图的个人和群体在系统中不断彼此对立时,社会系统存在着基本矛盾,而矛盾将最终导致资本主义生产方式的危机。也可以被表述为,当社会中用以抑制与调和矛盾的矫正性或适应性机制本身就深陷于资本主义生产方式内部矛盾时,危机便应运而生。以这样的社会现实与理论为背景,奥菲生发了他的福利国家危机理论。

奥菲认为,现代资本主义国家的形成遵循着民族国家、宪法国家、民主国家直至福利国家的发展路径,[1]国家建立在彼此交往的个体之间共同订立的社会契约之上,是个人意志与行动的历史结晶。[2] 从另一方面来讲,国家是作为公共权威的制度化秩序,它的目的在于为主体提供"个性"并对这种"个性"予以维护。可以说,国家与个体的区别之后隐藏着一种相互创造的基本关系。[3] 奥菲将与福利国家相关的问题分为八个主题:马克思主义的国家理论;资本主义国家;商品化;商品形式的瘫痪;交换机会最大化;行政性再商品化;国家政策手段;后期资本主义的结构性矛盾。其中前七个主题的提出,为最终解析后期资本主义的结构性矛盾提供了基本的要素。在确立了福利国家主题的前提下,奥菲指出了福利国家存在的几种结构性矛盾,也借此表达了他对福利国家中国家政策、权力问题、民主问题与合法性问题的观点,以及他对解商品化这一福利国家中独特现象的看法。

---

[1] Claus Offe, *Modernity and the State: East, West*, Cambridge, MA: The MIT Press, 1996, p. 5.

[2] Claus Offe, *Contradictions of the Welfare State*, Cambridge, MA: The MIT Press, 1984, p. 162.

[3] Claus Offe, *Contradictions of the Welfare State*, Cambridge, MA: The MIT Press, 1984, p. 162.

一、资本利益与国家政策的矛盾

奥菲认为,诸如国家垄断资本主义强调统治阶级与国家机构之间完全是一种工具性关系,国家是促进统治阶级利益工具的学说具有严重的误导性。奥菲认为,国家支持和保护的是维持资产阶级统治所必需的制度和社会关系,国家力图保证和实现的是资产阶级社会所有成员的集体利益。他认为,虽然在后期资本主义社会中,国家政策最抽象、最一般的特征是保证个体经济行动者之间的交换关系,但是在维护资本主义交换关系的基础上,它维护的是所有阶级的普遍利益。因此,在最为抽象和一般的层次上,资本主义国家可以表述为一套政治权力制度,而这套政治权力制度是由私有财产、税收限制、积累、民主合法性这四个功能条件所决定的。

由于资本主义国家的财产(劳动力/资本)必须为私人所占有,在资本主义国家中关于私有财产的准则和税收的限制使得生产资料的具体使用最终是由私人决策决定,因此在政治上必然受到有组织的物质生产的制约。由于国家既无权控制物质资源的运行,同时国家权力又依赖于一个它不能组织的积累过程,掌权者亦依赖于此才能行使国家权力,因此政治权利通过税收体系间接依赖于私人积累的量,掌权者必然致力于促进最有利于私人积累的政治条件,以维持和保证积累过程的健康发展。奥菲由此揭示了在资本主义国家尤其是议会民主制国家中,国家权力的物质资源和国家权力的使用方式并不像表面上所呈现出来的那样由普通选民的偏好所决定,而是依赖于从积累过程中吸取财政收入。资本主义国家中的政治权力由双重因素所决定:国家的制度形式由民主制和代议制的政府规则所决定;国家权力的内容由积累过程的持续性要求所决定。①

---

① Claus Offe, *Contradictions of the Welfare State*, Cambridge, MA: The MIT Press, 1984, p. 121.

在奥菲看来,商品形式是资本主义国家与积累之间的总体平衡点。资本主义国家中,政治结构与经济结构之间以商品形式相关联,它们稳定的基础是商品形式的普遍化,即商品化。当资本主义国家中,每一价值单位都能以商品形式出现,将其价值作为商品得到成功交换时,国家所需的物质资源就会得到保障,积累过程稳定维持,那么国家也就无须对私人的经济决策进行干预,政治精英们的认同或是合法化问题也就不成其为问题。与此相对应的是,当经济价值单位不再能够通过商品形式运转时,资本主义国家的结构问题就出现了。后期资本主义社会的日常生活中存在着大量劳动力和资本被逐出商品形式的证据,但却并无证据证明它们将会自动重新进入交换关系。资本主义社会的关键问题正是在于资本主义的发展动力似乎存在这样一种持续性趋势,它使价值单位的商品形式不断趋于瘫痪。[①] 当价值单位不再能够与货币或其他价值进行交换时,它也就不再作为商品的形式存在了。国家政策的目标旨在创造价值的商品形式并使之普遍化为劳动力,以及为资本提供最大的交换机会,以便使这两个阶级的成员都能够进入生产关系。为了维护资本主义交换关系,自由主义寄希望于市场发挥自我纠正机制,希望被市场逐出商品形式的价值单位能够重新回归市场。福利国家保护战略试图给那些不再能够参与市场关系的价值主体以补偿性保护。这种补偿性保护采取的是一种使价值解商品化发展的福利国家政策,即那些不再能够参与交换关系的劳动力或资本的主人,被允许在一种由国家人为建立起来的条件中生存下来,要么虽然已退出商品形式,但是其经济地位仍得以保障,要么他们的商品形式被人为地保护起来而不至于退出。由于他们的收入从财政资源中获得,这导致了国家财政开支增加,财政危机加剧,并缩减国家未来财政收益的基础。奥菲认为,自20世纪60年代以来,后期资本主义国家实行的政策是行政性再商品化战略。这一战略主要表现在三个方面:一是提高劳动力的可销售能力,这需要通过提高教育、培训和促进地区流动性,以及改善劳动

[①] Claus Offe, *Contradictions of the Welfare State*, Cambridge, MA: The MIT Press, 1984, p.122.

力适应能力的政策与措施达成;二是提高资本和商品的可销售能力,这需要通过将资本、产品市场、研究调查与发展政策以至于区域发展政策的跨国整合来实现;三是对于那些依靠自己力量不能在商品关系中求得生存的经济领域,一方面,允许他们成为市场压力的受害者,另一方面,提高这些领域的现代化程度,使之成为"适于销售"的商品。[1] 行政再商品化由于其以政治手段建立起一种使合法经济主体能够以商品形式发挥功能的条件来解决商品形式的退化问题,所以与自由主义战略和福利国家保护战略从本质上讲并不相同。

具体来说,国家政策手段试图通过财政刺激(调节)、公共建设投资(基础建设投资)、新合作主义(彼此迁就)的方式来重组、维持和普及市场交换关系等总体目标。正是这些旨在通过政治、行政手段来稳定商品形式和交换过程并使之普遍化的尝试导致了国家资本主义社会一系列明显的结构性矛盾。而这些结构性矛盾又成为社会冲突与政治斗争的焦点,并存在于经济、政治和意识形态等各个层面。

经济层面上来讲,旨在维持和扩展交换关系的行政性再商品化国家政策的有效性建立在给资本所有者增加负担的基础之上,这就产生了第一种矛盾性的效果,即资本"利益"与国家政策之间系统性的矛盾。[2] 实际上,行政再商品化国家政策通过调节、基础建设投资和彼此迁就的手段剥夺了价值资本所有者的变更程度。在资本主义社会,所有的交换关系都依赖于货币资本所有者的投资,所有的行政性再商品化国家政策又确实或是产生了剥夺资本所有者或劳动力资本的边际效应,或是产生了剥夺资本所有者或劳动力自由的边际效应,那么这样的资本主义改良政策必然遭到资产阶级最强烈的抵制和反抗,反而对国家政策的效力产生威胁,也就是对疾病的治疗反过来对疾病本身产生威胁。

奥菲将社会政策理解为:通过政治途径组织起来的全部关系和策

---

[1] Claus Offe, *Contradictions of the Welfare State*, Cambridge, MA: The MIT Press, 1984, p. 124.

[2] Claus Offe, *Contradictions of the Welfare State*, Cambridge, MA: The MIT Press, 1984, p. 126.

略的总和。奥菲认为,马克思主义社会科学本身要求对国家或特定领域的国家活动进行大量功能性分析,即提出一些假定性的看法以分析国家活动与资本主义社会结构性问题之间的功能性联系。奥菲主要考察的是国家政策的社会功能及其功能性参考框架,运用历史唯物主义功能分析的方法审视社会政策领域:建立一个假想的功能性参考框架,并证明这种框架自身是解释经验主义政治过程的关键。[①]

奥菲首先假设了社会政策是国家行为方式,由于资本主义工业化过程总是伴随着劳动力的动员与解组织化,因此社会政策不断地想把非雇佣工人转变成雇佣工人。奥菲通过对积极无产阶级和消极无产阶级的区分[②]与分析来具体说明国家政策在促进被剥削的一无所有的劳动力向积极无产阶级大规模和彻底转化。他试图从劳动力以雇佣劳动者形式整合进入社会再生产过程时所带来的结构性问题这一角度切入。资本主义社会中,被剥削得一无所有的劳动力造成了以下三个结构性问题:一是把劳动力纳入劳动市场供应方的问题;二是把不能纳入雇佣劳动关系和生活领域的劳动者加以制度化的问题;三是对劳动市场的供求关系进行数量调控的问题。而实际解决这些结构性问题的社会政策是一套多功能的方法。这些方法及其不同组合旨在控制劳动者的动机、调节劳动者的能力,并从数量上规范劳动力的供应。

以上三个结构性问题的提出与社会政策对它们的解决只是建立了对社会政策进行国家理论研究的参考性理论框架,是对"当前"社会政策制度进行国家层面的理论考察和理解,而更为重要的是对社会政策的发展和动力进行分析。一般来说,对国家社会政策的起源有两种论点:一是从利益与需要的角度来看,社会政策的发展既可以看作是客观风险承担的后果,也可以看作是政治上满足工人阶级要求的结果;一是从稳定资本主义价值的"客观"要求来看,由于资本要求维护自身长期

---

① Claus Offe, *Contradictions of the Welfare State*, Cambridge, MA: The MIT Press, 1984, p. 92.

② 消极无产阶级,指通过暴力等方式剥夺社会成员的生产手段和生存条件,使之成为一无所有的"自由"劳动者,主要出现于资本主义发展的早期;积极无产阶级,指被剥削的一无所有的"自由"劳动者,积极地进入劳动,通过出卖劳动力来维持自身的生存。

利益,国家社会政策发展的目的就是要维护资本的"物质"内容,维护劳动力的技能与适用性,反对过度剥削劳动力的短视行为。奥菲参考了以上两种论点,指出,所有那些(或者是仅仅那些)导致社会政策措施和改革的要求,同时也具有满足资本积累长期要求的功能。① 对社会政策发展过程中功能性问题的考察与解释必须要形成相容性战略(the compatibility of the strategies),将需要与系统性要求整合,使得政治统治机构既能在现存的政治制度框架下,对需要和系统性要求做出反应的同时,还能够对相应的社会力量及其关系做出反应。实际上,国家机关内部负责社会公共政策制度和改革的行动者们常常发现:许多得到法律或政治认可的要求,与保证和资本主义经济的预算能力与要求,以及资本主义经济的金融政策与劳动市场不能够协调。社会政策改革的主动性在时间顺序和本质上都受制于不受控制的环境因素,国家政策的改革实际上是对福利国家机构内部结构性问题做出反应。

奥菲特别关注了"第三类政治改革"②。这类政治改革主要是通过界定国家中冲突的本质,向相关社会团体有差别地授权或是不授权,使社会政策制度对团体的特定"效用"范围发生倾斜。这其中的法律或是制度性服务的真实效力来自于社会争论与冲突,而并不是政策的具体条文。因此,国家社会政策的发展与改革并不就是具体社会条件或是社会变迁的原因,它只是相应的社会争论与冲突的发起者。由此,奥菲得出结论:国家社会政策的"塑造社会"功能被限制在对主题、时间和冲突模式等界定之上,因此被限制在社会权利过程所形成的政治制度框架内,而不是结果上。③

通过对社会政策发展领域中比较常见的合理化战略的分析,奥菲指出了政治科学化的合理化战略成为目前社会政策发展的趋势。奥菲

---

① Claus Offe, *Contradictions of the Welfare State*, Cambridge, MA: The MIT Press, 1984, p. 103.

② Claus Offe, *Contradictions of the Welfare State*, Cambridge, MA: The MIT Press, 1984, p. 106.

③ Claus Offe, *Contradictions of the Welfare State*, Cambridge, MA: The MIT Press, 1984, pp. 108 – 109.

认为,常见的合理化战略包括:预防方案、最终方案、制度化援助,以及重新私有化,等等。预防方案旨在依靠预防性的问题解决战略来促进社会政策效率。预防方案虽然是一种主动性战略,但是在大多数情况下,国家政策并没有确保预防性结果所必需的社会控制媒介,社会政策的成功与否最终仍然要取决于相关社会阶级和社会集团之间冲突性的应用战略。最终方案一般相对于条件方案来说,这里运用了卢曼类型学中对司法干预模式的区分。卢曼提出司法干预的条件模式与最终模式之间的区别:条件干预指的是只要某些前提条件出现,相应的法律裁决便会自动地执行,而最终方案是在达到预期干预效果时,视干预效果而定。[1] 最终方案的社会政策通过把特定权利和要求与抽象的条件联系在一起,使法律结构相对化,并引出某些依赖于具体情况的决策标准。相对于国家社会政策任务的总体性而言,各种服务与报酬的份额不断增加。除了购买力的转移与被部分替代以外,社会政策通过诸如学校教育、关怀、医疗、保健、指导、协商、社会化与再社会化等制度化关系,也就是非金融管理手段来维持其运转。最后一种被提及的合理化战略方式是重新私有化。通过把公共任务转移给财政系统以外的其他组织或是私人或是半公共决策制定组织以达到目的。这一战略使原本集中在国家中心层面的金融和决策制定负担转嫁到直接参与者头上,参与者的相对经济力量将决定各种负担和利益的最终分配格局。

奥菲认为,社会政策发展战略日益呈现出政治科学化的趋势,即权威专家积极干预政治方案的提出和评估。实际上,即便是政治科学化的战略也很难避免催化政治理论与政治生活中的决定性冲突。这是因为虽然政治科学化可以社会性地、暂时性地解决政治决策系统所承载的负担,但是国家社会政策越要求权威专家的参与,越趋于合理化,就越有可能培育出对立的政治理论观念。

---

[1]〔德〕克劳斯·奥菲:《福利国家的矛盾》,郭忠华等译,吉林人民出版社,2006年,第125页。

二、组织化权力结构的矛盾

第二种结构性矛盾则与组织化权力结构相关。在奥菲的语境中,公共生产领域一般指公共住房机构、医院、交通系统、监狱,以及国家机构的其他部门。这一领域的首要分配机制不是销售,而是法律性要求、强制性规则、公认的需要或可完全自由行使的权利。这一领域中的组织既服务于商品形式的发展,自身又不再是商品关系中的一分子。在结构意义上,商品形式的维持战略预先假定了国家化生产组织形式的扩张,但这种生产组织形式又是存在于商品形式之外的,这便是组织化权力结构的矛盾所在。① 这一矛盾在交换关系领域的"最薄弱环节"与有意识的政治行动和组织偶然联系在一起,主要表现为社会冲突和政治斗争往往发生在对社会生产组织的控制权上,而并不是正统马克思主义者认为的冲突发生在劳动者与资本之间的交换关系领域。因此,奥菲认为,在后期资本主义条件下,并非由市场经济直接控制的经济领域容纳了越来越多的劳动力,占据了越来越多的社会产出。因此,公共生产领域中用市场交换机制来代替公共物品的生产和分配是行不通的,在资本主义交换关系的内部,公共生产领域的组织代表了侵蚀商品形式的最高形式。它们以一种系统的、顽固的方式在整个福利国家的运作模式中引起最为基本的矛盾。这些矛盾表明福利国家处于一种渐进的自我毁灭的过程之中。其中,组织化权力结构性矛盾直接引起的最为突出的矛盾就在于福利国家被迫履行两项不能兼容的功能:商品化与解商品化。福利国家的局限之一就是:财政问题既不是通过现象,也不是通过随机事件表现出来的。

正如巴兰(Paul A. Baran)与斯威齐(Paul M. Sweezy)在《垄断资本主义》中所分析的那样,由于工业部门中垄断组织的目标就是谋取更

---

① Claus Offe, *Contradictions of the Welfare State*, Cambridge, MA: The MIT Press, 1984, p. 127.

大的利润，那么在劳动力和就业水平既定的情况下，就必须要有更多的投资机会才能维持垄断组织的运转。由于不断在垄断领域中引入节约劳动的技术，垄断化程度越深，市场化程度就越低，垄断公司就越来越难以在市场上找到新的投资机会。国家为垄断利润开辟新的投资机会并维持其增长率的成本也在不断增加，即便国家的经济政策成功地维持了垄断领域的运转，他们也是冒着就业率降低的风险的。这样就形成了一种结构性问题：一方面，存在着大量永久性的找不到工作的"过剩人口"（劳动力所有者）；另一方面，存在着大量找不到可投资机会的资本所有者。就像奥康纳尔所描述的那样，资本主义国家的运转矛盾在于越来越多的劳动力与资本从商品关系中退出。资本主义国家与政府试图通过提高价值单位涉入商品关系的能力，使之履行作为商品的功能来实现防止积累过程受到侵蚀与防止商品形式受到侵蚀的目的，这一积累过程以劳动力与资本之间平衡交换为基础。但是，实际上在价值普遍商品化的过程中并不存在一种不证自明的普遍一致的利益，不能够从现状中获益的那部分资产阶级或是工人阶级对这样的政策始终持反对态度。商品形式的维持和普遍化既不符合资本总体的普遍与长期利益，也与大多数劳动力或是资本的特殊或是短期利益不相符。即便不顾及由于自身具体利益消失而产生的反对者的抗议，即便成功地维持与恢复商品关系，也仍然存在着外在于商品关系的社会安排，并产生了旨在服务于商品化的功能与形成这种功能的解商品化之间的矛盾。

奥菲认为，福利国家的政策制定与管理活动被经济生产领域的动态所约束与限制，福利国家政策被假定为对资本积累过程的消极从属。事实上，劳动力与资本财产的大部分私有化意味着福利国家制度不能直接通过政治规范来组织生产过程。因为诸如资本主义投资与劳动力充分就业等资本主义功能健康发展对福利国家的大众忠诚来说，是一个非常重要的条件。福利国家的管理者因此对资本主义经济有着利己主义的优先对待。由于依赖于难以控制与组织的商品生产与交换过程，福利国家管理者必须维护"私人"权力与商品化过程的范围，要求福利国家自我限制。

凯恩斯主义的福利国家必须积极从属于资本主义经济。这要求既要对子系统进行干预，又要求通过非市场或是解商品化的形式创造功能来实现先在条件。福利国家必须对资本主义扮演更为"积极"的干预角色。奥菲认为，资本积累过程并不是通过资本的原始冲动来进行的。资本主义的交换过程展现了价值商品形式不断瘫痪的趋势，劳动力与资本将会发现就业与市场流通的机会受到威胁。

奥菲以传统马克思主义的社会生产理论为基础试图分析资本主义积累过程的"无序状态"。资本主义的积累过程被认为是集体行动形式增长的积累以治疗资本主义个体运行的后果。私人资本运动系统地产生了共同经验的后果，这些后果又反过来阻碍或是威胁交换过程的私人控制，他们不能够被治疗或是通过资本个体的行动加以中和。这样产生的可能后果是：建立在"集体规则"形式之上的要求与资本主义交换的"不可调"范围全部留存。资本主义经济的自我瘫痪趋势同样也威胁着国家政策受民众欢迎程度、财政生活能力与效力。福利国家必须在交换过程中通过干预来追求自由或是劳动与资本"不可调"交换机会的普遍化。

私人交换的维护与普遍化依赖于解商品化（非市场或是国家）政策。后者通过公共基础投资有效与高效地促进了资本投资与劳动力的可销售性。要求福利国家实现共同决策与社会政治强制性方案，以及建立不同的管理制度与激励要求，这些都是不可能实现的。福利国家并不能通过重组与限制资本积累的运行机制达到自发地维护运行机制的目的。商品化与解商品化之间的矛盾有助于理解游离于福利国家政策制定与管理之外的一些生活领域，也有助于解释为什么福利国家承担的多样化功能中有一些公然地起着解商品化的作用。

奥菲声称福利国家试图保持资本的经济统治地位，以挑战与侵蚀资本的权力，同时补偿其干扰性与解组织化的后果。解商品化的福利国家政策对经济系统的侵扰表明商品生产与交换的过程被直接侵蚀或是威胁。

与资本主义发展的"自由"阶段和社会总体可用劳动力相比较，雇佣劳动资本关系的权力已经极度缩小。商品生产与交换的过程处于隐形支配的地位。因为原材料、劳动力、资本这些曾经的生产因素成为国家政策的具体对象,资本对收益的利润积累在投资、部署劳动力方面的权力日益减弱。国家干预的结果就是,工人与其他群体的公民地位被承认,公民依然被假定为管理与监督的消极对象,最终福利国家与解商品化的供给完全一致。

奥菲强烈地质疑凯恩斯主义国家干预的解商品化政策。虽然国家干预政策强调保护与提高商品过程的直接资本主义化,但是干预政策实际上常常由于直接或是间接的计划失败威胁到资本主义的集体权力。日常生活中大量解商品化国家政策被财产权、公民权与政治地位的契约所取代。与国家进化论者和马克思主义功能论者相反,奥菲认为,福利国家的政策并不必须自动地服务于资产阶级利益。资本主义经济的延续不再依赖于前资本主义残余的交换关系的生产与扩大,而是依赖于反对那些不能够为商品生产与交换过程立即决定的管理形式与政治权力的增长。

凯恩斯主义福利国家政策的解商品化政策,抑制了资本家投资的积极性,同时也抑制了工人工作的积极性,明显地妨碍了市场机制功能的发挥,以至于整个资本主义的潜在适应能力都受到了负面影响。在这个意义上,可以说福利国家出现的经济衰退现象,可以部分地被认为是国家干预所导致的后果。此外,由于某些商品的需求饱和,如战后发展起来的特定商品冰箱、汽车等的需求已经基本饱和,而最有可能产生经济增长的投资和消费形式则是由行政方式强加于社会,如核武器、交通运输系统等方面的投资并没有直接参考市场和消费需求。在生产、消费问题成为主流政治话语核心的情况下,由于它们可能带来对环境、军事、社会等方面的负面后果,在社会领域中往往遭到公民和消费者的强烈反对。这些反对、抗议甚至是新型的政治,将会成为有效阻碍私人资本开辟新的投资道路的主要斗争形式。

三、民主与政治的矛盾

本章开篇之际,笔者就奥菲对国家与个体之间关系的认识已经做了描述,即国家与个体是一种相互创造的关系,国家是个体意志与行动的产物,而个体的主体性,以及尊严等权利又依赖于国家的维护。奥菲认为,现代国家中民主政治正是维系国家与个体之间、国家与公民之间关系的纽带。① 民主政治所包含的要素有公民个体的自由与政治权力、多数原则、政党、选举、议会,以及政府等。通过这些要素,民主政治得以实现。奥菲认为,民主政治的作用主要包括两个方面:一是从个体角度来看,民主政治为个体提供了利益表达、利益冲突的舞台,也为个体提供缔结联盟、赢得多数并最终决定公共政策的机会;一是从国家角度来看,民主政治的作用在于解决争端,使最高公共权威获得广泛认可。民主政治既产生冲突,又同时解决冲突:一方面,表达和解决冲突;另一方面,又限定了冲突的参与者、程度,以及冲突的最终解决形式,以差异与统一为原则来维系国家与个人之间的关系。其中,将冲突限定在政治体制的范围,保证冲突不会成为永久的与普遍的现象,遵循一种暂停规则,是自由民主国家的民主政治所必备的独特作用。但是,在后期资本主义阶段的福利国家之中,民主政治出现了一些症状,这些症状的指向就是联系国家与个人之间的民主政治纽带的脱落。

(一)福利国家中民主政治的病症

福利国家中出现了越来越多表明民主政体产生冲突的潜力超过了其解决冲突能力的现象。新保守主义理论家将其表述为:利益竞争团体或党派的"期望不断上升",并通过大众媒体不断扩散;这导致国家官僚机构的"负担过重",在财政资源有限的情况下,它们发现自身无

---

① Claus Offe, *Contradictions of the Welfare State*, Cambridge, MA: The MIT Press, 1984, p.163.

法满足这些期望,国家权威日益衰弱,并且必须对不断增加的期望进行坚决抵制;公民对国家的不信任、怀疑和挫折感日渐提升,经济稳定及其潜在增长的基础不断趋于瘫痪。① 这也就是不可能管理性。它带来的是国家越来越难以消解国内国际经济的要求,以及由民主制度所传送的需要,这必将导致后期资本主义社会的混乱、解体、崩溃。左派则认为,这是由20世纪70年代中期以来西方资本主义国家普遍的经济低迷造成的。西方资本主义国家所经历的经济动荡,缩小了民主政治所公认的政治冲突范围,甚至导致民主政治向威权主义转型,出现了大规模压制的现象,政府对所谓"放纵性"政治表达进行更为严格的管制。

奥菲认为,以上两种观点实际上都反映出民主政治目前的发展趋势:冲突表达与冲突解决的制度性功能同时降低,政治体制兼具了难以管理与压制性的特征。② 后期资本主义民主政治冲突表达能力的下降将会导致产生其他冲突渠道以吸取人们的政治能量,解决冲突能力的下降将会导致政府越来越依赖于民主政治过程之外的其他运作标准与准则。民主政治制度中重大政治冲突和斗争的地位,国家制度决策的地位被移除,作为国家与个体之间纽带的民主政治制度出现脱落的迹象,但又没有完全分离。在民主理论已知领域的框架之外,出现了对政治冲突和冲突的解决方案,是为替代性的政治体制。

国家决策上的替代性政治体制是一种超议会制的、超官僚制的决策制定模式,其特征是高度非正式性、功利性、缺乏民主合法性。关键政治问题的决策形成来自于公共部门与私人部门战略团体代表之间高度非正式交涉,而不是以往的议会、政党,以及领导人的控制。这一决策形成方式往往被描述为一种利益协调机制,但是由于它来自于功利集团的非正式协商,因此缺乏合法性。解决这一机制合法性问题的途径往往是科学家对决策过程的介入,但是实践证明了这一做法并不能得到诸如工会等机构的认可。

---

① Claus Offe, *Contradictions of the Welfare State*, Cambridge, MA: The MIT Press, 1984, p. 164.
② Claus Offe, *Contradictions of the Welfare State*, Cambridge, MA: The MIT Press, 1984, p. 166.

另一种替代性政治制度是全民政党(the catch-all party)战略。政党通过否认其政治方略与阶级基础的特定性,试图赢得更多的选票。但实际效果是,政党对外丧失了身份认同,对内出现了离心力,宗派林立。随着政党赢得选民支持范围的增大,政党赖以录用政治领袖、政府人员的社会范围就越小,高度缺乏代表性的政党领导结构反过来又缩小了政党的可依赖度。如此,政党不再能够有效表达所代表的既定集体的诉求了。

公民表达政治意愿的方式也出现了替代性政治制度。投票行为已经是一种形式主义,参与政党也不再是表达政治意志与争取利益行之有效的手段了。公民行动团体成为运动的主流,关涉城市改造、教育政策、生态/环境、和平等问题。在这里冲突的表达更为集中,也更具有创新性。①

这些替代性政治制度表明:一方面,政治精英对超议会、非公开、非正式与缺乏合法性的政策决策模式依赖;另一方面,反映了公民逐渐摈弃了表达冲突的官方途径。奥菲认为,作为实质性问题进行斗争的政治和作为冲突解决的制度性体制的政治已经退化为一种非正式的、互不连贯的斗争与决策模式。② 传统民主政治制度逐渐丧失其功能与适应性,逐渐为国家与个体所回避。

(二)自由民主内容与形式的分离

福利国家民主政治的发展趋势除去民主政治制度上的因素之外,还要考虑经济权利关系变化与价值变化的因素。经济权利关系的变化主要是阶级对抗与经济危机对民主政治制度的影响。奥菲承认阶级对抗与经济危机确实影响了民主政治制度的变迁,但是他对此并没有多少阐述,而着重讨论的是价值变化因素的影响。

奥菲认同英格哈特(Ronald F. Inglehart)的后物质主义(post-materialist)或是后获得性(post-acquisitive)价值观念。这一价值观念主

---

①Claus Offe, *Contradictions of the Welfare State*, Cambridge, MA: The MIT Press, 1984, p. 169.

②Claus Offe, *Contradictions of the Welfare State*, Cambridge, MA: The MIT Press, 1984, p. 170.

要为城市新中产阶级所有,但并不专有,它关注的是参与、平等与自我在知识、审美、形体方面的发展,超越了物质主义关注提高收入、满足物质需要与社会保障的传统价值观。但是,由于后物质主义往往通过聚焦于一个或一系列问题来吸收政治力量,并要求为大多数人所共享的文化准则、经济规范和生活方式也发生相应的变化,并且后物质主义价值并不存在一种可以解决普遍问题的指导原则,因此后物质主义无法通过国家权力而实现,同时也无法进入到既定的政治形式之中去。这种对个人或群体收入分配地位的改善不做要求的后物质主义,在以挑战主流生产方式对社会与物质生活造成的影响来说,它们又是"高度物质主义"[1]的。通过它们,政治与政治冲突又回到了社会生产结构和动力那里。在国家维度上解政治化的同时,也发生了生产维度上的再政治化(repoliticization)。

奥菲认为,在民主政治作为承接国家与个体之间纽带作用日渐消退的情况下,出现了一种矛盾:政治离公民越来越远,而政策离公民越来越近。[2] 国家与个人之间的制度性联系被削弱了,但国家与个人之间的实际联系却较以往更为直接了。相对于以往国家干预以公民行为的产出为对象,现在国家更注重对社会过程中的物质基础与自然资源等方面进行干预,以公民的经济社会生活的输入为集中干预的对象。国家政策将自然与人类作为管理与控制的客体,干预私人活动的领域,干预私人生产、家庭、艺术,甚至干预个体的肉体与灵魂。

(三)福利国家中竞争性政党制度

奥菲认为,竞争性政党民主是福利国家民主政治实现的有效途径。与以往的古典自由主义理论家与马克思主义理论家认为资本主义与民主互不相容的观点不同,奥菲认为,资本主义与民主持续相容事实上是存在的,因为除却核心资本主义国家法西斯政体短暂的存在之外,20

---

[1] Claus Offe, *Contradictions of the Welfare State*, Cambridge, MA: The MIT Press, 1984, p.176.
[2] Claus Offe, *Contradictions of the Welfare State*, Cambridge, MA: The MIT Press, 1984, p.174.

世纪的大部分时间中,最发达的资本主义国家一直是自由民主国家。在这一类国家中,大众民主被看作是议会制或是总统制政府形式中普遍而平等的选举权,而资产阶级自由制被看作是私有财产和自由雇佣劳动的产物。资本主义与民主之间相容性的实现是有条件的,即两个调解性原则的出现与逐步发展。这两个调解性原则也可以称之为两个实现资本主义与民主持续相容的结构性要素,它们是:大众性政党与政党竞争;凯恩斯主义福利国家。① 这两个调解性原则都表现出将权威逻辑与市场逻辑相混合的趋势,凯恩斯主义福利国家甚至被称为混合经济体制。正如熊彼特等人的观点,只有政党活动与市场行为真正融为一体,民主理论中的"经济范式"才会显得很合理、很有影响力。

奥菲将这种民主政治形式称为民主资本主义(democratic capitalism)②。他认为,这种民主资本主义是一种独特形式的民主,是一种可以与资本主义市场经济和谐共存的政治平等与大众参与式民主。它同时也是一种独特的资本主义,能够与民主共存。

关于阶级政治转变为竞争性政党政治的最早论述者是马克斯·韦伯。他认为,通过公众纯粹表决方式而实行的统治是非理性的。他希望能够通过官僚主义化的政党与克里斯玛型③领导人的联合来遏

---

① Claus Offe, *Contradictions of the Welfare State*, Cambridge, MA: The MIT Press, 1984, p.182.

② Claus Offe, *Contradictions of the Welfare State*, Cambridge, MA: The MIT Press, 1984, p.182.

③ 韦伯指出了三种权威型态:合理—合法型权威;传统型权威;克里斯玛型权威。克里斯玛(Charisma),又译为个人魅力型。在韦伯看来,领袖拥有个人魅力,他居于由一帮信徒和追随者构成的圈子和集团的中心,并被他们包围着。这些人是革命领袖,他们对权威的渴望和要求势必与制度化了的权力现状发生冲突。克里斯玛型权威否定过去,在这一意义上它是一种革命性的力量。这种权威不是根据财产占有的多少来分享相应的权力地位,也不是因为某个人是首领或某个集团是一个拥有特权的集团就享有这种权威。他们合法性的唯一的基础是个人魅力,就如事实所表明的一样。即是说,只要他能为人认可并能够使他的追随者和信徒们满意,他就拥有这种权威。但这种权威只有在人们对领袖的个人魅力保持信服的情况下才能持续下去。因为个人魅力型权威是一种革命性的力量,因此韦伯把这种权威看作政治变迁的主要基础。成功的克里斯玛型权威的革命运动能削弱既存秩序的合法性,不管这种合法性是建构在合理—合法型权威基础上,还是传统型权威的基础上。纯粹的克里斯玛型权威只能存在于它的产生阶段。它无法稳定地保留下去,它要么与传统型权威结合,要么与合理—合法型权威结合,要么二者同时兼备。

制"无目的的大众激情"与"工联主义暴动"。罗莎·卢森堡(Rosa Luxemburg)则是揭示了工人阶级组织存在的一种机会主义现象。她认为,当时的工人阶级组织是根据隐含的劳动分工与组织领导的划分来实施其专门战略的,这一战略是官僚性质的、技术管理的。罗伯特·米歇尔斯(Robert Michels)则宣告"寡头统治的铁律将无情地成为组织发展趋势的历史必然性"[1]。奥菲总结分析了三者的观点,指出,大众的政治参与通过大规模官僚机构这一选举性政党竞争与制度化集体谈判所必需的前提条件得到组织,这一组织形式就会涵盖、滥用和阻碍阶级利益和阶级政治的实现,从而导致机会主义和寡头政治的产生,并不可避免地导致平民受到克里斯玛型领袖的非理性冲动的摆布,服从于他蛊惑性地操纵着的官僚政党"机器"。[2] 人民的意愿一旦通过努力进入政府的竞争性政党表现出来,所表达的就不再是人民的意愿,而是一种人为的形式和驱使进行政治竞争的力量。竞争性政党组织形式导致了政党意识形态的非激进化、政党成员的非活跃化、政党集体认同感的消解化三种结果。奥菲认为,以上这三种结果中的任何一种都有助于涵化或限制政党的政治目标与奋斗范围,从而确保政治权力结构不会太大偏离社会经济权力结构。政党作为一种组织形式在政治竞争条件下发展起来,同时又创造了竞争的条件。其内部力量产生了限制性与非决策性(non-decision),将民主控制在资本主义的安全范围之内。

　　奥菲认为,今天大众参与作为主导形式的政党制度已经衰败,在许多资本主义国家中出现了的新的、额外的实践形式通过政治实践和自身的调和潜力,回避、限制或是颠覆这种政党体制。这些新的政治形式主要是新社会运动、合作主义与压制。其中,致力于维护生理和/或道德领域的新社会运动所关心的问题同政治活动与国家权力所要解决的问题并不吻合,甚至是相对立的,体现的是一种"否定性"政治概念。代表政治与议会政治在这类运动中常常被认为是不需要的。合作主义

---

[1] W. J. Mommsen, *Max Weber and Robert Michels*, *Archives Europeenes de Sociologie*, 1981, pp. 100 – 116.

[2] Claus Offe, *Contradictions of the Welfare State*, Cambridge, MA: The MIT Press, 1984, p. 184.

的制度安排常常将集体行动者的利益代表功能与面对各自选民的政策执行功能结合在一起,具有非正式、不显眼、非公开和富有动员性的功能优越性。合作主义以牺牲议会与竞争性政党制度为代价,在公共政策领域出现的解议会化过程,以及功能代表形式与区域代表形式的更迭。正如奥菲引用杰索普(Bob Jessop)所说的那样,"功能代表制更适宜于维护资本积累的条件","以住所为基础的议会代表制不再足以反映世界范围的资本主义体系的经济管理问题了"。[1] 压制主要是来自于政党体制内部的,通过政党的党内措施,以及议会与议会制政府层面上对竞争的自我限制,出现了政治供给的"卡尔特"化与"市场通道"闭合的现象。以上三类实践形式真实地反映了竞争性政党制度的作用与政治功能已经被置换了。

奥菲探讨除了政党组织形式实用性丧失与被置换之外,还存在着的另外一种可能性,即政党的自我超越策略成功地从政治民主转向了经济民主。经济民主化模式认为,平等参与的民主原则与不平等参与私人决定权的经济原则直接的紧张关系可以在选举胜利之后通过议会立法,以及在企业、工业部门、地区和城市等地方设立的民主机构来加以解决,[2]也就是用经济民主来补充竞争性政党民主。但是,奥菲并不看好这种对民主与资本主义之间不和谐的暂时搁置。他认为,只要决定投资数量、种类、时间和地点的私人性被民主的方式所控制和转移,经济民主的补充是绝对不会实现的。

虽然大众民主与资本主义相安共存的组织与政治特征已经被弱化,但是奥菲强调,竞争性政党民主被社会政治所取代,被合作主义制度安排所置换,以及为经济民主所补充的可能程度还是要取决于经济所能带来的社会稳定与繁荣发展。[3] 奥菲认为,今天政党体制的整合功能已经部分地被新的、额外的政治参与形式所取代,这种形式具有可选择性

---

[1] B. Jessop,The Transformation of the State in post-war Britain,in: *The State in Western Europe*,London:Croom Helm,1980,pp. 23 – 93.

[2] Claus Offe,*Contradictions of the Welfare State*,Cambridge,MA:The MIT Press,1984,p. 192.

[3] Claus Offe,*Contradictions of the Welfare State*,Cambridge,MA:The MIT Press,1984,p. 193.

与非制度化的特征。

四、合法性与效率的矛盾

(一)合法性问题

"合法性"(legitimacy)一词在政治学中通常用来指政府与法律的权威为民众所认可的程度。合法性被认为是政府行政的最基本条件。最早提出合法性问题是马克斯·韦伯。他认为,若要维持统治的持久存在,必须唤起合法性的信仰。哈贝马斯说过,合法性意味着某种政治秩序被认可的价值,以及事实上的被承认,[①]也就是说统治能够得到被统治者的承认是因为统治得以建立的规则或基础是被统治者可以接受的乃至认可、同意的,统治因为具有合法性而得到承认。哈贝马斯继而阐发了后期资本主义社会合法性危机(crisis of legitimacy)。后期资本主义社会合法性危机指的是后期资本主义的价值危机,同时反映了文化体系没有充分阐述行动的意义。这种危机主要发生在资本主义所能容许并能控制的范围内,因而没有触及经济制度,是一种合法性危机,不具有阶级斗争性质,不会导致资本主义制度崩溃。奥菲认为,根据韦伯所划分的合法性类型,当今世界的主导性模式是法理型合法性模式。[②] 这一模式合法性来自于法律制度和统治者的指令,其权威建立在一系列清晰而明确的规则和制度的基础上,法理型权威最适宜的组织形式是官僚制。

奥菲认为,这一合法性形态的最大好处在于任何权威要获得合法性都必须以承担相应的政治义务为前提,不论这种义务的目的何在。决定政治权威合法性的唯一标准在于它是否完成了普遍和正式规则的要求,不论政治权力的构成要素为何,都赋予其合法性。合法性机制已

[①][德]尤尔根·哈贝马斯:《公共领域的结构转型》,曹卫东等译,学林出版社,1999年,第184页。
[②]Claus Offe, *Contradictions of the Welfare State*, Cambridge, MA: The MIT Press, 1984, p. 134.

经从个人或者统治者的权威过渡到了通过招募/选举来获得权威的模式。这种模式,一方面,迫使官员通过大选的考验,使之在掌权期间遵守宪法原则,一旦反对党派获得选举胜利,就必须马上辞职;另一方面,也约束了公民的行为,使之服从于政府的权威。简而言之,正式宪法原则给予合法性权力的高度是:统治精英愿意遵守这些规则,被统治者也愿意约束宪法规定行为以外的其他政治行为。

在讨论合法性问题之前,必须要谈一下大众忠诚这个概念。奥菲在分析后期资本主义社会系统危机时,多次提及大众忠诚。显然这个词在福利国家的语境中有着非常重要的意义。大众忠诚对整个系统,特别是政治—行政系统的运行非常关键,但是实际上,在目前的福利国家中要得到满意的大众忠诚是相当困难的。社会保障制度是获得大众忠诚、稳定系统功能非常重要的措施之一,后期资本主义国家中并不存在真正意义上的合法性,合法性的危机在某种程度上来说也就是大众忠诚的危机,后期资本主义阶段的福利国家出现了大量的大众忠诚危机。

哈贝马斯认为,福利国家的政治系统需要尽可能投入各种不同的大众忠诚,而产出的则是由权力机构贯彻的行政决定。当合法性系统无法在贯彻来自于经济系统控制命令的同时,将大众忠诚维持在必要的水平上,投入危机就表现为合法性危机,这是一种直接的认同危机。而当行政系统不再能够成功协调和履行从经济系统那里获得的控制命令,产出危机则表现为合理性危机。合理性危机把为非普遍利益而进行的社会化生产的矛盾表现为控制命令之间的矛盾。这一危机倾向通过国家机器的瓦解来取消合法性。

(二)福利国家的效率与合法性

奥菲认为,由于从政府组织与国家层面上来讲,利润率标准和市场关系通常同时缺场,[1]因而难以对效率与效力概念进行明确的区分。资本主义国家运转过程中的理性与私人组织中盛行的理性不同。资本

---

[1] Claus Offe, *Contradictions of the Welfare State*, Cambridge, MA: The MIT Press, 1984, p.135.

主义国家所激发出来的目标及其周密执行既不是一种实质理性,也无法通过实质理性来得到证明。① 资本主义国家的行为导向是根据私人交换与积累的标准促进私人领域的效率与效力。因此,资本主义国家的效率与效力不是由其自身标准所决定,而是由实现商品形式普遍化的成功程度所决定。② 国家政策越是能够实现使每个公民通过参与市场交换过程而满足其全部需要的条件,就越接近于理性。在资本主义生产方式的条件下,使每一价值单位(劳动力)完全就业是一切看得到的国家活动的本质,也是福利国家的最高目标。③ 奥菲认为,如果要使合法性与效率之间实现平衡,就必须做到:首先,通过政府政策和措施产生的物质结果来强化对宪政民主政体赖以维系的合法性原则的接受;其次,政策与措施的效率是针对在为所有公民及其总体需要提供、恢复和维持商品关系方面国家的成功程度而言的。

但是实践中,这种平衡总是处于被打乱的状态,奥菲认为原因在于:一是在资本主义发展过程中越来越难以使劳动者和资本保持商品形式;二是许诺与感觉、国家政策的形式与内容之间出现越来越为明显的冲突,使政治权力赖以维系的合法性原则越来越难以为社会所接受;三是对政治权力合法性原则的接受经历了一种结构性变迁。哈贝马斯认为,20世纪资产阶级和劳动阶级两者日益私人化。一方面,个人从对他们的趣味和观点的公开捍卫中退缩回来;另一方面,在后期资本主义社会中,其大规模的经济生产、跨国公司,以及在私人经济生产领域和国家中广泛的官僚主义使得每个人的生活世界日益被殖民化,工具理性横行。公民不再拥有进行理性讨论的公共关怀和技能,大众投票代替了公共讨论。结果是公共立场的公开讨论与探讨逐渐消失,"公

---

① Claus Offe, *Contradictions of the Welfare State*, Cambridge, MA: The MIT Press, 1984, p.137.

② Claus Offe, *Contradictions of the Welfare State*, Cambridge, MA: The MIT Press, 1984, pp.137–138.

③ Claus Offe, *Contradictions of the Welfare State*, Cambridge, MA: The MIT Press, 1984, p.138.

共领域的衰落直接导致了资本主义统治的合法化危机"[①]。哈贝马斯认为,合法性危机是一种直接的认同危机,它是由于履行政府计划的各项任务使失去政治意义的公共领域的结构受到怀疑,从而使确保生产资料私人占有的形式民主受到质疑。当公共领域面临崩溃时,尽管权力机关的权力行使并没有遭到公民的违抗,有时甚至得到了公众的服从与忠诚,即便这样这也无法为政治权威提供合法性支持。这是因为,公众对政治权威所付出的服从和忠诚是没有经过反思和批判的,不过是基于私人最大利益之考量而不得不付出的表面服从和忠诚。也就是说,"尽管无限扩大的公共领域为了获得广泛赞同,向被剥夺了权利的公众反复提出各种各样的要求,但是,公众同时也远离了权力实施和权力均衡过程,以至于公共性原则再也不能证明统治的合法性,更谈不上保障其合法性了"[②]。

奥菲曾经认为,后期资本主义社会的团结依赖于一套能够为政治系统提供普遍忠诚的社会整合模式。但是,他后来认识到,如若政治系统无法取得民众的忠诚,它将不可避免地陷入危机。这样的一套假设被证明是站不住脚的:首先,后期资本主义社会的庞大系统无法共享同一套社会价值与规范;其次,后期资本主义社会普遍合法性的缺乏意味着它的团结与稳定并不仅仅依赖于其合法性基础。因此,奥菲对其早前的理解进行了一定的修正,重新研究合法性与规范性整合的问题。从社会学与社会心理学的维度来说,合法性指的是对特定系统的普遍信任态度,也就是大众忠诚问题。而从哲学的维度来分析,他认为,当有关政体的组织原则变得有问题和受到质疑时,政体或政府的合法性依赖于制度安排和政治结果的正当性。奥菲将合法性问题分为三个层次:一是合法性问题被取代或搁置。一般在资本主义发展的前期,政府权力通过公共物品的供给,无可置疑地获得多数支持使自身有效,在这种情况之下,由于社会能够"正常运转",合法性问题被取代或搁置。

[①] 傅永军:《公共领域与合法性——兼论哈贝马斯合法性理论的主题》,载《山东社会科学》,2008年第3期,第4页。

[②] [德]尤尔根·哈贝马斯:《公共领域的结构转型》,曹卫东等译,学林出版社,1999年,第205页。

二是合法性遭到质疑。由于政治系统不能够完成维持经济持续增长、完全就业的目标,以及完善开放性、竞争性政党政治等功能,由于其功能的失灵,人们对政治系统的信任和满意度受到干扰,对合法性的规范性基础产生质疑。奥菲认为,后期资本主义体系已经进入到合法性的第三个层次,即对政治与社会之间的整体关系的哲学质疑,出现了对自由民主制度规范性基础到底是否有效的哲学争论,这时的自由民主政治体系的规范性基础越来越不稳定,偏离积极的、具有规范约束力的政治文化的范围。

在奥菲看来,由于经济危机与政治危机的并存,后期资本主义体系已经进入了第三层次的合法性问题。一方面,以往人们对"物资供应"系统的满意态度现在出现了"不满意"、"不赞成"的态度;另一方面,关于哲学与社会之间整体关系的哲学怀疑也出现了,反映在政治文化方面就是异端政治行动模式的许可范围扩大化,自由民主政治体系的规范性基础日趋不稳定。这与社会道德基础变化多端有关(哈贝马斯),也与某些具有传承文化价值功能的传统机构如家庭被削弱有关。国家干预政策削弱了私有化与碎片化的过程,使文化价值与实践屈从于政治。

奥菲指出,高水平的效力与控制并不一定产生信任、支持与合法性,低水平的效力几乎可以确定将逐渐削弱政府机关趋向和谐的有利倾向。显然,冷漠与犬儒主义是对政府处理事务与实现国家目标失败的自然反应。

除了以上所讨论的四点结构性矛盾之外,奥菲还特别提到意识形态层次上的结构性矛盾,这也是资本主义社会的规范和道德基础层次上的结构性矛盾。资本主义商品经济的基础建立在所有权个人主义必须既成为个人行动的基础,又成为他赖以理解其他人当前和未来行为的基础上。商品形式功能的发挥要求个人必须愿意充分利用提供给他们的机会,不断改善其在交换过程中的相对地位,同时个人也要愿意接受特定交换关系中出现的任何实质性后果,特别是那些对他们自身不利的后果。资本主义福利国家中,交换关系是由明显政治、行政战略所创造和维持的,市场上的劳动力和资本之间的交换价值大多由政治措施决定。这样,资本主义福利国家在意识形态层面上导致了个人占有欲的颠倒,个体性资源成为政治措施的结果。试图稳定、普及商品形式的国家政策和措施,导致了资本主义商品社会在规范和道德品质上出现结构性缺陷,随着社会在生产组织原则上对商品形式的不断征服,它将成为社会冲突和政治斗争的焦点。

五、凯恩斯主义福利国家的终结?

20 世纪 70 年代中期以前,凯恩斯主义福利国家(the Keynesian welfare state)[①]一直是西方主要发达资本主义国家及其管理活动的基本指导思想。它一方面,带来了前所未有的经济大繁荣;另一方面,使原本激进的工业与阶级冲突模式转变为以经济为导向,以分配为中心,日益制度化的阶级冲突。奥菲认为,这一现象的背景是政治制度化的阶级妥协,与以往第二国际与第三国际的激进主义要求完全不同,实现这一妥协首先就要求工人阶级的组织,即工会与政党降低其计划与纲领中的要求。阶级冲突不再以对生产方式的控制为主,而是以分配与增长规模问题为主要目标。凯恩斯主义经济理论维度的资本主义经济是一种正和游戏,[②]它以阶级间的安全增长为联盟,认为在经济增长与社会以及军事安全上面存在着一致性,同时经济增长与和平的阶级关系之间也是相互促进的。与凯恩斯主义经济政策制定的逻辑相同,福利国家也是各个阶级在意识形态上、政治上与经济上相互妥协的产物。福利国家在部分消除阶级斗争、劳资纠纷,提供更多有效满足工人阶级需求的手段,使有效需求的变化与就业率的变化部分不相关联,使生产更具有规范性、可预测性,为经济发展提供内在的稳定性上具有重要的作用。福利国家制度旨在消解资本主义社会中每个工人及其家庭所面

---

① 在奥菲的语境中,凯恩斯主义福利国家指的就是以凯恩斯主义为政策工具的福利国家制度,其特点就是以国家干预政策为主导。
② Claus Offe, *Contradictions of the Welfare State*, Cambridge, MA: The MIT Press, 1984, p.194.

对的各种风险与不确定性,①使雇佣劳动形式变得可以接受,部分地消除了社会冲突的诱因,也具有阶级共赢的性质。

凯恩斯主义经济政策与福利国家之间的功能联系可以描述为:一种"积极"的经济政治政策会刺激和规范经济的增长;增长的"税利"使福利国家计划得以延伸;同时,持续的经济增长限制了福利国家的实际供给。结果原本有待在政治领域、党派竞选与议会选举中解决的问题和冲突被分化了,不再具有两极性与原则性的特征。这些看似不重要的调节、妥协与联合机制轻易地化解了这些问题。② 但是,20世纪70年代中期以来,随着欧佩克石油危机的出现、冷战的逐渐结束、里根与撒切尔的福利紧缩政策,民主资本主义社会的政治环境、经济环境发生了变化,凯恩斯主义福利国家制度虽然不再能够完满地解决随之而来的社会政治与经济问题,但是它作为一种具有极佳以及独特效果的路径,应对和控制了发达资本主义社会所存在的某些社会政治、经济问题。

奥菲认为,凯恩斯主义福利国家制度在解决宏观需求稳定问题的同时又影响着资本主义经济适应于生产/剥削问题的能力。凯恩斯主义福利国家中,投资者越来越依赖于干预政策对有效需求和供给的刺激与调节,劳工越来越依靠福利国家的制度安排,双方的动力、期望以及动因都受到影响,侵蚀了经济增长的动力,经济的增长成为了政治设计的目的,而不是市场的自发力量。③ 当经济增长越被看作是政治计划的结果时,经济增长就越被认为是政治决策与分化策略的结果。这里的分化策略指的是对工业与副产品的明确划分与定位。一方面,从推动经济增长所需的预算投入上来看,经济增长的成本高昂;另一方面,从政府与政府为产品质量、生产过程与工业环境所负责任来看,政治决策的成本日益高昂。作为促进增长与全部就业的凯恩斯主义经济

---

① Claus Offe, *Contradictions of the Welfare State*, Cambridge, MA: The MIT Press, 1984, p.195.
② Claus Offe, *Contradictions of the Welfare State*, Cambridge, MA: The MIT Press, 1984, p.196.
③ Claus Offe, *Contradictions of the Welfare State*, Cambridge, MA: The MIT Press, 1984, p.198.

政策与旨在创造社会平等，保护资本主义社会中工人及其家庭免受风险与意外事故影响的福利国家制度的结合，最终导致的却是高水平的失业率与通货膨胀。奥菲认为，原因还是在于外在的经济影响与内在运作模式之间的悖论。奥菲认同罗格（J. Logue）的看法，即凯恩斯福利国家的成功同样产生其"受害者"。凯恩斯主义福利国家在解决宏观经济问题的同时，所带来的副作用超出了其自身调节能力，具体可见的结果有：非生产性公共部门成为私人部门难以承受的负担，导致投资长期不足；行业伦理道德不断滑坡，高税收与通货膨胀使独立的中产阶级在经济上难以喘息。[1] 凯恩斯主义福利国家制度的内在运作主要依赖的是干预手段，但是干预手段只有在非理性计算的范畴，作为非常规性措施时才能发生作用。另外，干预模式还有其自身局限性，特别是在服务领域，专业的干预行为实施者对所要处理问题的持续扩张所怀有的实质性兴趣逆转了当事人的知识体系与生产知识的意义体系。[2]

经济的停滞导致解组织化的资本主义社会破坏了集体行动者相互合作关系的基础。这些集体行动者包括工会、雇主联合会和政党。原本以第三方为代价的集体行动的预期不存在了，组织就丧失其代表性，组织内部在政治经济利益上的"宗派化"，导致组织所能够代表的社会、时间与客观范围不断缩小。奥菲认为，凯恩斯主义福利国家中未经制度性调解的社会政治冲突在增加，既不能通过政党与其他途径疏解，也不能通过国家的社会经济政策得到有效的根除。凯恩斯主义福利国家制度在发挥着重要作用的同时，也在承受着巨大的压力，为解决冲突而建立的制度将会承受越来越大的压力与张力。[3]

奥菲坚信福利国家是一系列无法逆转的结果。许多迹象表明尽管福利国家所提供的法律权利、服务与所授予的权利不断趋于减少，但是它们并没有被普遍质疑。虽然福利与服务在范围、数量和时间上被限

---

[1] Claus Offe, *Contradictions of the Welfare State*, Cambridge, MA: The MIT Press, 1984, p. 200.

[2] Claus Offe, *Contradictions of the Welfare State*, Cambridge, MA: The MIT Press, 1984, p. 201.

[3] Claus Offe, *Contradictions of the Welfare State*, Cambridge, MA: The MIT Press, 1984, p. 202.

制,但是大多数福利计划如失业保险、健康医疗保险仍然被认为是必不可少的社会保障方式。奥菲认为,首先,福利国家是一种双面性的保护装置(two-sided protective device),[①]通过集体消费从生产领域中转移,通过建立初级收入和次级收入的分配方式,福利国家以一种经济的方式既保护了工人,又保护了资本所有者,但同时由于作为结果所出现的财政问题,福利国家制度既损害了资本所有者的利益,又损害了劳动者的利益。其次,福利国家也是一套相对有效减少冲突的机制。特别是当垄断资本所能吸收的劳动力数量在逐渐减少时,福利国家作为解决集体再生产问题的基本制度安排,有效地降低了增加工资的要求与工业冲突的水平,减少了经济与政治冲突。彻底废除福利国家制度,结果必然是广泛的社会冲突、行为失范与犯罪盛行,这样的结果比福利国家目前所承载的负担本身更具有毁灭性。奥菲总结道:"福利国家的确是一套问题重重、代价昂贵且极具破坏性的制度,但是消灭福利国家将会带来的结果是毁灭性的。福利国家的资本主义根本不可能重回某种类似于纯粹市场的社会了。"[②]

针对福利国家所面临的困境,新保守主义(右派)要求终结凯恩斯主义福利国家制度,重新恢复市场的作用,以市场机制代替官僚制支配,主张绩效、效率、效益与生产率,反对所有与市场理性不相符的寄生性、享乐性与非生产性力量。奥菲认为,新保守主义对过度扩张政府的批判、对旧的本质主义国家观的拒斥、对自由市场的积极构想,都具有积极意义。但是,他指出,新保守主义的方案实际上并不能解决目前福利国家所面临的问题。首先,它全然不考虑工会的角色与作用,理论脱离实践;其次,它又存在着严重的逻辑问题,新保守主义认为恢复市场可以抵消与治愈所有"准社会主义"(quasi-socialist)的病根,但是何时能够完全治愈,新保守主义本身也没有预见,这种时间观念的缺乏,将会导致更多的失误。奥菲同样并不认同合作主义的政策制定模式。在

---

① Claus Offe, *Contradictions of the Welfare State*, Cambridge, MA: The MIT Press, 1984, p.287.

② Claus Offe, *Contradictions of the Welfare State*, Cambridge, MA: The MIT Press, 1984, p.288.

这一模式中,资本与劳工组织被假定为政府与私人性质,通过政府与相关社会团体代表之间官僚制程序以外的非正式协商进行政策制定。奥菲认为,这种合作主义的决策制定机制倾向于形成对第三方的剥削,试图将负担转移给那些目前还未参与谈判的其他人。另外,合作主义制度通常包括雇主、劳工、国家的三重组织关系,并假设这三重关系之间互有牵制关系,三方互有约束力。但是,由于财产私有这一基本条件,私人资本的个体因素在市场领域中仍然拥有着形式上为所欲为的自由,[1]劳动者与资本之间仍然是一种不对等的交易关系。这种不对等关系破坏了特定的非制度性的合作主义决策制定机制所必须面临的经验一致性。[2]

面对着福利国家这样不可逆转的困境,凯恩斯主义福利国家制度的困境,以及新保守主义对福利国家制度安排的大肆攻击与合作主义的改革方案,奥菲提出了自己的看法与对福利国家未来的独特观点:通过一种有关现代化的"现代"批判实现福利国家的未来。在展望福利国家未来之前,笔者接下来将要着重探讨的是奥菲如何从独特的系统功能理论角度来诠释福利国家面临的危机。

---

[1] Claus Offe, *Contradictions of the Welfare State*, Cambridge, MA: The MIT Press, 1984, p. 292.

[2] Claus Offe, *Contradictions of the Welfare State*, Cambridge, MA: The MIT Press, 1984, p. 292.

第四章
福利国家危机的系统功能论诠释

奥菲福利国家危机理论最为独特之处,就是他运用系统功能论方法,从对后期资本主义社会系统危机进行分析的维度来诠释福利国家的危机。这其中除了系统功能论的方法之外,也有来自于对马克思理论的深刻洞察,如对内在于劳动商品化的不平等权力的指出、对经典马克思主义的大量修正,并借鉴了哈贝马斯对公共领域的界定、对合法性危机的阐述。

一、社会系统及危机

(一)后期资本主义社会系统

后期资本主义的概念最早由阿多尔诺于1968年在《后期资本主义的工业社会》一文中提出,而首次明确地将目前在体制内运作的西方称为后期资本主义的则是詹姆逊(Frederic Jameson)。他认为,资本主义的发展经历了现实主义阶段、民族主义阶段、帝国主义阶段、全球化资本主义阶段,而后者就是后期资本主义阶段。比利时经济学家曼得尔(Ernest Mandel)在《后期资本主义》中则认为,后期资本主义是新科技革命中的资本主义,特点是资本主义生产关系出现了新的质的变化。传统的控制手段正在逐渐被代替,权力的行使越来越倾向于依靠各种管理方法、专业化和科学技术。与后期资本主义社会相关的概念包括后工业社会、后现代社会、信息社会等。哈贝马斯则将后期资本主义描述为"有组织的资本主义"、"由国家调节的资本主义"。这两种说法强调的是当今的资本主义表现促进经济的集中过程,商品市场、资本市场和劳动市场的组织化现象,以及国家对市场的干预现象。哈贝马斯曾经在《合法化危机》中对社会系统做过详尽的论述。他认为,社会系统表现为一个具有符号结构的生活世界,它的构成要素包括外部自然或非人类环境中的物质资源、社会所涉及的其他社会系统、内在自然或社会成员的有机基础。① 奥菲认为,之所以要考察资本主义阶级社会中的危机倾向,其目的就是要揭示后现代社会的各种可能。

后期资本主义社会经济系统一般将私人部门与公共部门区分开来。以市场为取向的私有经济的生产,一部分受竞争的调节,另一部分受制于寡头垄断的市场策略,容许竞争边缘地带的存在。奥康纳尔认为,竞争部门中劳动密集型行业占主导,工资水平不统一,工人的组织程度比较差,企业不可能合理化。而在垄断部门与公共部门中资本密集型行业占主导地位,资本的有机构成较高,企业面对着的是强大的工会组织。后期资本主义社会行政系统的作用主要包括国家机器用总体计划来调节整个经济循环过程并创造和改善利用剩余资本的条件。② 虽然受到生产资料私人占有的限制,但是总体计划可以避免各种不稳定因素。总体计划所采取的财政政策和货币政策调节经济循环的措施,以及旨在调节投资和总体需求的各项措施,都具有一种在目标系统框架内回避策略的回应性质,旨在保持增长、稳定币值、充分就业、外贸平衡等相互冲突的要求之间的平衡。国家通过非生产性的政府消

---

① 〔德〕尤尔根·哈贝马斯:《合法化危机》,刘北成、曹卫东译,上海人民出版社,2009年,第11页。
② 〔德〕尤尔根·哈贝马斯:《合法化危机》,刘北成、曹卫东译,上海人民出版社,2009年,第39页及以下。

费改善物质基础设施与非物质基础设施,补偿私人生产所造成的社会损失和物质损失,以及通过政策倾斜把资本引向被市场忽略的部门等,旨在改善国际市场地位,引导非生产性商品的需求与资本流向的措施,创造并改善投资环境。后期资本主义阶段的国家机器积极地介入生产过程,借助于资产阶级意识形态普遍主义的价值系统与公民权利得到普及。哈贝马斯认为,后期资本主义社会资产阶级公共领域的结构转型为形式民主的制度与程序创造了应用条件。由于公民参与政治意识形成的实质民主会使人们意识到社会化管理的生产与私人对剩余价值的继续占有与使用之间存在矛盾,需要通过形式民主的制度安排使行政决策独立于公民的具体动机之外,使行政关系系统充分地独立于具有合法性功能的意志形成过程。通常来说,在失去政治结构的公共领域中,合法性表现为对政治冷漠,转而关注事业、休闲和享受的公民私人性,以及运用精英理论或是科技专家治国论对结构失去政治意义进行不断的证明。奥菲在研究后期资本主义社会系统时,首先,将整个社会作为一个总的系统,这样一个社会总系统又分别分为经济子系统、政治子系统和社会子系统三个子系统。在奥菲的语境之中,政治子系统常常被称为政治—行政系统(political administrative system)或是政治权利子系统,社会子系统常常被称为规范/合法化系统(normative / legitimate system)或者是意识形态子系统。经济子系统为政治子系统提供赖以运转的财政资源,政治子系统解决经济所产生的诸如垄断、经济危机等各种问题;社会子系统向政治子系统提出各种需要和要求,政治子系统通过满足社会子系统提出的需要和要求来获得其提供的相应合法性要求。

(二)后期资本主义社会系统危机

奥菲在《后期资本主义国家——尝试对一个概念的定义》中提出了假设:即便是由国家调节的资本主义社会,在发展过程中也"充满了矛盾"与危机。这一假设曾经被哈贝马斯引用以强调危机作为后期资本主义最为突出的特征,并借此说明:"即便是由国家调节的资本主义社会,在发展过程中也充满着矛盾或危机。"①寡头垄断市场结构的增大,意味着自由竞争资本主义的终结。②

　　奥菲从系统论的角度出发对危机的概念进行了全面考察。他认为,将社会作为一个整体进行分析,厘清可预防与不可预防事件之间的逻辑区别,以及厘清事件与系统的协调与不协调之间的逻辑区别时,会发现这种偶发性危机概念是不可行的。因此,将危机看成是一个事件或一系列事件,将危机限定在一个时间点或是一个极短时期内的偶发性概念难以描述存在于社会总系统之中的危机趋势或危机倾向,偶发性危机概念比较适合分析被明确划分了界限的子系统。同样,奥菲也认为,过程危机概念不可行,它在产生事件的机制层面构想危机,并认为,危机是违反社会过程之"语法"过程。③ 这里的危机指的是系统所面临的"抵消性发展趋势",它可以将系统的危机发展趋势与系统的特征联系起来,但是这种危机概念难以鉴别和界定事件产生机制的界限。

　　有一种说法认为,社会科学的系统危机概念最早是由马克思提出的。④ 奥菲也在对一般危机概念的否定基础之上,对后期资本主义社会系统的危机概念做了进一步分析。他认为,即使在一个完全竞争的资本主义社会系统中,个人也必须在规范结构中被社会化,而且已经建立起来的社会交往准则也必须得到统治权力的认可。离开了家庭系统和法律系统,一个以市场交换为基础的社会是无法运转的。奥菲对工业社会中的社会事件进行了类型学的分析以区分社会过程。他认为,整个社会通过交换原则组织起来,分为规范性结构、交换性关系和强制性关系,其中交换关系是处于核心地位的支配原则。危机过程的判断

---

① [德]尤尔根·哈贝马斯:《合法化危机》,刘北成、曹卫东译,上海人民出版社,2009年,第3页。
② [德]尤尔根·哈贝马斯:《合法化危机》,刘北成、曹卫东译,上海人民出版社,2009年,第38页。
③ Claus Offe, *Contradictions of the Welfare State*, Cambridge, MA: The MIT Press, 1984, p.37.
④ [德]尤尔根·哈贝马斯:《合法化危机》,刘北成、曹卫东译,上海人民出版社,2009年,第4页。

标准不是交换原则的自我否定,而是来自其他两种组织原则的限制和怀疑。在资本主义社会系统中,规范子系统和政治强制性子系统从属于占支配地位的交换组织原则。在奥菲那里,资本主义社会的系统危机理论并不仅仅在交换领域中考察危机发展的趋势,也不再以经济危机理论的形式出现,它集中在作为整体的三种社会基本组织原则之间的关系上。危机过程的判断标准不再是交换原则的自我否定,而是来自于其他两种组织原则的限制和怀疑。据此,奥菲提出将"危机管理的危机"作为常量,系统地预测和分析国家在维持稳定的活动中所存在的不足与局限,以探索尽管今天资本主义体系存在着各种各样的矛盾和冲突,但资本主义却仍然能够生存至今的秘密。奥菲借用了葛兰西的名言描述了这一现象:"危机正好出现在这样一种情况之下:一方面,年暮之人已行将就木,另一方面,新生代却迟迟不能降生。在这一间隙,各种各样的病态征兆大量涌现。"[1]

二、危机管理的危机

与以往经典马克思主义将资本主义国家作为资本利益的工具不同,奥菲认为,宪法与组织结构才是其特征。资本主义国家具有明确的选择性,以协调与调和资本主义私人经济与其催生的社会化过程。正如前文所述,奥菲将整个社会作为一个总的系统,社会总系统又分为经济、政治—行政、规范/合法化三个子系统。三者之间的关系可以描述为:经济系统依赖于政府的持续干预,通过调节措施消除其内部存在的功能失调,同时又通过财政投入将内部产生的价值部分转移给政治—行政系统;通过期望、需要和要求等纽带,政治—行政系统与规范/合法化系统相关联,并以福利国家的政策和组织服务做出反映;政治—行政系统行动的自主性和能力又依赖于合法性基础赖以建立的大众忠诚或

---

[1] A. Gramsci, *Selections from the Prison Notebooks*, New York: International Publishers Co., 1971, p. 276.

是分散性支持。①

(一) 三种组织原则

以上提到奥菲以交换关系、规范性结构和强制性关系三种社会基本组织原则分析社会过程,本节将对这三者以及之间的相互关系进行详细的分析。

奥菲认为,交换关系在整个社会系统中处于支配地位,整个社会通过交换关系组织起来。但同时,他又指出,以交换关系来组织的社会并不能完全纯粹通过交换关系来组织,其运作仍然需要那些"侧翼子系统"如规范/合法化系统与政治—行政系统的辅佐来维持。奥菲重点考察了规范/合法化系统和政治—行政系统从属于占支配地位的交换组织系统原则,他将这种从属关系分为两种:积极从属与消极从属。

积极从属(positive subordination)指规范/合法化系统与政治—行政系统的建构方式由经济子系统所决定,并对经济子系统中的交换原则功能的发挥做出积极贡献。一般来说,积极从属通过规范或意识形态的方式使个体与经济子系统的功能要求相一致,或是通过政治—行政系统的方式使国家政策与经济子系统的要求相一致,即通过调整规范/合法化系统和政治—行政系统的内容使它们符合经济过程的要求,积极从属起到的是补充作用。

消极从属(negative subordination)则是指规范/合法化系统②与政治—行政系统被经济子系统所限制、隔离,不能为经济子系统功能的发挥做出实质性贡献。成功的消极从属常常是保护由交换所调节的领域,避免对它进行重叠和干预。消极从属中,经济子系统对其他两个子系统的支配依赖于三个系统之间的稳定性。因为规范/合法化系统和政治—行政系统的替代性组织原则对经济子系统自身商品生产和分配领域产生干预,一旦经济子系统与其他两个子系统直接的边界划分出现困难,经济子系统将不能够有效地防止规范/合法化系统和政治—行政

---

① 参见附录图2。
② [德]克劳斯·奥菲:《福利国家的矛盾》,郭忠华等译,吉林人民出版社,2006年,第69页。

系统的替代性原则对其自身的商品生产和分配领域的干预,社会过程就出现了危机的倾向。① 奥菲从作为整体的三种社会基本组织原则之间的关系上考察了危机发展的趋势,从规范性结构与强制性关系的限制与怀疑的角度来进行危机过程的判断。

(二)非市场组织

资本主义社会结构中非市场领域的发展过程也就是治外领域(extra territorial area)②的发展过程,它指的是资本主义经济领域之外的非市场领域的形成与扩张的过程。也就是说,在积极从属的条件下,当规范/合法化系统和政治—行政系统的条件不仅仅产生于资本主义社会,而且为资本主义的经济再生产所需要时,规范/合法化系统与政治—行政系统对经济子系统的依赖关系与它们之间的功能性要求不再一致的情况下会出现消极从属关系。

后期资本主义社会中,资本的运作系统性地、累进性地和不可逆转地生产出一些社会现象和结构性要素,它们是资本主义发展中无法整合的副产品,对系统的发展起着妨碍、威胁和破坏的作用,对剩余价值不再能够做出有益的贡献,不再发挥促进的功能。资本主义工业社会在累进性地生产着这样的社会现象与结构性要素,它们以一种高度矛盾的方式与"作为资本整体的利益"相关联。资本的首要目的便是限制它们的独立性,预防性地排斥、阻止和回避治外领域或是非市场性结构。③ 与此相应地,资本主义国家内部社会结构之中,也出现了一些与资本主义发展不存在功能相关性的现象。为了维护系统的稳定,就必须将这些现象对剩余价值生产所可能产生的破坏性影响最小化。资本主义发展的结构性转型就在于从为自身的持续性存在创造必不可少的条件,到对自身的结果采取防御性行动的转型。但是,由于交换原

---

①Claus Offe, *Contradictions of the Welfare State*, Cambridge, MA: The MIT Press, 1984, p.39.

②Claus Offe, *Contradictions of the Welfare State*, Cambridge, MA: The MIT Press, 1984, p.40.

③Claus Offe, *Contradictions of the Welfare State*, Cambridge, MA: The MIT Press, 1984, p.39.

则作为整个社会的组织原则发生了失败,非市场调节子系统(治外领域)及其调节原则的自主化,产生了经济子系统与其他两个子系统之间的边界划分困难问题,防御性行动就需要在建立和发展相关补充性调节原则的同时,又必须防止这些原则侵入私人生产领域,因为一旦这些外在调节原则出现"过度"的情况,它们将会对私人生产领域产生威胁,破坏积极从属与消极从属之间的平衡,从而导致危机的发生。

(三) 四部门分析模型

奥菲建立了一种部门分析模型,即资本主义系统四部门模型(four sector model of the capitalist system)①。他按照商品化程度来勾画资本主义系统中的不同部门,将它们分为垄断部门(M)、竞争部门(C)、政府部门(S)和剩余劳动力部门(R),以每个部门在总社会劳动时间或"生命时间"中所占的比重来衡量这些部门之间的关系性质和变化历史,从而提出了对后期资本主义社会的一些假设,用于说明工资—劳动—资本关系的组织潜力与社会总劳动相比已经出现了相对下降的特征,同时,也体现了商品化程度与其他分析性资料变量之间的关系。②

四部门分析模型表达了四种可能关系的前提,在发达资本主义工业社会,这四种关系日益普遍化。增长比例以可提供利用的社会总劳动资金中所占的份额来衡量,部门增长率从垄断部门向剩余劳动力部门递增。根据实际成员与潜在成员之间的比例衡量的组织程度(degree of organization)从垄断部门向剩余劳动力部门递减。这意味着在资本主义社会政治子系统的特定组织范式中,资源和权力同时以积极和消极的方式被积累。从部门内部的功能性紊乱威胁到整个系统生存的角度来考察的功能相关性(functional relevance)从垄断部门向剩余劳动力部门呈递减趋势。根据法律外手段的使用和/或不可能整合性目标的表达情况来衡量的暴力冲突(militant conflict)在剩余劳动力部门远大于垄断部门,从垄断部门向剩余价值部门递增。

---

① 见附录图 1。
② Claus Offe, *Contradictions of the Welfare State*, Cambridge, MA: The MIT Press, 1984, pp. 43 – 45.

通过这个分析模型,奥菲得出结论:因为交换过程对整个系统的稳定虽然仍具有决定性作用,但是它们组织社会生活的潜力都已经被限制在一个非常小的区域,作用日益废置。因此,后期资本主义社会,调节资本主义积累的交换过程既占支配地位,又不断隐退。[1] 这导致了后期资本主义社会系统的问题在于防止行政权力的管理过程变成对私有交换关系的自主性控制。系统问题其实就是消除资本主义社会结构中边缘性的、不能整合的因素。国家权力通过非资本主义结构累进性地制造出许多有助于侵入经济子系统的弱点。这些弱点以消极从属机制来结束。

社会化由商品所有者之间的市场交换所催生,交换领域的支配地位催生了社会化过程,也可以说是经济子系统推动了社会化过程。在这一过程中,同时也产生了一种对交换具有破坏作用的社会条件,这些条件不能够通过交换本身得到弥补,即历史唯物主义经常谈及的私人占有与社会化大生产之间的矛盾。"侧翼子系统"作为解决资本主义交换过程中产生问题的手段日趋重要。政治—行政系统不断要求自治化以争取全面的合法化。规范/合法化系统也相应地必须从积极从属关系中分离,成为一个可变动的系统以便满足政治—行政系统的合法化要求。

奥菲认为,这些具有功能合法性的过程取决于政治—行政系统本身,取决于福利国家、意识形态与压制性过程,也取决于规范/合法化系统中的自主性与"前政治权利变迁",以及意识形态与阶级觉悟等。政治—行政系统需要解决以下三点问题:维持基本管理服务与财政收入之间特定的"积极平衡";维持大众忠诚与福利国家或压制性政策之间的特定平衡;避免经济失调与政治冲突,避免两者之间的相互转化。这些都要求政治—行政系统发生内部分裂,使维持基本管理服务与财政收入之间特定的"积极平衡"同维持大众忠诚与福利国家或压制性政策之间的特定平衡这两个问题相对分离。[2]

---

[1] Claus Offe, *Contradictions of the Welfare State*, Cambridge, MA: The MIT Press, 1984, p.48.

[2] 参见附录图2。

通过分析,奥菲提出了二阶危机(second order crises)[①]的概念。他认为,二阶危机在资本主义发展的当前阶段与外在于资本和市场的调节机制的运用相关联:资本主义经济越是被迫运用外在调节机制,就越面临着抵制这些侵略性机制的内在动力以维持其自身生存的难题。[②]

三、不可能管理性

"不可能管理性"(ungovernability)一词往往同负担过重(overload)的概念相联系。负担过重的概念最早由英美社会学家在1975年提出,旨在描述当今西方民主制国家中公众对政府所能够提供利益的期望值快速增长,而这些期望却大多数落空,导致政府在公众面前出现严重的信任危机,以至于在这些民主国家中出现了政府难以管理的现象,西方民主政治出现了不可能管理性。20世纪60年代末至70年代初,西方主要国家的福利政策陷入困境,经济出现滞胀,爆发严重的经济萧条;同时,政府机构膨胀,这引发了大量社会问题。新保守主义鼓吹大力推行以私有化、改革社会福利政策为主的一系列政策,并广泛使用"不可能管理性"这一术语来说明目前的政府已经负担过重,政府对社会经济事务的管理已经远远达不到公众的期望值,主张政府不要再干预社会经济生活。哈贝马斯曾经从批判理论角度对新保守主义进行过分析,并认为:"新保守主义,不是从经济和国家管理机器发挥作用的模式中,而是从文化所决定的合法性问题中,来寻求危机的根源。"[③]

奥菲将新保守主义的不可能管理性作为批判的目标,并认为,新保守主义提出的不可能管理性虽然与社会主义对后期资本主义社会结构

---

①Claus Offe, *Contradictions of the Welfare State*, Cambridge, MA: The MIT Press, 1984, p.51.

②Claus Offe, *Contradictions of the Welfare State*, Cambridge, MA: The MIT Press, 1984, p.52.

③Jürgen Habermas, *The New Conservatism*, Cambridge, MA: The MIT Press, 1989, p.25.

的批判有许多类似之处,但是新保守主义对危机的诊断与治疗是行不通的。奥菲通过对新保守主义危机理论的分析与批判来探讨危机与资本主义的发展。

(一)病症的诊断与治疗

新保守主义对后期资本主义社会病症的诊断与治疗[①]主要是对不可能管理性病症的诊断与治疗。新保守主义认为,国家慢性或急性衰竭病症产生的危害造成了"负担过重的国家"[②]:政党竞争、多元交往和相对自由的大众媒体的前提下,政府承载的期望、义务和责任等负担不断加重,但由于国家机构的干预和驾驭能力有限,无法有效地处理这些要求与期望所组成的负担,社会的期望值与政府驾驭能力的不一致将会引发挫折感,这时候危机的症候就显现了。这种症候的产生不仅使政党信心丧失,也使得选民与政党成员的信心明显丧失。信心丧失的积累要么使政党体系内部发生两级分化,朝着特定的对立面重新塑造其实践的意识和基础,并通过追求"原则性"的替代方案来回避执行能力与期望之间处于尴尬状态的张力,又或者是在这种两级分化的过程并未发生的情况下,政党表现在表达选民意愿与获得政治捐献两个方面的政治疏通能力就有可能下降。因此,政党体系内部的两级分化和政党与社会运动之间的两级分化使得需要表达的层次提高、总量增加,而国家的行动能力却在环境中下降,也就是说,需要程度与实际执行能力之间的差异以一种强化再生产的方式继续生产着这种差异,一个不可能管理的体系总是变得更不可能管理。[③] 这一趋势可能在未来形成广泛的衰竭,彻底摧毁组织化的国家权力。与此相应,新保守主义提出的治疗方案是削减国家体系所承载的过重需要、期望和责任,提高国家的驾驭能力与执行能力。

[①] 法兰克福学派的霍耐特认为,从否定意义上来讲,社会哲学"主要是对社会病态的时代诊断"。

[②] Claus Offe, *Contradictions of the Welfare State*, Cambridge, MA: The MIT Press, 1984, p.67.

[③] Claus Offe, *Contradictions of the Welfare State*, Cambridge, MA: The MIT Press, 1984, p.69.

根据卢曼的系统论功能理论,奥菲将处理社会需要与期望的社会性媒介(societal medial)分为政治权力关系,货币、交换与市场关系,文化规范或社会化关系,真理或知识媒介四类。以此四类社会性媒介为基础,奥菲分析了新保守主义试图降低需要的治疗方法所采取的三种战略:一是通过恢复市场竞争机制来解决不可能管理性问题,将处于"福利国家边界之外"的需要进行重新调整,使之朝着市场关系的方向发展,具有私有化(privatization)或是公共服务解管制化(deregulation)的意味;二是通过社会控制制度,以及形成和维持社会规范、文化导向与政治导向的机构促进诸如自我克制、社区精神与自律的价值观念,强化国家与历史意识,涵化"后获得性价值"(post-acquisitive value)[1];三是针对那些已经提出的,但是政治管理体系无法从源头上回避或是转移到其他领域的需要,建立一种"过滤机制"(filter mechanisms)。

在提高国家驾驭与执行能力方面,新保守主义提出了五种疗法,分别是依赖市场、社会控制、专家意见、行政合理化,以及自由主义制度安排。奥菲将这些疗法从行政性视角与政治性视角进行区分。他认为,建立在扩张国家合理化水平和行动水平原则基础上的行政性战略旨在扩张国家支配的数量空间和财政空间,从质量和组织方面改善政府的调控能力,使政治和行政行为达到更高的效率与水平。而政治性战略以其内在于行政协作的形式,以及政府、工会、雇主联合会、管理人员组织、消费者团体等组织之间的制度化联盟和协商机制实现。

(二)危机与资本主义的发展

奥菲分析了后期资本主义社会不可能管理性病症的原因,并对新保守主义的危机理论进行批判。奥菲指出,资本主义社会"活劳动"与"死劳动"之间的对立、资本与劳动力之间的对立是资本主义社会体系

---

[1] 这里奥菲采用了马斯洛的社会心理学中的需要层次概念与分类来分析政治行政体系的需要层次与类型,认为政治行政体系的需要层次与类型也表现为一种发展性模式,一个层次上的的需要得到满足之后,就会出现另一种更高一级类型的需要,英格哈特(R. Inglehart)将此应用于社会系统价值变迁。

中根本的、积重难返的结构性缺陷。不可能管理性理论所提出的疗法在病因和效力上不仅存在压制症状,甚至存在加剧症状。

新保守主义重视"非政治"秩序原则,反对政治现代化,反对平等和参与,反对社会主义,试图通过建立消极的政治联盟,并向政治权威发出含糊不清呼声的战略,被证明要么缺乏实质性内容,要么呼吁自身就产生了一种完全破坏的作用。因此,奥菲认为,新保守主义危机理论没有任何可靠的理论依据有助于理解他们所谈及的危机原因,当然也无法提供对不可能管理性病因进行治疗的方案,保守主义对不可能管理性政治危机所做出的解释是折中主义的,相应地,他们试图通过修正规则与规范使之适应于行动以符合隐含于系统之中的功能强制性与客观规律从而解决不可能管理性病症的疗法也是独断的、断裂的。

奥菲认为,不可能管理性是"系统的一般病理"(a general pathology of the system)①。所有社会系统的再生产通过其成员规范调节、涵义丰富的行为实现,同时也通过客观功能的关系机制来实现。奥菲运用对性概念(pairs of concepts)来界定"不可能管理"所体现出来的病理特征。奥菲提出,如果其社会成员所遵循的规则(rule)违反了其自身的根本功能法则(law),又或是这些成员不再以法则能够同时发挥作用方式行动的话,社会系统可以说是不可能管理的。系统整合可以理解为一套截然相反的条件,在这种条件下,社会与系统整合之间的差异、行动与功能之间的差异肯定不会产生。社会系统通过意义和规范指导下的行动控制来决定他们自身的功能条件。或是与此相反,如果在具有重大社会意义的动机与系统功能之间建立起完全无法逾越的障碍以确保功能法则不受到来自于行动范畴干扰的话,社会总系统就会对不可能管理性病症产生"免疫"(immune)。因为他们试图以一种对立的方式来消解系统与社会整合之间、规则领域与法则领域之间存在的潜在干扰,所以说,这些替代性方案都是不现实的。

---

① Claus Offe, *Contradictions of the Welfare State*, Cambridge, MA: The MIT Press, 1984, p. 81.

后期资本主义社会的矛盾性就在于他们同时追求两种互相矛盾的"理想解决方法"①,试图以一种矛盾的方式解决其再生产问题。市场制度要求,以及劳动力无法消除的主体性特征,劳动分工与规范中立,或是私人市场领域对再生产问题的试图解决反而通过将功能水准与行动水准分离开来,作为资本私有对立面出现的雇佣劳动组织原则的方式使问题的解决走向其反面。行动倾向与功能条件彼此融合,因为劳动力受到自身意愿与市场的共同支配,政治管理一旦缺乏合法性,积累过程也将无法发挥其功用。

资本主义在处理社会基本问题时往往同时采取两种彼此逻辑对立的方法,分工、生产私有化与其同时的社会化、政治化彼此阻碍并驱使对方瘫痪。资本主义系统长期面临着一种尴尬境地:它必须从行动的规范准则和严肃的主体间关系之中抽离出来,而又不能忽视它们。②劳动、生产、分配领域的政治中立性在被确认的同时又被否定,后期资本主义社会并不存在将其成员的规范和价值与隐藏在其后的系统功能要求相协调的机制,因此资本主义社会总是"不可能管理"的。

在对新保守主义的批判上,奥菲与哈贝马斯有殊途同归之妙,他们同样都认为,新保守主义既颠倒了社会危机的因果关系,又反对对社会体制本身做"伤筋动骨"的变革,只是要在思想文化层面来一些渐进的"皮下注射"或"理疗"式的治疗。

四、走向政治危机

奥菲建立了一个国家干预极限模型③来证明调节资源具有自我破坏的性质。该模型是一个坐标系,其中 X 轴表示的是社会化进程,是

---

① Claus Offe, *Contradictions of the Welfare State*, Cambridge, MA: The MIT Press, 1984, p. 82.
② Claus Offe, *Contradictions of the Welfare State*, Cambridge, MA: The MIT Press, 1984, p. 85.
③ 见附录图 3。

一种历史发展过程;Y轴表示的是国家干预水平,是非市场主体进行调节的数量和范围。在社会化过程的每一个发展阶段都存在一个最小和最大的干预水平。当干预水平低于最小值,资本主义的再生产过程难以为继;当干预水平高于最大极限时,资本主义的再生产过程形式将受到干扰。奥菲认为,在资本主义社会化过程中存在着一种最小干预水平与最大干预水平之间逆向发展的关系,国家干预的最大与最小极限反向发展这一现象反映在危机概念上就是:资本运用政府组织调节其内部动力的同时,累进性地加剧了消极从属的界限问题。

奥菲从调节资源具有自我破坏性这一角度出发,提出以下假设:财政资源的使用既可以解决功能失调问题,也可以加剧功能失调问题;合法资源的使用会产生这些资源的积极后果,但也有可能是消极后果;作为调节资源,行政合理化与行政分离问题相关。经济子系统与规范/合法化系统是政治—行政系统运作的环境,其中,经济子系统是由资本主义发展过程所决定,而规范/合法化系统则是由冲突的动力与一致性过程决定的。奥菲指出政治—行政系统的组织分离[①]旨在维持基本管理服务与财政收入的平衡,以及维持大众忠诚与福利国家压制性政策之间的平衡。而调节这些平衡的三种调节资源(财政资源、行政理性与大众忠诚)都是一种累进性的自我破坏过程。奥菲就此对这三种调节资源进行了非常详尽的考察。

财政资源(fiscal resources),既包括财政收入也包括财政支出。这种有关于收入与支出方面的财政预算有着双重功能:一方面,为维持积累过程创造条件;另一方面,又通过转移来自于生产领域的价值,并以一种无效率的方式使用它们从而部分地妨碍了积累过程。除此之外,收入与支出的功能在经济调节和规划领域中存在着的差异还包括:一是资本自身无法预见和实现其长期和集体的生存条件;二是国家无力在经济政策领域和财政计划领域做到同步决策;三是政府预算对经济过程进行普遍补贴和调节产生了矛盾性的后果,这些补贴不可收回,同时又对稳定的贡献递减。这些差异都来自于系统本身,因此社会政策

---

① 见附录图2。

上的矛盾性表现为:通过政府预算组织起来对旨在达到稳定目标的政策产生了更加广泛的需求。①

行政理性(administrative rationality),即政治—行政系统是否有能力达到其稳定的内部分离以建立理性的政策系统。行政理性实现的前提条件包括:一是外部分离,政治—行政系统必须充分地与经济子系统及其过程相分离,以便独立于其功能需求或特定的政治需要;二是内部区分,以防止负责合法性功能的机构与负责调解功能的机构之间产生冲突;三是双重区分(two-sided differentiation),协调政治—行政系统本身以防止不同机构与部门之间的行动相互矛盾,以及出现部门之间相互取消的特定政策;四是信息充足,掌握有关其环境过程的充足信息,既保护系统,又避免冲突;五是预见能力,国家预见的时间范围要与"计划界限"相一致。但是,由于政府职能的不断扩张,以上五点条件都被系统地破坏了。首先,为了能够完全执行政府的政策,行政管理方被迫与特定集团发展一种相互依赖的共生关系;其次,行政系统与政治系统的分离,为执政党保持其权力的需要所制定的策略妨碍;再次,由于政府的活动范围不断地扩张,是否协调的问题,信息是否可靠的问题日渐增多。最终,"计划界限"的时间跨度与政府的实际预见能力之间渐行渐远,这便造成了行政管理行为的实质性、暂时性与社会扩张,随之而来的必然是国家行政组织结构内部的非合理化。②

大众忠诚,可以说是行政系统就其结构、过程和实际政策结果能够赢得大众真诚接受的能力,它依赖于政治系统动员而来的文化规范、象征,以及自我理解。实际上,政治—行政系统所承载的期望责任远远超出其实际完成了的责任,因此,在大众的失望值不断上升的情况下,借助于前工业社会时期的规范和象征来实现政治社会化、一体化是不太可能的事情。期望与规范之间出现的正式不连贯性、"意义生产的商业化",以及不断发展的解商品化都将导致政治文化的非稳定性,也削

---

①Claus Offe, *Contradictions of the Welfare State*, Cambridge, MA: The MIT Press, 1984, p.58.

②Claus Offe, *Contradictions of the Welfare State*, Cambridge, MA: The MIT Press, 1984, p.59.

弱了处于支配地位的交换关系和资本主义结构所产生的社会化效果。

通过对政治—行政系统的财政手段、行政理性和大众忠诚三种资源进行考察,奥菲说明了资本主义社会存在的累进性的自我破坏过程,这表明政府调节本身具有自我破坏的特征。奥菲不再从生产领域的动力方面去寻找危机的根源,不再将危机仅仅局限在经济领域,而是由经济危机理论走向了政治危机理论。

第一,福利国家的财政危机。福利国家保护战略使那些不再能够参与交换关系的劳动力或资本的主人,被允许在一种由国家人为建立起来的条件中生存下来。试图给这些不再能够参与市场关系的价值主体以补偿性保护:要么虽然已退出商品形式,但是其经济地位仍得以保障;要么他们的商品形式被人为地保护起来而不至于退出。由于他们的收入从财政资源中获得,这将导致了国家财政开支增加,造成国家经济状况难以控制,高税收和福利供给抑制投资和抑制工作的后果导致财政危机加剧。

第二,福利国家的政治危机。奥菲认为,在现代资本主义背景之下,资本积累的经济矛盾日益表现为福利国家的政治危机。资本主义经济制度的突出特征是以私人占有商品进行以获利为目的的生产和交换。奥菲认为,国家为了弥补自我封闭的经济系统弱点,承担起了协助市场的任务,国家控制手段的逻辑迫使国家不得不允许越来越多的外部因素进入系统,受制于资本运作要求的经济系统所产生的问题无法纳入行政手段控制的领域,并在这一领域中被处理,而同时又不使这一结构的异质倾向得以扩散。[1] 基于这一观点,哈贝马斯进而将福利国家的政治危机概括为合理性危机、合法化危机与动机危机。其中,合理性危机是由合理性欠缺导致的政治系统的产出危机,合法化危机是由合法性欠缺导致的政治系统的投入危机,动机危机是由合作动机欠缺而导致的文化系统的产出危机。除了合理性危机是一种转嫁的系统危机以外,合法化危机与动机危机均属于认同

---

[1] Claus Offe, *Strukturprobleme des kapitalistischen Staates*, Frankfurt/M.: Suhrkamp, 1975, S. 27.

危机。① 哈贝马斯认为,当国家不能合理地使用可支配税收来避免经济成长过程中的危机,将会欠缺行政合理性。具体来说,就是在行政系统中发挥作用的控制命令产生了相互矛盾,导致自发的商品生产处于无政府状态,并使增长充满危机,这是一种行政计划缺乏合理性的现象。对此,奥菲认为,系统异质因素的扩散涉及的是价值趋向模式的扩散,这导致符合系统要求的行为控制难以为继。哈贝马斯的合法化危机原理认为,相互矛盾的控制命令通过行政人员的目的理性行为表现为不同的矛盾,直接威胁着系统整合,并从而危及社会整合。② 以使用价值为趋向的期望程度与合法化的需求程度同步增长。失去的合法化要根据系统的要求加以弥补,一旦这种弥补的要求比可获得价值量增长得快,或是用这种弥补无法满足新出现的期望,就会出现合法化危机。③ 有一种将需求水平保持在政治—经济系统运作范围之内的可能方法就是将社会福利国家纲领与专家治国论的共同意识结合在一起,将公民的私人性维持在一个必要的水平上,这样对合法化的需求就不一定会导致危机。④ 但是,奥菲认为,这种谋求合法化的手段将会促进竞争性政党政治,从而出现负担过重的国家。哈贝马斯从社会文化系统所提出的要求来诠释合法化危机。他认为,后期资本主义社会不能随时用来满足行政系统要求的僵化的社会文化系统是加剧社会文化困境并导致合法化危机的唯一原因。他认为,正是国家教育系统与就业系统所需要的动机与社会文化系统所能提供的动机之间的差异导致的动机危机决定了合法化危机。而动机危机的出现正是源于社会文化系统的输出无法满足国家和社会劳动系统的功能与要求。

基于私有制的资本主义经济的成功,对于福利国家的长期生存是

---

① 王凤才:《蔑视与反抗——霍耐特承认理论与法兰克福学派批判理论的"政治伦理转向"》,重庆出版社,2008年,第310页。

② [德]尤尔根·哈贝马斯:《合法化危机》,刘北成、曹卫东译,上海人民出版社,2009年,第75页。

③ [德]尤尔根·哈贝马斯:《合法化危机》,刘北成、曹卫东译,上海人民出版社,2009年,第79页。

④ [德]尤尔根·哈贝马斯:《合法化危机》,刘北成、曹卫东译,上海人民出版社,2009年,第80页。

绝对必需的。这是因为，它是福利国家财政能力的最终来源（通过税收和借贷），又是取信于民和取得合法性的基础（通过福利服务基金和提供充分就业等）。资本主义发展危机的关键问题是：资本主义发展的动态学似乎显示了一种使价值形式无能为力的趋势，因而破坏福利国家基本的收益来源。与商品市场经济在非市场关系领域大面积增加相对应，福利国家在半公共关系领域中追求应对经济和社会政策问题的解决方法，而不是在资本积累和投资过程中直接干预，普遍的解商品化加强了资本主义的霸权。后期资本主义时期的国家并不仅仅是资产阶级的工具，曾经用于调和和巩固经济生产领域具有合法性的政策自身也成为了不稳定的因素。

福利国家最终将成为一系列无法逆转的结果。福利国家的资本主义社会根本不可能重回某种类似于纯粹市场的社会，其本身高度依赖于经济的繁荣和持续的利润。尽管福利国家的设计旨在"治愈"资本主义积累所产生的各种病症，但疾病的性质也迫使病人不能再使用这种"疗程"[1]，生产剥削关系与抵制、逃避，以及缓和剥削的可能性同时并存。

据此，奥菲得出结论：在后期资本主义社会，调节资本主义积累的交换过程既占支配地位，又"不断隐退"。[2] 虽然交换过程仍然对系统的稳定具有决定性的作用，但是它们组织社会生活的潜力被限制在一个非常小的核心区域，并且它的作用逐渐被消解。后期资本主义社会所产生的问题就是：防止行政权力的管理过程变成对私有交换关系的自主性控制，或是使其瘫痪，或是以革命的方式将其推翻。非市场化管理媒介的普遍运用，使得国家权力通过其非资本主义结构，累进性地制造出许多有助于侵入经济系统的弱点，而后期资本主义社会系统的主要问题就是以消极从属机制来治疗这些弱点。资本主义经济越是被迫运用"外在调节机制"，它就越是面临防止这些侵略

---

[1] Claus Offe, *Contradictions of the Welfare State*, Cambridge, MA: The MIT Press, 1984, p. 150.

[2] Claus Offe, *Contradictions of the Welfare State*, Cambridge, MA: The MIT Press, 1984, p. 84.

性机制的内在动力以维持自身生存的难题。① 正如哈贝马斯说过的那样,系统危机的特征就是处于互动关系中的成员之间的辩证矛盾,具体表现为结构所无法解决的系统矛盾或是控制问题。② 奥菲将行政系统的结构同解决冲突与形成共识的过程、决策及其执行过程区分开来,将结构作为一组可供选择的选择规则,通过选择规则预先决定了对问题、主题、论证,以及利益的考量,使得行政行为模式能够相对稳定地有所取舍。③

奥菲指出,为了避免系统危机,后期资本主义社会把社会整合的全部力量集中在最有可能出现结构冲突的地方,以便有效地使冲突保持在潜在状态,在某种程度上,我们可以认为后期资本主义社会是针对局部危机的反应结构。④

奥菲定义了后期资本主义社会的危机概念,将后期资本主义社会认定为互相依赖却又各不相同并为社会化结构所规范的三个子系统,对后期资本主义社会系统危机进行了诊断。他认为,后期资本主义社会系统的病症在于目前福利国家的矛盾不再源自于经济与阶级斗争,而是来自于其三个子系统之间的对抗关系,政治—行政系统不能够以一种对它自身无害并且独立的方式脱离"侧翼子系统"。由于经济和社会子系统与政治—行政系统的要求不能一致,国家干预的"万灵药"与制度本身产生了矛盾,作为解决后期资本主义衍生政治问题的福利国家政策也将会终止。福利国家系统产生的矛盾超出了他们的解决能力,造成了更多的政策失败、冲突与社会反抗。福利国家危机管理的政策本身成为危机发展的新趋势。⑤ 福利国家的矛盾就是:"后期资本主

---

① Claus Offe, *Contradictions of the Welfare State*, Cambridge, MA: The MIT Press, 1984, p.51.
② [德]尤尔根·哈贝马斯:《合法化危机》,刘北成、曹卫东译,上海人民出版社,2009年,第32页。
③ Claus Offe, *Strukturprobleme des kapitalistischen Staates*, Frankfurt/M.: Suhrkamp, 1975, S.66.
④ [德]尤尔根·哈贝马斯:《合法化危机》,刘北成、曹卫东译,上海人民出版社,2009年,第42页。
⑤ Claus Offe, *Contradictions of the Welfare State*, Cambridge, MA: The MIT Press, 1984, p.14.

义体系不能与福利国家共存,又不能没有福利国家。"①尽管它对资本主义积累的影响很可能是破坏性的,然而废除福利国家所带来的影响将简直是毁灭性的。

奥菲将福利国家面临的矛盾与危机诠释为后期资本主义社会系统危机,这是他福利国家危机理论的核心。他运用了一种修正的系统功能理论来诊断后期资本主义社会福利国家的病症,将马克思主义与系统论结合在一起对后期资本主义社会系统危机进行分析与批判。可以说,奥菲对后期资本主义社会系统危机的诊断体现了社会哲学作为"社会病理学"对后期资本主义社会病态的时代诊断功能。

马克思始终认为,资本主义社会是一个系统。在这个系统中,工人最初受到资本及其强加条件的支配,但这同时也为一个更为进步的社会创造了基础,使得人类能够沿着已经开辟了的社会发展道路快速前进。随着后期资本主义生产与科学技术的发展,社会系统的经济、政治与社会子系统日益分化并相互影响,使新的社会形式的发生成为可能,与之相呼应的则是后期资本主义社会理论的出现和发展。奥菲在后期资本主义社会理论的框架之下,通过对财政资源、行政理性、大众忠诚三种调节资源的考察,演示了后期资本主义社会内在的累进性破坏过程,指出了后期资本主义社会系统的三个子系统之间相互依赖却又各自对抗的关系。他认识到各个系统内部以及子系统之间存在的矛盾不仅超出了福利国家政策的解决能力,甚至由此还会带来更多的冲突与危机。他还认识到后期资本主义社会的危机不仅出现在经济领域,也扩大到了政治领域。可以说,奥菲的理论路径就在于将系统功能方法与国家批判理论相融合,划分后期资本主义社会系统,定义后期资本主义的系统危机,从而阐发其福利国家危机理论。

---

① Claus Offe, *Contradictions of the Welfare State*, Cambridge, MA: The MIT Press, 1984, p. 153.

第五章
走出福利国家危机

前文提及福利国家是一系列因素综合的结果,在唤起经济发展的动力,防止经济急剧衰退的目的之下,将一系列完全相异的政治措施整合进入同一套制度,因此具有多重功能的特征,能够同时服务于彼此冲突的目标和战略,使各种彼此冲突的力量结成了广泛的联盟。但是自20世纪70年代以来,福利国家矛盾凸显,引发危机,逐渐陷入困境。这一制度也受到了来自各方的攻击与批判——阶级妥协的机制成为了阶级冲突的目标。① 既然奥菲认为后期资本主义体系不能与福利国家并存,但同时取消福利国家将会带来毁灭性后果,那么福利国家能否最终走出困境? 福利国家的出路又在哪里? 奥菲尝试着给出了他的答案。

一、非国家主义战略

根据吉登斯的分析,位于政治谱系两端的分别是左派和右派。一

---

① Claus Offe, *Contradictions of the Welfare State*, Cambridge, MA: The MIT Press, 1984, p.149.

般来说,左派指的是社会主义,[1]右派则是自由保守主义。作为右派的自由保守主义认为,福利国家制度在让期望值不断上升的同时又导致经济不断衰退;既使经济上产生"超负荷"的要求,产生通货膨胀,又使政治要求超负荷化,出现不可能管理性病症。这是因为福利国家机构强加于资本之上的管理和税收抑制了资本主义投资动力,福利国家所认可的对工人权利与要求的满足,以及对工人和工会拥有集体权力的许可又抑制了工人工作的动力。而以上这些问题不再能单纯通过经济上的产出来解决。

左派的批判则指出,首先,福利国家并不消除产生个体不测和需要的根本原因,只是对它们产生的结果进行补偿;其次,由于福利国家在市场与私有财产领域的权力非常有限,所以实行有效"预防性"的战略是行不通的;再次,国家出现的财政危机常常威胁到社会政策与社会服务,福利国家的官僚制吸收了越来越多的资源,但却提供越来越少的服务,[2]这反映出福利国家在分配其服务的官僚制与专业形式上的无效率;最后,在福利国家中,压制性是取得福利国家服务的一个重要前提,福利国家中个体需要有遵从福利官僚机构与服务组织的各种程序和要求的能力。福利国家具有政治意识形态的功能,这一功能产生了有关历史现实的虚假观念,是工人阶级对社会政治观点的理解处于虚假状态,对工人阶级的意识、组织和斗争具有破坏性作用。因此,作为左派的社会主义认为,福利国家是无效率与无效力的。

无论是自由保守主义右派,还是社会主义左派,他们都认为,福利国家不再是解决发达资本主义社会政治问题的有效答案了。福利国家的作用在于稳定资本主义社会,而不是改变资本主义社会,福利国家的制度结构并没有改变资产阶级与个人阶级之间的收入分配,仅仅在雇佣工人阶级内部发挥作用。由于福利国家为积累过程与工人阶级的社会经济福利起着重要的、不可缺失的作用,这两派为了各自追随者的利

---

[1] 〔英〕安东尼·吉登斯:《超越左与右——激进政治的未来》,李惠斌、杨雪冬译,社会科学文献出版社,2009年。

[2] Claus Offe, *Contradictions of the Welfare State*, Cambridge, MA: The MIT Press, 1984, p. 155.

益都不准备放弃福利国家。同时,两派都不能够提出一种非福利国家连贯一致的理论与现实战略。通过对两派观点的分析,奥菲指出,尽管福利国家已经成为双方论战的核心,但是它并不能够为保守主义或是社会主义的方案轻易取代。奥菲也指出,新自由主义提出废除福利国家、复兴市场社会的解决方式,以及新中产阶级所提出的以自由主义、平等主义和高度自治社区团体来取代福利社会的设想的作用是有限的。因为,这两者都没有足够的经济与政治力量实现他们的方案。既然现有的解决方法行不通,那么究竟如何解决福利国家面临的严重危机?福利国家的未来又在哪里?对此,奥菲提出了非国家主义战略(non-statist strategy)。

奥菲认为,福利国家的出现是后期资本主义社会最显著的特征。奥菲关注了战后福利国家的兴起,以及随之而来的矛盾。他认为,福利国家作为解决资本主义社会经济系统所存在矛盾的制度,它通过国家的干预和管理手段来维持资本主义经济的正常运作。曾几何时,福利国家的制度和政策被视为解决资本主义经济矛盾的"万灵丹",但这所谓的"万灵丹"很快就失灵了,福利国家不仅没有真正解决资本主义的矛盾和危机,还带来了更多的问题、矛盾和危机。面对着当代西方社会的新自由主义思潮呼吁重新返回到不要任何国家干预和管理的市场社会中去的现状,奥菲认为,新自由主义方案替代福利国家实际上是完全行不通的。他指出:"超越福利国家和复兴完全市场经济的想法,不过是某些已经过时的中产阶级理想主义者虚弱的政治白日梦而已。"[1]后期资本主义的困境在于由于发达资本主义的政治与经济结构的不协调,干预主义的资本主义福利国家在履行任何国家都必须完成的基本功能,即使国家的社会构成稳定化,并维护这种构成时,总是面临着大量的要求和需要,在自由民主制度安排的限制性参量内,这些要求是不可能得到满足的。[2] 在这种情况下,西欧采取了国家主义模式来解

---

[1] Claus Offe, *Contradictions of the Welfare State*, Cambridge, MA: The MIT Press, 1984, p.153.

[2] Claus Offe, *Contradictions of the Welfare State*, Cambridge, MA: The MIT Press, 1984, p.243.

决社会主义变革问题,试图通过不投资的形式将社会性资源从社会使用中撤出,采取完全国有化和官僚政治化的形式对整个社会性再生产进行破坏并实施各种强制性限制,否定资本对否决权的使用。这一战略重视国家在社会主义变革过程中的作用,以国家问题为中心,社会主义政党必须领导无产阶级夺取国家这个权力中心,由无产阶级掌握国家政权,从而实行社会主义,求得无产阶级的解放。

马克斯·韦伯认为,社会主义国家与资本主义国家作为现代合理化社会的产物,都不可避免地具有官僚主义的趋势,从而具有压迫的性质。但是,资本主义民主在最低限度上可以通过其制度制约国家官僚主义的性质,从而保障人民的自由。根据韦伯的观点,奥菲得出这样的结论:社会主义政党通过国家权力去实现社会主义的战略,一旦如苏联以及东欧式的社会主义国家那样没有民主来制约国家的官僚主义,就不能保障人民的自由,就必然会背叛自己所追求的无产阶级解放目标。他认为,虽然资本主义性质的市民社会限制了资本主义国家,但国家主义的社会主义国家也同样是自身的羁绊。一方面,社会主义的建立需要赢得国家权力;另一方面,社会主义又不能建立在国家权力之上,对国家权力的掌握本身也需要变革和最终否定。虽然国家主义模式一度是西欧社会主义改革的主要路径,但是其问题在于:一是内容与形式的脱节,短时期内达到对社会政治体制的限制并不意味着无产阶级相应地就得到了解放;二是发达工业社会中,社会结构的高度分化排斥了均质性动员的水平,从而削弱了一元化政治、经济指挥结构的基础,同时也削弱了相应合法性的基础;三是分化性和复杂性影响了政治平衡的格局。因此,无论从规范角度还是从效率与效力的角度来看,社会主义变革过程中国家主义模式的可行性都超出了客观可能性的范畴。只有当国家放弃作为拥有最终权力的、单独的集体决策组织,消除国家与市民社会的划分,社会主义的改革才会顺利进行。按照奥菲的看法,在马克思和列宁的著作中已经有了非国家主义的社会主义战略的设想,他们都特别强调胜利的无产阶级不但必须"掌握"国家权力,而且必须"打碎"旧的国家机器,从根本上改变这种权力的性质,主张通过社会,而不是通过国家来实现社会主义。①

奥菲认为,在理论话语层面讨论社会主义的前提是:社会主义内在于现实条件之中,是一种客观认知得到的可能性,社会主义要求斗争,而斗争的可能性则超出了社会理论的预测与规定之外。② 恩格斯、希法亭等社会主义理论家也曾经指出,内在于资本主义的资本集中为社会主义建立社会物质基础创造了前提条件。奥菲认为,社会主义的客观可能性在于:一是资本主义的社会关系包括生产关系与权力关系遵循自我瘫痪的规则或是倾向;二是资本主义的危机并不是一种彻底的危机,而是通向社会主义社会并为其作好准备的危机。以上述理论为基础,奥菲指出,政体变革的过程中,如果人们需要依靠将要变革政体的制度、机遇,以及这一政体所蕴含的进步或限制性传统,那么如何防止旧政体的延续性,以及变革所依赖的形式和方法对变革本身的目标和内容产生不利影响,是重要的,也是必要的。社会主义改革最有利之处并不是在国家机构的中心,而是在国家机构的边缘。在这里,斗争的条件最为优越,政治渗透的机会也最大。从这里开始,奥菲将关注的目光转向了非国家主义的社会主义战略及其具体运作方式——新社会运动。

奥菲认为,福利国家旨在通过国家的干预和管理手段来维持资本主义经济的正常运作,但是福利国家不仅无法真正解决资本主义的矛盾,还使得危机加剧恶化。这一观点体现了奥菲对马尔库塞、哈贝马斯等人对工具理性、交往行为批判的认同。新社会运动正是基于这样的见解而认为,全然建立在工具和战略理性基础上的现代化过程内在是反目的性的和具有破坏性的。新社会运动是对未来威胁或潜在威胁的反应,他们的目标在于试图保护那些值得保护的东西,试图制约和控制技术、军事、经济、城市和社会政策等现代化所带来的邪恶和破坏性结果。同样在政治实践上,通往社会主义康庄的国家主义战略已经幻灭,欧美国家官僚机构的压制性潜能不断加强,资本主义国家需要经历一

---

① 陈炳辉:《奥菲对当代社会主义运动的新思考》,载《当代世界与社会主义》,2001年第6期,第78—79页。

② Claus Offe, *Contradictions of the Welfare State*, Cambridge, MA: The MIT Press, 1984, p.239.

个类似于合作组织的结构变化来促进非国家主义的社会主义战略以应对资本主义国家的压制性与意识形态的反击。奥菲对合作主义有他自己的见解,包括以下几点要素:资本主义政治的社会性色彩在不断增强;制度性分离或国家相对自主性状况正在消失;作为一致的、受到严格限制的权力机构,资本主义国家正在衰竭。① 在这种合作主义的制度安排中,资本的代表在保留了其私人权利的前提下,平等地参与到协商之中,并在协商之中通过撤资等间接威胁,决定了协商的限度;工人阶级代表为了能够参与合作主义的决策制定,其谈判权受到了严格的限制。但是,这也体现了两者由简单的利益代表者的角色向功能形式代表的转变趋势,从而政治舞台超越了国家制度,政治不再仅仅是争夺制度化国家权力的斗争。政治权力中心从国家官方制度中逐渐隐退而进入合作主义的政治范畴。在社会危机和经济危机之下,资本主义社会被迫放弃国家与市民社会之间的划分,非国家主义战略的社会主义变革就成为现实的需要。

实际上,在欧洲、北美的一些国家中,出现了由道德、政治和文化价值观所激发的运动,它们以原因为基础,对自主和集体认同等概念进行了重新诠释。这些运动一般表现为当代发达资本主义民主国家持续出现的女权运动、和平运动、环保运动等。根据20世纪70年代以来西方社会的经济、政治和文化生活的新情况,奥菲把这些运动称为新社会运动,将它们视为当代社会主义运动的重要组成部分,甚至将其视为当代社会主义运动的新趋势。②

二、新社会运动

奥菲认为,今天西方发达资本主义国家的社会政治出现了一种趋

---

①Claus Offe, *Contradictions of the Welfare State*, Cambridge, MA: The MIT Press, 1984, p.113.
②陈炳辉:《奥菲对当代社会主义运动的新思考》,载《当代世界与社会主义》,2001年第6期,第79页。

势,作为政治行动最基本要素的公民积极地参与全球的社会政治安排,公民们的参与意识增强,往往以一种非常规的方式行使民主权力,出现了许多非制度化与非传统的政治参与形式。与以往过于关注道德与经济领域的政治诉求不同,现在的公民政治更倾向于人道主义关怀等领域。公民与国家之间的非制度性沟通渠道被频繁地使用,并用以解决更为广泛的问题,当公共政策对公民施加的影响更为直接与明显时,公民反而试图通过与维护政治组织制度化秩序并不相容的方式获得对政治精英的更多控制。新保守主义认为,这种趋势是危险的,必将导致对政治权力和管理能力的日益侵蚀。他们认为,必须以行之有效的手段,即对政治进行限制性的再定义,将政治与非政治隔绝,使政治精英们对公民的压力、关注与行动产生免疫。新保守主义试图恢复如财产、市场、工作、伦理、家庭等经济、政治与认知标准没有争议的市民社会的基础,以巩固国家权力范畴与相应的政治体制。但是,这一方法的代价就是对非政治制度范围自治与权力的侵害,对政治支持与规范的依赖日益加强。虽然新社会运动与新保守主义改革方案存在着共同之处,即他们都认为,现代工业社会的矛盾不再能够通过国家社会主义、政治规范与官僚制度来解决了,但是两者的共通之处也就仅限于此。与新保守主义截然相反,新社会运动的宗旨是试图促成市民社会的机构政治化,使市民社会不再被代表官僚政治机构的渠道所限制。为了将自身从国家中解放出来,市民社会自身的工作组织、生产、分配、家庭关系与自然关系,以及它的合理性标准与政治化进程必须通过介于私人需求与国家的制度准许之间的政治模式的居间范畴来完成。① 在这种情况下,新社会运动成为公民实现这些诉求的一个新途径。

许多对新社会运动的研究往往只是强调它的分裂性与不连贯性,常常使用"新保护运动"、"新政治"、"新民粹主义"、"新浪漫主义"、"非传统政治行为"、"无序的政治"等来描述和形容新社会运动。② 而

---

①Claus Offe, New Social Movements: Challenging the Boundaries of Institutions of Politics, *Social Research* 52(4), Winter, 1985, p. 820.

②Claus Offe, New Social Movements: Challenging the Boundaries of Institutions of Politics, *Social Research* 52(4), Winter, 1985, p. 825.

新社会运动自身往往将自己定位于介于私人与公共领域之间的领域。因为在与他人相关无合法性的意义上,新社会运动并不是私人领域的,在作为官方政治机构与行动者的合法对象上来说,新社会又不属于公共范畴。与一般社会运动充分利用合法的、获得认可的行动方式不同。新社会运动的行动者不能够通过有效的、合法的、制度化的方式来承担责任。

奥菲认为,在现实中,有四种行动方式较为成功,它们是:生态/环境运动,不仅包括自然环境,还包括城市生活环境;人权运动,特别是女权运动,为认同与尊严而斗争,为那些被性别、年龄、种族、语言与宗教信仰所限定的人们获得平等对待而斗争;和平主义与和平运动,呼吁维护和平与世界安全;就业问题,提倡和积极参与创造有益的社会性替代方式或是共同体模式。①

(一)新的政治范式——与旧政治范式的比较

由于新社会运动提出的政治愿想在社会基础、关注问题、价值、行动模式上与以往的政治运动不同,奥菲运用"政治范式"(political paradigm)这一术语来阐释新社会运动的政治新范式与以往的旧范式之间的差异。奥菲语境中的政治范式指的是可以全面涵括政治内涵的模式,主要关涉的问题包括:集体行动的基本价值与主题;行动者的构成,以及他们如何转化成为集体行动者;冲突通过何种适当的程序、策略和制度化形式践行。② 奥菲从价值、主题、行动者和制度化实践这四个维度来考察新旧范式之间的差异。

二战后到 20 世纪 70 年代,旧范式一直占据着西欧的政治舞台,这主要还是因为战后人们关注的核心问题主要是经济的增长、社会分配与社会保障机制。

在价值方面,旧范式以私人消费的自由与安全,以及物质进步为价

---

①Claus Offe, New Social Movements: Challenging the Boundaries of Institutions of Politics, *Social Research* 52(4), Winter, 1985, p. 828.

②Claus Offe, New Social Movements: Challenging the Boundaries of Institutions of Politics, *Social Research* 52(4), Winter, 1985, p. 820.

值取向;而新范式的价值取向则是个人的自治与认同,反对中心化控制。在主题上,旧范式关注的主题是经济增长与分配、军事,以及社会保障、社会控制;而新范式关注的主题则是维护和平、环境、人权,以及工作的非让渡形式。在行动者上,旧范式的行动者主要是以集团利益来分配冲突划分的社会经济利益集团;新范式的行动者虽然也是社会经济集团,但是这些集团代表的是并不一定是其所归属集团的利益。在行动方式上,旧范式的内在行动模式通过正式组织,以及大规模的代表协会进行,通过多元主义、合作主义主导的利益协调、政党竞争,以及多数原则来实现其外在行动模式;新范式的内在行动模式则是非正式的、自发的、水平与垂直差异较低的行动模式,外在行动模式是建立在以明显的否定术语来表述需求基础之上的抗议政治。

通过以上的比较,奥菲说明了新的政治范式并不是旧范式的复活(revive)。① 旧范式主要定义的是合法政治范畴,如领土主权、集体规范,以及对价值的强制或是权威式的定位。福利国家的宪法假设了共同决策与国有化是市场的自我规范,是资本主义作为政治增长,是财富分配与社会保障的工具,是竞争性政党的政治民主。社会的主题决定了政治的内在与外在,由于发达资本主义社会的主题在于经济增长、社会分配与保障制度,将社会保障作为社会的核心概念,因此它要求国家维持福利国家制度,做防御与外交,并对"异端行为"(deviant behavior)进行相关社会控制。政治的主要行动者是高度专业化的、制度化的利益集团与政党。与此相对应,旧范式下的公民文化关注的是社会流动性、私人生活、消费、工具理性、权威与指令,公民的政治参与、社会参与、共同解决冲突。

与旧范式不同,新范式主题的政治化不能够在自由主义政治所倡导的二进制社会行为中被简单分类。新范式的主题是私人行为和制度化政治行动者行为相互作用的结果。新社会运动的主题实际上是对"生活世界"的关注,是对生活物质条件与人类生存的关注。它是对身

---

① Claus Offe, New Social Movements: Challenging the Boundaries of Institutions of Politics, *Social Research* 52(4), Winter, 1985, p.821.

体、健康与性别的认同,是对邻里关系、城市与物质环境的保护,是对文化、种族、民族、语言的传承与认同。尽管新范式的主题看上去各不相同,甚至有些混乱,但它们有着共同的价值根源,那就是:提倡自治与认同;反对操纵、控制、依赖、官僚、规范,等等。新范式的价值强调解中心化、自我管理与自助。[①] 新范式的内部行动模式主要是指个体如何转化为集体行动者的方式,在新社会运动中大量的个体通过高度非正式的、不连贯的、独特的、平等主义的方式构成集体行动者;外部行动模式指的则是新社会运动的行动者在面对外部世界与政治对手时所采取的行动方式。新社会运动的外部行动模式无论在区分内部与外部行动者水平维度上的组织原则,还是在区分领导者与不同等级成员垂直维度上的组织原则,都与传统的政治组织形式不同。新社会运动的显著特点是它在组织原则上的解差异化,模糊成员与"正式"领袖之间的界定,将公共角色与私人角色相融合,将群体与组织相融合,将工具行为与交往行为相结合。新社会运动的抗议手段试图通过合法的"非常规"方式引起公众的注意,他们以"绝不"(never)、"无处"(nowhere)、"终结"(end)、"停止"(stop)、"冻结"(freeze)、"禁止"(ban)这类否定性词语与逻辑来表达他们抗议的积极诉求。这也反映了召集抗议手段与要求的实际/潜在行动者的组织往往是经常行使否决权的联盟,这种联盟并不是组织化的或是意识形态的集团,这样的联盟为广泛的合法性与行动者们的不同信仰留下了充足的余地。

新社会运动与其他政治行动者同反对派之间的关系并不是根据协商、妥协、改革、改善这些由组织化压力带来的渐进程序,而是根据"是/否"(yes/no)、"他们/我们"(them/us)、"可期待的/难以忍受的"(the desirable/the intolerable)、"成功/失败"(victory/defeat)、"当下/绝不"(now/never)等这类相互冲突的词语体现的。这样的冲突,几乎不允许渐进主义的实践,同时也是不允许政治交流与协商的。由于新社会运动缺乏正式组织的工具,所以他们也就缺乏连贯一致的意识形态

[①] Claus Offe, New Social Movements: Challenging the Boundaries of Institutions of Politics, *Social Research* 52(4), Winter, 1985, p. 829.

与对世界的理解。

新范式行动者最为突出的特点在于他们没有使用如左/右、自由/保守这类既有的政治符号,也不使用诸如工人阶级/中产阶级、穷人/富人、农村人口/城市人口这类部分相关于社会经济的符号来区分获得自我认同。当然,新社会运动有时也使用一定的符号,如人权运动中的性别、年龄、地区、环境,或和平运动中常常将人类(human being)作为一个整体符号使用,但是新社会运动所使用的阶级与意识形态术语常常是不定的与混杂的。

(二)新社会运动的社会构成与阶级基础

新社会运动将"市民社会内部的政治行动范围"[①]视为他们的行动领域,以此作为他们挑战私人和制度化政治实践与机构的基础。一般来说,社会政治行动领域分三个部分:私人领域;非制度化政治领域;制度化政治领域。相应地,反映在社会结构上就表现为:劳动力市场以外的人口或是处于边缘地位的人群,如失业工人、学生、家庭主妇与退休人员等;新中产阶级;老中产阶级。而新社会运动的主体主要来自于新中产阶级,他们支持"新政治"事业,从事"新政治"实践。正如安东尼·吉登斯所说:"新中产阶级的主要特征是'阶级觉醒'。"新中产阶级的要求往往是普适的,所要实现的目标不仅松散,而且其阶级属性也有很高的不确定性,如关注环境问题、和平问题,以及市民权利,或者是高度关怀特定团体,一般这种团体是通过地区、年龄或者是对被某种实践、法律或国家制度所影响的人群来界定的。新社会运动既与大多数工人阶级政治相反,也与旧的中产阶级政治相反,它虽然是一种典型的阶级政治行为,但是并不代表具体某一阶级。[②] 因此,我们强调的不仅仅是新社会运动的阶级基础,还包括它的社会构成。

---

①Claus Offe, New Social Movements: Challenging the Boundaries of Institutions of Politics, *Social Research* 52(4), Winter, 1985, p.832.

②Claus Offe, New Social Movements: Challenging the Boundaries of Institutions of Politics, *Social Research* 52(4), Winter, 1985, p.833.

新社会运动以非传统、非正式的独特模式进行,这一模式的突出特点就是非特定阶级模式。新社会运动除了以新中产阶级的大部分为基础,还包含了来自于社会结构的其他两大领域——解组织化边缘群体与旧的、农业中产阶级。这是由于后两个群体最有可能成为现代化直接的受害者。作为新社会运动主要社会基础的新中产阶级,一般来说,都具有良好的教育背景、有保障的经济背景、处于就业状态。他们对技术、经济、军事和政治现代化所带来的危机更为敏感。由于良好的教育背景,新中产阶级往往能够对经济、军事、法律、技术等领域中的"复杂"或者是"抽象"的系统问题具有良好的认知能力。而良好教育背景所培养的独立思考与行动能力也是新中产阶级能够采取非传统方式进行政治参与和运动的主要原因。

新中产阶级与边缘化群体有两个共同的结构特征:其一,大多数边缘化群体与社会和个人服务的提供者维持一种委托关系,这种委托关系往往被设想影响了他们的主要生活旨趣;其二,可能更为重要的结构特征在于他们具有共同的解商品化条件。[①] 解商品化组织成员主要包括家庭主妇、高中生与大学生、退休人员、失业或是半失业的青年。他们的社会地位并不是由劳动市场直接决定的,他们有着非常灵活的时间预算,可以花费大量的时间在政治行动上。这些人的共同点在于他们的生活条件与生活机遇一般都是通过直接的、高度的专制与限制监督机制而形成,他们面临的是社会排除与社会控制,以及象征性"退出"的无效性。这往往导致他们致力于反抗制度的官僚化与家长制政权。这些解商品化组织成员往往分享着共同的制度环境,如教师与他们的学生、社会工作者与他们的服务对象。旧中产阶级则包括农民、店主,以及艺术工作者这些独立的自我雇佣群体。他们的经济利益常常与新社会运动抗议政治的目标相吻合。

之所以出现这样的情况,是由于"工人阶级保守主义"或者是"中产阶级激进主义"之间长期差异与分歧的结果。这种差异与分歧可以

---

①Claus Offe, New Social Movements: Challenging the Boundaries of Institutions of Politics, *Social Research* 52(4), Winter, 1985, p.852.

说是福利国家发展的反面。福利国家中,工人阶级以整体作为制度化政治与经济的代表被赋予法律允许的保障与保护,但是这些保障与保护的获得是有限的、脆弱的,它们的代价是工人阶级运动的政治目标与组织形式的局限性。具体说来,随着代表工人、雇员与社会保障转移接受者的斗争与获得的相应胜利而来的是人们作为公民、消费者、国家服务对象甚至是人之为人的重要性的降低。根据一些政治妥协的逻辑与阶级共识,随着福利国家的广泛化,工人阶级组织如工会、社会主义者、社会民主党与共产主义政党已经极大地退缩了,他们常常不得不放弃他们为制度化认同进行斗争所获得的利益与主要支持者在社会与经济条件上的物质改善。

在经济危机的条件下,越来越多的人从工作者转化为边缘人群,人口解组织化部分地相对增长保证了新社会运动大量的社会存在。尽管新社会运动的这些群体存在趋同,但是他们之间也存在着明显的分歧。新中产阶级成员对现代化的现代批判是以普适的价值与解放的理想为基础,具有先进的认知能力。而旧中产阶级的批判与边缘群体常常来自于前现代的排他主义,道德意义上的快乐主义、逃避主义等,属于非理性的规范来源与认知类型。[1]

(三)新社会运动的社会联盟

新社会运动不仅仅由"中产阶级激进分子"组成,也还包含着广泛的社会其他阶层群体的成员,往往形成一种不太稳定的社会联盟。直到20世纪70年代中期,传统的左翼统一体仍然是所有相关政治与社会集体行动者能够定位的最恰当模式。[2] 但是,在与现代化的不合理性进行激烈斗争的新范式与关注经济增长和社会保障的旧范式之间存在极大反差的情况下,在政治活动领域的线性模式已经不再合适大多数情况下,需要用一种新的交叉的维度来描述政治活动领域中的联盟

---

[1] Claus Offe, New Social Movements: Challenging the Boundaries of Institutions of Politics, *Social Research* 52(4), Winter, 1985, p. 857.

[2] Claus Offe, New Social Movements: Challenging the Boundaries of Institutions of Politics, *Social Research* 52(4), Winter, 1985, p. 857.

关系。新社会运动的结构特征包括跨阶级的社会联盟、并未控制生产方式的经济运动。新社会运动的组成力量在经济与文化现代化的压力之下发展起来,他们的要求是普适的,而并不是代表某一阶级的特定立场。之所以有这样的特征是因为,新社会运动的组成力量要求经济地位、希望获得政治权力并融入社会组织的协调形式之中。他们也意识到现代化对传统文化价值的压迫(这些传统价值包括个人自由主义、人道主义与普适原则),并认为,需要通过解中心化的、非正式的交往技术来创造社会政治的新选择。

奥菲认为,新社会运动有着广泛的社会联盟。新社会运动的社会基础是新中产阶级、解组织化的边缘群体,以及旧中产阶级。奥菲指出,新社会运动与自由—保守主义右派(新旧中产阶级以及非工会工人阶级)、社会民主左派(新中产阶级以及工会工人阶级)之间各自可能形成三种各不相同的跨阶级社会联盟。这三种可能的社会联盟分别是:联盟Ⅰ,自由—保守主义右派与新社会运动;联盟Ⅱ,自由—保守主义右派与社会民主左派;联盟Ⅲ,社会民主左派与新社会运动。奥菲对它们进行了详细的描述与分析。①

联盟Ⅰ是传统自由—保守主义与新社会运动之间的联盟,旧中产阶级是该联盟的中坚力量。这一联盟关注女权与人权运动,提倡反色情,诉求社会对妇女与少数民族特殊角色的认可,以及以妇女作为家庭中心的社会政策;在和平运动上要求转换传统的防御策略,主导国家自主的防御政策;致力于环境保护的"自然资源保育运动"(conservationism),关注工业场所与自然保护区,主要依靠市场机制的奖罚来贯彻环境保护,"非传统经济"或是"双重经济"则重点在于以支持社区与自助的社会服务形式,给予小企业税赋补贴。联盟Ⅰ发起的不同社会运动的共同点体现在,通过发掘旧(农村)中产阶级对城市化与工业化的前现代的憎恶与恐惧,重新创造前现代时期的社团价值观,批判官僚制度、中心化,以及福利国家的平等主义。但是,由于运动的参与者来自于不同的观念群体,这些运动中也存在许多分歧,如对堕胎与

---

① 参见附录图4。

平等对待劳动市场中的妇女问题就鲜有共识,以及部分女性主义运动中对"女性"身份的特殊主义观点盛行。新社会运动中创造"非传统"与自由—保守主义经济的教条都强烈地拒斥工人阶级组织需求与策略的合法性。奥菲认为,联盟Ⅰ中新社会运动与左派结盟,但并没有体现出何种自然的或是不可变更的趋势,在新政治与自由—保守主义力量的可能联盟之间存在的坚固性,并没有达到可以以其增长与社会保障标准的向心性来挑战旧政治范式的程度。随着被这一联盟的吸收,新社会运动显然会终止其新政治的行为而有志于在国家和社会中获得权力与地位,当然也有另一种可能,即在对自然环境、家庭、性别作用、工作形式、社群和防御策略等前现代保护领域的让步中放弃这一志向,可以说这是一种"强加"(copptation)的方式。

自由—保守主义右派与社会民主左派结成了联盟Ⅱ。这一联盟的核心是边缘群体,但其中边缘群体的作用多是负面的。这一联盟在女权与人权运动方面要求通过增加劳动市场的灵活性与流动性逐步改善妇女与少数民族的待遇,并且还积极诉求在超国家的政治舞台上开展防御性的核制止行动,促进有助于环境保护和开发新能源的高科技产业的发展,提倡为边缘群体提供更多兼职机会的非传统经济形式。联盟Ⅱ中,各类运动的共性在于他们关注新社会运动的解政治化功能,强调运动中存在的方式违法性和目标的非理性与无责任性。传统左派与传统右派结成的联盟Ⅱ主要源自于部分政治精英的政策设计。这一政治策略被理解为对需要与价值的表达,特别是对边缘群体的需要与价值的表达。边缘群体往往对私有财产制度和国家采取一种敌视的态度,但同时又并没有现实、可行的政治选择,与此相应,他们对福利国家的态度也是颇多苛责。该联盟两个阵营的活动源自于资本化过程带来的恐惧。左派的恐惧来自于对失业与社会保障标准降低的恐惧,右派则对边缘群体于现实不满所带来的暴力与共产主义渗透产生恐惧。这两种恐惧在普遍的经济与国际危机时凸显。这种对新社会运动的政策反应再一次向我们显示了新社会运动与公共政策之间的相互作用。因此,我们也能从中看出,运动并不仅仅由社会构成决定,还要受到政治精神对运动的理解、诠释与反应方式的影响。因此,该联盟的运动很容易就将新社会运动中的改革主义因素以违法或是反传统的理由加以限制,以防从事激进的反国家社会主义行动。该联盟的社会运动不能够排除技术官僚的干涉,因此它与联盟Ⅰ一样不能够转变占有主导地位的政治范式,并且这种"对抗"(confrontation)的方式更有可能导致长期、高度的制度外暴力冲突。

社会民主左派与新社会运动的联盟可以称之为传统左派与新社会运动的联盟,即联盟Ⅲ。它是以运动中的新中产阶级为核心。新中产阶级在其中的作用是积极的。联盟Ⅲ强调优质生活与分配机制,特别是生产与家庭中的再分配;提倡有条件的单边裁军计划;要求制定环境与第三世界工业政策标准,支持合作的、保护的、并行的劳动力市场,呼吁经济民主。在这一联盟下,新社会运动的需求与传统工业阶级的关注点和兴趣点的相容性不断增长。联盟Ⅲ在很大程度上依赖于左翼共产主义传统组织与社会民主党、工会对青年、妇女、失业者的开放。与以强加私有化或是压抑新社会运动以维护旧范式的方式不同,这种联盟可能是三个联盟中唯一对旧范式政治有效、成功的挑战。

新社会运动中体现出来的社会政治冲突模式与以往的阶级冲突模式完全不同。[①] 首先,这种冲突不是由一个阶级独自进行的,而是来自于不同阶级,甚至是"无阶级"的成员以不断变化的组织方式组成的社会联盟进行的。其次,不是在生产方式主要经济代言人之间的冲突,而是在这些主要阶级之外的几乎每一阶层成员结成的联盟之间发生的。最后,新社会运动的要求并不代表特定阶级,而是普适的,要不就是非常具体的。因此,新社会运动在大多数时候比以往的阶级问题包含更多内容,或是更"切入主题"。

奥菲对新社会运动社会结构的解释采取的是一种客观解释的方法,主要的参考维度是事件、发展、变化条件、矛盾、结构这些独立的变量,是一种结构主义或者说是功能主义的社会理论。他更为关注的是对结构变化潜在结构类型的解释。他认为,发达资本主义工业社会,也

---

① Claus Offe, New Social Movements: Challenging the Boundaries of Institutions of Politics, *Social Research* 52(4), Winter, 1985, p. 835.

就是我们常常称之为后工业社会之所以出现新社会运动有三个结构上的原因。它们是：

第一，由于后工业社会的统治和剥削方式更加广泛、深入与不可逆转。经济与政治合理性既有模式的负面影响"扩大"（broadening）。这种模式不再是集中的、阶级独有的，反而在时间与空间上是松散的，以至于以一种非常广泛的方式影响到社会每一位成员。

第二，新社会运动在运动方式上的影响日渐"深化"（deepening）。它影响了外在于理性与直接社会控制之外的生活领域，主要是健康水平、个人与社会存在，通过"入侵"或者是以"生活世界殖民"的隐喻来表达经济与政治规则不再局限于对个体行为的外部限制的干预，而是操纵。

第三，共同管理生产与控制合理性的政治和经济机构已经失去了任何自我纠正与自我限制的能力。它们无助地陷入了被伤害的循环之中，即现存的经济与政治制度在察觉与有效地处理全球化威胁、危险的无能，以及这些现有制度在处理控制剥削权力、社会与个体环境带来的自我瘫痪趋势的无能。但是，这种循环的"不可逆转性"（irreversibility）只有通过外在于官方政治制度的方式来解脱。

（四）新社会运动的成就

新社会运动可以说是在市民社会内部的政治运动，[①]因为它挑战的是私人领域与制度化政治领域的政治实践与制度。新社会运动的成功不能够通过某种正式的、明确的组织化与意识形态机制来判断。新社会运动的成功反映在它利用了制度化公共空间与政治制度核心之外的交往模式，这种交往模式一般都是通过有组织的宗教、艺术、科学与娱乐活动来进行的。新社会运动的成功可以分为三种类型：实质成功，新社会运动的要求得到了经济或是政治精英决策的满足；过程成功，决策模式的变化促进代议、参与和协商机制的更多产生；政治成功，获得

[①] Claus Offe, New Social Movements: Challenging the Boundaries of Institutions of Politics, *Social Research* 52(4), Winter, 1985, p.832.

了媒体、政党与社团这类制度行动者更多的认可与支持。

新社会运动所提倡的平等、参与、协商的价值与道德规范都植根于现代政治哲学,承继自资产阶级与工人阶级的进步运动之中。可以说,这一连贯性暗示了新社会运动既不是后现代的,也不是前现代的,新社会运动实际上是为大众普遍接受的、理性的现代运动,是对进一步现代化的现代批判。这种批判的基础与对象在人道主义的现代传统、历史唯物主义与启蒙的解放思想中可以找到。我们可以看到,新社会运动所强调的价值的逻辑关系:技术进步与人类需求的满足、财产与自治、收入与身份,反映的是过程理性与期望结果的直接分歧,因此,可以说新社会运动对已有的价值进行了选择,而并不是价值的改变。新社会运动的价值基础可以说是"'现代'价值的选择性激进化"(a selective radicalization of "modern" values)。[1]

奥菲对新社会运动行动者的诠释基于系统功能理论的视角。在他看来,这些行动者对福利国家采取一种矛盾的态度。新社会运动的行动者主要来源于来自不同社会基础的少数派,他们共同之处在于都反对正统马克思主义者和新保守主义者共同主张的生产主义进步观。正统马克思主义认为,危机是由于经济固有的动力机制失去控制;新保守主义则认为,危机在于经济受到官僚主义的束缚。但是两者都认为,生活世界是需要保护的互动领域,与社会现代化的真正动力即国家和经济相比而言,只能扮演一种消极的角色。双方都坚信,如果国家和经济能以恰当的关系彼此补充和相互加强,就可以使生活世界完全摆脱这些子系统,并能使它得到保护,免受系统的侵袭。新社会运动的行动者所要求的并不是经济上的东西,他们的需求并不能够仅仅通过生产和分配手段得到满足。奥菲认为,大多数行动者最初的认知特点表现为系统非理性。这些行动者之所以选择非传统的政治方式并不是他们缺乏或者是没有意识到政治参与的传统形式。实际上,他们之中的大多数人都经历过传统的政治行动方式并常常对这种方式的局限性表示失

---

[1] Claus Offe, New Social Movements: Challenging the Boundaries of Institutions of Politics, *Social Research* 52(4), Winter, 1985, p. 853.

望。他们对政党批判、议会制政府、公共管理、中心化的局限性与僵化表现出明显的不认可。与经典马克思主义工人阶级斗争学说不同,奥菲强调了由公民身份导致的社会冲突所引发的新社会运动也具有极为重要的意义,这是因为在福利国家中,公民既是积极活动的政治动物,又是政府服务的接受者与消费者。此外,与早期现代政治运动理论,以及经典马克思主义教条强调先定的、特定的社会群体、时间节点、组织形式和本体论假设不同,新社会运动强调的是假设为短暂的、临时的历史与社会过程,因此能够为人们所改变。

葛兰西将"无产阶级领导权"作为他国家理论的核心。他认为,政治是以价值扩展和承认集体的同一性的市民社会为基础,而不是以国家机构中的正式组织为基础。此外,还包括哈贝马斯对工具理性的划分、马尔库塞对单向度的人的界定在内的这些理论都促进了奥菲对新社会运动的认识,而1969年至1973年的德国社会民主党的积极改革则为奥菲提供了实践的支持。

新社会运动试图强迫资本主义体系发展出更高的认知能力以抵制其盲目发展的逻辑,以此来重构诸如民主、正义、解放、自决的理想目标。新社会运动在社会主义抵制现代资本主义盲目发展的逻辑方向做出了重大贡献。而抵制盲目现代化的重要力量来自于科技领域:科技理性自己把自身参与其中的肮脏内幕和非理性实践公诸于世。在环保运动和社会主义政治中,科技理性的认知潜能必须得到充分利用。

奥菲指出,当代欧美国家社会主义运动发生的一个重要变化在于,它已经不是由明显的阶级利益与经济地位相关的要求所引起的,不是确立在物质利益、阶级地位的同一性的基础上的,而是由道德、文化、价值引起的。从国家的结构来看,新社会运动在政治进程中扮演的不过是边缘性的角色,斗争的目标也只是国家所发起的措施与制度,国家机构对这类运动既不支持,也不压制。奥菲认为,欧洲社会主义的复兴就在于将经济、文化和政治层面的斗争与其政治基础的拓展相联系,努力走向边缘;在于超越了资本主义国家认可的政治定义之外的非国家主义的社会主义新社会运动。

但是,新社会运动也不免面临着关注的不可协商性、缺乏制定具有内部约束力代表决策的能力、缺乏可以从中产生对未来社会设想与之得以实现的意识形态原则等问题。特别是新社会运动将以何种方式来克服存在于新中产阶级、旧中产阶级，以及解组织化边缘群体之间的不连贯性与内部分离。在洞悉新社会运动的缺陷的同时，奥菲也指出了新社会运动的积极之处：一是在社会结构中并不处于边缘地位，这是因为它的支持者与行动者来自于新旧中产阶级/职业群体与服务行业，有着良好的教育背景、富足的生活与高度的认知技巧；二是新社会运动共同的组织与行为特征是某种集体认同，经常强调年龄、性别、国家或人类等集体概念的归属性与自然属性；三是并不以保留传统的名义从事反抗，新社会运动的行动者并不刻意追随前现代秩序的某些观点；四是对同一的拒斥，新社会运动的分散性、多元化有助于提高政治系统的认知能力。

奥菲认为，新社会运动是以对建立在工具和战略理性基础上的现代化过程内在的具有反目的性的和破坏性的认识为出发点的一场有关现代化的现代批判。新社会运动试图通过指出后期资本主义社会体系的系统盲点与危险效应来提高社会对资本主义体系的认知能力。新社会运动可以说是一种"否定性"政治概念，它意图维护的是生活领域免受国家或是国家政策的干预。它的主导思想与所希望争取的是一种保守的乌托邦，其非协商性是不容损害的。笔者行文之时，美国各地的"占领华尔街"、欧洲的"占领巴黎"等社会抗议运动正在如火如荼地进行着，之前的哥本哈根世界气候大会、德班气候大会，这些运动无论从参与者阶级成分来说，还是方式手段与目标来说，都属于新社会运动的范畴。

奥菲乐观地认为，今天的民主社会主义已经转变为生态社会主义了。生态社会主义强调，抵制和阻止资本主义合理化过程进一步盲目发展。它将超越现代传统社会运动，在多元化的社会发展中居于主导地位。而生态社会主义性质的新社会运动也成为当代社会主义运动的重要组成部分和新趋势，社会民主政治的出路也就在于此。奥菲认为，今天社会主义政治的目标在于强迫资本主义体系发展出更高的认知能力以抵制其盲目的发展逻辑。要实现这个目标，就必须在就业与失业、维护民主权利、环保或生态、和平运动这四个领域展开活动。

就业与失业领域的问题并不能够仅仅通过实现完全就业来解决。完全就业实现的可能性几乎为零,是不现实的,也是反社会主义的。奥菲认为,由于解商品化趋势的扩大,在这个领域中,社会主义理论与政治所要做的就是创造有益的社会替代方式,发展那些并不是建立在雇佣劳动基础上的其他的有益活动来实现完全就业的理想。① 奥菲倾向于复兴合作主义的理想,即以非资本主义的方式生产有益的东西。

关于民主权力的维护,奥菲认为,在议会制与代议民主制以外,还应该积极维护生活领域的民主参与权利。这主要通过扩大民主权利,提高福利国家政治体系的认知能力,制约福利国家存在的矛盾与自我瘫痪趋势来实现。而社会主义与资本主义的显著区别就在于前者比后者具有更高的、更为广泛的认知能力。②

对环保与生态问题,以及和平问题,奥菲强调,它们都必须获得一种来自于资本主义体系内部的支持与力量。一方面,强迫政治、经济精英评估系统盲目性运转所带来的后果往往具有破坏性甚至是毁灭性;另一方面,科技理性一旦拥有足够高的认知能力,并将自己把自身参与的非理性实践甚至肮脏的内幕公诸于众。③ 生态社会主义所反抗的正是资本的盲目性与自我破坏的逻辑,其力量正是来自于它所明确反对的对象那里。

最后笔者认为,奥菲的新社会运动理论具有如下特点:

其一,奥菲对新社会运动行动主体社会构成的分析仍然延续了一种阶级分析的思路。奥菲对新社会运动行动主体的分析从根本上来讲是对新社会运动阶级基础与阶级结构的分析,他所根据的是不同人群在整个社会生产方式中不同的地位所产生的对抗性来分析社会运动。

---

① Claus Offe, *Contradictions of the Welfare State*, Cambridge, MA: The MIT Press, 1984, p.297.

② Claus Offe, *Contradictions of the Welfare State*, Cambridge, MA: The MIT Press, 1984, p.297.

③ Claus Offe, *Contradictions of the Welfare State*, Cambridge, MA: The MIT Press, 1984, p.298.

奥菲认为,后期资本主义社会,经济增长方式发生了重大的转变,知识、技术、信息和服务成为资本积累和经济增长的重要方式,工人阶级的劳动力不再是剩余价值的主要来源,知识和技术阶层成为主要的剥削对象。正是后期资本主义社会的社会结构所发生的这种历史性转变导致社会运动的阶级基础从工人阶级转向以中产阶级特别是新中产阶级,运动形式从传统的工人运动向新社会运动转型。虽然奥菲对新社会运动行动主体的分析秉承的仍然是经典马克思主义的阶级分析方法和社会冲突思想,但是在一定程度上与经典马克思主义阶级斗争学说还是有所区别。与此相适应,奥菲认为,新社会运动不再与社会阶级明确地相联系,放弃了阶级和阶级冲突决定论。由此可见,奥菲并没有对经典马克思主义的学说与理论不假思索地全盘接受,而是根据时代背景与历史条件运用经典马克思主义的阶级分析方法对社会冲突及其表现方式加以探究。

其二,奥菲对新社会运动的分析体现出他基于系统理论的社会批判。正统马克思主义者和新保守主义者一般认为,生活世界是需要保护的互动领域,在社会的现代化过程中只能充当消极角色。他们关注的总是国家与经济。与之不同,新社会运动的行动者要求的则是环境保护、和平维护、尊重公民权利和性别差异这类旨在维护生活世界的非经济目标。由于新社会运动中的大多数人对传统的政治行动模式相当排斥,所以他们都倾向于选择非传统的政治方式,从而导致他们的认知特点相应表现为系统非理性。随着奥菲对新社会运动研究的深入,以及对社会、政治权力冲突模式的依赖,[1]他对系统功能理论的运用似乎越来越少,但是他仍然认为,系统功能理论是一套非常有用的分析工具,通过它可以"对各种社会现象进行排序和分类,并研究其相互关系"[2]。同时,他又指出,系统功能论的范畴仅仅局限于一定的社会系统,就比如说已经"自成体系"的后期资本主义,特别是被假定承担了

---

[1] Claus Offe, *Contradictions of the Welfare State*, Cambridge, MA: The MIT Press, 1984, p.256.

[2] Claus Offe, *Contradictions of the Welfare State*, Cambridge, MA: The MIT Press, 1984, p.257.

整个社会秩序责任的福利国家。他还特别认为,主体间非正式交往过程中共享的规范为后期资本主义社会所具有的交换式的、理性计算式的法律本身所破坏,他更情愿研究新社会运动的非正式化和非制度化特征。

其三,奥菲还强调了新社会运动中阶级意识与阶级习性等后物质利益因素,将新社会运动作为一种认同政治,推崇社会团结、表达自由、民主参与,以及自我实现。葛兰西认为,政治是以价值扩展和承认集体同一性的市民社会为基础,一定层次的政治联盟并不以国家机构内部代表团体的正式组织为基础,而是超越国家机构和阶级界线的,以价值观的散播和集体认同的宣告为基础。奥菲新社会运动主体社会构成的阶级分析同样强调了新社会运动将政治性概念延伸到国家及其制度性渠道之外,突出阶级意识的重要作用,这显然是受到了葛兰西对无产阶级领导权、无产阶级霸权理论的影响。奥菲认为,后物质主义价值观念主要为城市新中产阶级所有,但并不专有,它关注的是参与、平等与自我在知识、审美、形体方面的发展,超越了物质主义关注提高收入、满足物质需要与社会保障的传统价值观。但是,由于后物质主义往往通过聚焦于一个或一系列问题来吸收政治力量,并要求为大多数人所共享的文化准则、经济规范和生活方式也发生相应的变化,而且后物质主义价值并不存在一种可以解决普遍问题的指导原则,因此后物质主义无法通过国家权力而实现,同时也无法进入到既定的政治形式之中去。这种对个人或群体收入分配地位的改善不做要求的后物质主义,就其以挑战主流生产方式对社会与物质生活造成的影响来说,它们又是"高度物质主义"[①]的。通过它们,政治与政治冲突又回到了社会生产结构和动力那里。在国家维度上解政治化的同时,也发生了生产维度上的"再政治化"(repoliticization)。奥菲进一步认为,我们不能够仅仅局限于现代化或者后物质主义,而应该更为准确地进行现代化的现代批判,批判的基础及其对象通常在人道主义的历史唯物主

[①]Claus Offe, *Contradictions of the Welfare State*, Cambridge, MA: The MIT Press, 1984, p.176.

义的现代传统和启蒙所激发的解放思想中被发现。与英格哈特不同的是,奥菲认为,目前所呈现出来的不同以往的价值取向是价值选择的选择,而并不是价值转换。这种价值选择的选择就体现在新社会运动对否定词语(不要/no more,停止/stop,禁止/ban 等)的使用上。

可以说,奥菲视域中的新社会运动是一种认同政治的政治运动模式。所谓认同政治,指的是围绕着诸如性别、种族这些范畴而展开的以社会阶层为基础的社会运动。[①] 正如玛丽·伯恩斯坦(Mary Bernstein)后来指出的那样,20 世纪六七十年代出现并发展的社会运动看上去更为关注文化和认同,而不是对阶级结构进行挑战。今天,西方发达资本主义国家的社会政治中,作为政治行动最基本要素的公民积极地参与全球的社会政治安排,公民们的参与意识增强,并往往以一种非常规的方式行使民主权力,出现了许多非制度化与非传统的政治参与形式,与以往过于关注道德与经济领域的政治诉求不同,现在更倾向于人道主义关怀等领域。马克斯·韦伯认为,前资本主义时期的新教伦理观造就了资本主义社会中个人主义观念与冷漠的处事态度,但是今天随着西方社会的经济、政治和文化生活出现的新变化,欧洲、北美一些当代发达资本主义民主国家中,出现的由道德、政治和文化价值观所激发的新社会运动让我们看到了一个广泛的社会联盟、一个活跃在公共领域的富有激情的群体。奥菲认为,新社会运动是福利国家危机中的集体行动,构成新社会运动主体的行动者们虽然不刻意追随前现代秩序的某些观点,不以保留传统的名义从事反抗,但正是新社会运动所独有的分散性与多元化提高了政治系统的认知能力,有助于消解后期资本主义社会所固有的经济危机、合理性危机,以及合法化危机,从而走向生态社会主义。奥菲所寻求的正是不以抽象的冲突概念为特征的非制度化政治。

---

① Mary Bernstein, Identity Politics, *Annual Review Sociology* 31(1), 2005, p.57.

第六章
奥菲福利国家危机理论评价

在之前的章节中,笔者对福利国家危机理论进行了溯源,勾画了福利国家危机理论形成与发展的思想轨迹,述评了奥菲所发掘的福利国家结构性矛盾和他对福利国家危机的系统功能论的诠释。此外,笔者还着重介绍了奥菲对走出福利国家困境的路径的探究,那就是非国家主义战略性质的新社会运动。本章,笔者将试图在当代国外马克思主义与政治社会学①语境中,对奥菲的福利国家危机理论进行评价,为其理论进行理论定位,并探讨其理论的内涵与得失。

一、奥菲福利国家危机理论作为一种社会哲学

社会哲学作为西方哲学传统中主要的哲学类型之一,既指导所有

---

①政治社会学(Political Sociology)既不能等同于对"政治现象的社会学研究"(Sociology of Politics),也不能简单地把它理解为对政治和社会现象"关系"的研究。它的最大理论特征是运用国家与社会的分析框架对社会冲突与矛盾及其结构原因进行分析。奥菲的政治社会学主要探讨的是国家理论、社会政策、民主理论、转型研究以及二元分配问题。

具有实践取向的分支学科,又规范补充经验取向的社会学,甚至又是一种植根于时代诊断的社会研究。[①] 古代,从柏拉图开始阐发的国家理论与法律理论到亚里士多德的伦理学和政治学以及形而上学理论;近代,从康德将政治观点、道德理论以及人类学作为其先验唯心主义的实践部分,在其中阐发了相互交织的"自主理性"与"经验的个人存在",经由费希特第一哲学对有限的人与作为无限要求的"自我"(Ich)之间张力的反思,直到黑格尔将从内省的束缚中解放出来的自我思考与我们独特的存在问题以及历史活动中自主的文化创造主体问题相互确证,使我们在历史活动中的独特存在获得了客观的形态。[②] 其后,在现代的西方哲学中,孔德以实证主义为基础建立了社会学概念,韦伯以合理性为核心,从个体行动出发来解释社会结构及其变迁。马克思主义由于其对历史规律性和共产主义社会前景所做的论述而达到了社会哲学新高度,以历史唯物主义解释社会发展的动力、社会生产方式、社会劳动方式、社会发展的规律性、社会的物质生产与精神生产,以及个人在社会发展中的作用等。与此相对应的是克尔凯郭尔、叔本华、尼采的非理性主义思潮直至海德格尔的虚无主义。海德格尔在《存在与时间》这一部作为彻底否定社会哲学的现代哲学著作中认为,真正的存在只有在"个体的人的生存"的内在性中才能被揭示,人的存在只是"向死的存在",否定了将个人存在向作为本质的、意义的、实体的超个人领域开放的社会哲学的意义。

霍克海默既看到了来自于虚无主义对社会哲学的冲击,也看到了来自于实证主义对社会哲学的冲击。实证主义强调个体,认为,社会领域中只有个体及个体之间的关系,否定了哲学在客观精神领域的意义。随着个体生活方式原则之间矛盾深化,一方面,在现有社会框架内,个体幸福不断进步,而与此同时社会现实前进不尽如人意,社会哲学在20世纪之初陷入了困境,需要重新赋予黑格尔曾经试图赋予的伟大

---

① 王凤才:《社会病理学:霍耐特视阈中的社会哲学》,载《中国社会科学》,2010年第5期,第16页。
② [德]霍克海默:《社会哲学的现状与社会研究所的任务》,王凤才译,载《马克思主义与现实》,2010年第5期,第123页及以下。

作用。① 正是在霍克海默的呼吁之下,法兰克福学派之中的那些闪发着曜曜星光的哲学家们注重的是"一种与经验研究相结合的关注社会总体的历史唯物主义理论"②。在《社会研究杂志》创刊号前言中,霍克海默指出,社会哲学作为研究的首要任务,他们关注个体与社会关系、文化的意义、共同体形成的基础,以及社会生活的整体结构。而他们关注的最大的、最原则的问题是:在一个确定的社会团体中、在一个确定的时间段上、在确定的国家中,如何证明这个团体在经济过程中的作用、它的单个成员心理结构的变化和作为整体的社会对其成员的作用,以及从中产生出来的思想和设施之间的内在关联,最终引导现实研究活动的可能性。也就是通过对历史和现实进行跨学科研究,揭示社会生活、个人心理与文化变化之间的关系,阐发作为社会成员的人的命运,彻底批判发达资本主义社会,从而在总体上把握整个人类文明。在霍克海默看来,社会哲学的根本目标在于对作为社会共同体成员的人的命运的哲学阐释,它关心的是人类全部物质文化与精神文化,关心的是诸如国家、法律、经济、宗教这些只有处于人类社会生活关系中才能够被理解的现象。

法兰克福学派发展至第三期时,代表人物霍耐特提出:"在社会哲学中,凡是主要关涉有缺陷的或紊乱的社会发展过程的规定和探讨,都应该被理解为社会病理学。"③在霍耐特语境中,社会哲学被界定为"社会病理学",他认为在这一意义上,"卢梭是社会哲学的奠基人"④。作为"社会病理学"的社会哲学,在19世纪,经由黑格尔、马克思到尼采才得以真正形成。20世纪社会哲学的发展,从卢卡奇到阿多尔诺、从

---

① 〔德〕霍克海默:《社会哲学的现状与社会研究所的任务》,王凤才译,载《马克思主义与现实》,2010年第5期,第123页及以下。

② Vgl. Axel Honneth, *Das Andere der Gerechtigkeit. Aufsätze zur praktischen Philosophie*, Frankfurt/M.:Suhrkamp, S. 13.

③ Vgl. Axel Honneth, *Das Andere der Gerechtigkeit. Aufsätze zur praktischen Philosophie*, Frankfurt/M.:Suhrkamp, S. 12.

④ 王凤才:《社会病理学:霍耐特视阈中的社会哲学》,载《中国社会科学》,2010年第5期,第15页。

普莱斯纳到阿伦特,其间历史哲学路径与人类学路径此消彼长。①

王凤才认为,在一般意义上,笼统地将社会哲学等同于"社会病理学"的说法并不全面。在霍耐特那里,从肯定意义上讲,社会哲学是"对成功的生活方式的反思";而从否定意义上讲,社会哲学"主要是对社会病态的时代诊断",从而将"社会病理学"理解为社会哲学的一个分支。因为从马克思到青年卢卡奇,几乎所有的"左派黑格尔主义者",对社会哲学的理解都包含着这层意思,尽管他们并没有明确提出这个概念。在当代实践哲学框架中,尤其在与政治哲学、道德哲学的比较中,霍耐特是在现代性悖谬批判意义上,将社会哲学界定为"社会病理学"的。

奥菲修正了经典马克思主义将无产阶级作为一种统一与同质的力量的观点,批判了经典马克思主义将无产阶级概念建立在集体主义与现实主义的假设之上。奥菲运用一种修正的系统功能理论分析了福利国家所面临的困境。这种系统功能理论的方法将马克思主义与先进的德国系统论,以及美国社会学的结构功能主义结合在一起,将后期资本主义社会认定为三个互相依赖却又各不相同的子系统,这些子系统为社会化结构所规范。奥菲认为,二战结束以来,政治系统对整个社会系统起到了调和作用,由于福利国家试图完善与规范社会化过程的危机管理目标,福利国家被广泛地定义为在相邻或是"侧翼子系统"之中的规范管理。资本主义经济的交换关系与商品生产,以及政治机制、管理权力和压制力共同组织了福利国家。从这个角度来阐释,福利国家作为复杂的多功能政治与管理机构,其目的在于管理社会化结构与资本主义经济。但是,由于福利国家对干预政策的依赖,以及功能的多样化,导致福利国家在实现国家目的时出现许多彼此矛盾的政策,这也是造成福利国家衰落的主要原因。奥菲通过系统功能理论的分析方法对后期资本主义社会福利国家系统进行划分与功能的界定,对后期资本主义社会系统进行了分析与批判,对后期资本主义社会系统存在的危机进

---

① 王凤才:《社会病理学:霍耐特视阈中的社会哲学》,载《中国社会科学》,2010年第5期,第15页。

行了诊断。

通过对后期资本主义政治权威与危机控制问题进行系统功能的分析与批判,奥菲指出,首先,福利国家在维持、促进资本积累的过程中,必须保障民主的合法性以保证整个资本主义系统的正常运转,但是福利国家的矛盾使得经济危机倾向可能在财政危机达到顶端并走向政治危机。其次,奥菲试图分析与解释导致福利国家政策制定与管理系统失败的机制与条件,希望借此厘清福利国家的局限并全面理解社会科学的作用。由于社会科学并不能够直接描述有效的政治规范,奥菲试图以一种非直接的方式进行国家资本主义系统规范批判,这种非直接的规范批判方式使社会科学脱离了它们作为受权力所支配的务实者的作用,起到了发动民主行动以促进公共意识对当今福利国家资本主义系统缺陷的认识。奥菲正是通过批判的系统功能理论方法,分析后期资本主义之社会,经济子系统、社会子系统与政治子系统之间的干预与冲突关系,以及不同系统之间的"边界"之争,指出了福利国家的薄弱之处与局限。通过分析,奥菲指出,目前福利国家的矛盾不再源自于经济与阶级斗争,而是来自于后期资本主义三个子系统之间的对抗关系,政治子系统不能够以一种对它本身无害并且独立的方式脱离"侧翼子系统"。由于经济与社会子系统与政治子系统的要求不能一致,国家干预的"万灵药"与制度本身产生了矛盾,作为解决后期资本主义衍生政治问题的福利国家政策也将会终止。福利国家系统产生的矛盾超出了其解决能力,造成了更多的政策失败、冲突与社会反抗。福利国家危机管理的政策本身成为危机发展的新趋势。

而现实正是如此,欧洲福利国家在资本全球化的冲击之下,其福利制度和劳工权益,都处于持续的削减甚至是瓦解之中。资本全球化流动的今天,资本从那些高税收、工会组织强的国家流向低税收、工会组织受限或弱小、劳动力价格低的国家。资本的出逃导致大量失业,而使依赖于税收和强大工会的高福利制度难以为继。这种情况下,欧洲的社会民主党纷纷采取自由主义化的政策——减税、削减福利、私有化甚至限制工会活动。社会民主党同新自由主义党派趋同化,自由主义政策被大力推行,这更是导致了福利国家的持续瓦解。北欧的资源型国家如挪威、瑞典、芬兰,由于人均自然资源的拥有量很高,使其在应对经济全球化冲击的时候有了更多的余地,在资本外逃之后仍然可以靠出卖自然资源维系高福利,但即便如此,这类国家的福利和劳工权利也有相当大的削减。而自然资源并不丰富的西欧如德国,在资本全球化、资本出逃的压力下,社会民主党主动实行新自由主义的政策,企图用这种办法留住和吸引资本,如施罗德当政时期的《2010 计划》就大幅消减福利和限制劳工权利,但其直接的结果就是在选举中失去传统选民而下台,并在社会民主党内部出现了分裂。最糟糕的就是冰岛和希腊这类国家。它们并没有丰富的自然资源,在资本全球化的冲击下政府选择了通过海外金融投资来维系本国的福利体系,金融海啸一来就出现了债务危机。2009 年底,希腊开始陷入主权债务危机。在欧洲一体化的背景之下,欧洲其他国家也开始陷入危机。2010 年开始,西班牙、葡萄牙甚至比利时都陆续陷入危机,引发了令世界侧目的欧债危机。这些无一不印证了奥菲在 20 世纪 70 年代对福利国家危机所做出的断言:"后期资本主义体系不能与福利国家共存,又不能没有福利国家。"后期资本主义社会需要福利国家制度以维持其正常运转,但是福利国家制度对资本主义体系的破坏却是毁灭性的。奥菲对福利国家病症的诊断就是:福利国家本身成为一系列无法逆转的结果,福利国家高度依赖于经济的繁荣和持续的利润,福利国家的资本主义社会根本不可能重回到某种类似于纯粹市场的社会。尽管福利国家的设计旨在"治愈"资本主义积累所产生的各种病症,但疾病的性质也迫使病人不再能够使用这种"疗程"。

从以上的分析中,笔者得出以下结论:首先,奥菲的福利国家危机理论对后期资本主义社会系统危机的诊断体现了社会哲学作为"社会病理学"对后期资本主义社会病态的时代诊断功能。其次,奥菲的福利国家危机理论关注的是个体与社会关系、文化的意义、共同体,以及社会生活的整体结构,同时也揭示了后期资本主义社会中,由个体所组成的各个社会阶级在经济过程中的作用,以及作为整体的社会对其成员的作用,还包括从中产生出来的思想和制度之间的内在关联,阐发了作为社会成员的人的命运,批判了后期资本主义社会,并最终产生了引导现实研究活动的可能性,而这些正是社会哲学的根本目标,因此,我们可以说奥菲的福利国家危机理论是一种社会哲学理论。

二、奥菲福利国家危机理论作为一种国家理论

亚里士多德曾言:"人生来就是政治的动物。"他认为,人是在城邦这个共同体中实现价值的;否则人只是经济动物,并不是真正的人。自古希腊以来,哲学家们往往将国家作为一个政治共同体。西塞罗、康德等人认为,共和国是人们依照法律结成的具有共同利益的集合体。格劳秀斯、霍布斯、洛克、卢梭等契约论者则认为,国家是基于个人利益建立的,人们基于某种共同的利益而结成契约组成国家。黑格尔认为,人真正的本质并不存在于纯粹的内在性中,也并不存在于有限的个人实践经验之中,而是贯穿于民族的生命之中,并在国家中得以实现。在《历史哲学》中,他描述了客观精神的结构来自于普遍的辩证逻辑,来自于占支配地位的民族精神。"实体的存在"在世界历史中获得了观念,特殊的规定性在普遍的命运中得到满足,个体的实质内涵存在于个体所隶属的整体生活之中。在《法哲学原理》中,他进一步阐释了市民社会中"每个人都是自身的目的,所有的他人对他来说什么也不是。然而如果没有与他人的关系,他就不能达到自身的目的,因而,他人是实现自己特殊目的的手段。但是特殊目的通过对他人的关系而具有普遍形式,他通过满足他人的福利同时满足自己"[①]。

恩格斯在《家庭、私有制和国家的起源》中指出:"国家是表示:这个社会陷入了不可解决的自我矛盾,分裂为不可调和的对立面而又无力摆脱这些对立面。而为了使这些对立面,这些经济利益互相冲突的阶级,不致在无谓的斗争中把自己和社会消灭,就需要有一种表面上凌驾于社会之上的力量,这种力量应当缓和冲突,把冲突保持在'秩序'的范围以内;这种从社会中产生但又居于社会之上并且日益同社会脱

[①] [德]黑格尔:《法哲学原理》,范扬、张企泰译,商务印书馆,2007年,第197页。

离的力量,就是国家。"①国家是社会发展到一定历史阶段而出现的产物,现代国家所扮演的角色是由他们在资本主义社会中的位置所决定的。马克思在《共产党宣言》中将国家定义为替资产阶级管理一般事务的执政机构。他认为,社会发展形态决定了国家的属性,国家具有相对自主性,在需要的时候,控制了生产资料的统治阶级并不一定是同时掌握着国家机器和政府的执政阶级。统治阶级除了实行经济统治或者暴力专政之外,也实行意识形态的统治。对于资本主义国家的向前发展,马克思认为,部分发达国家中工人阶级可以采取议会民主制的道路夺取国家政权,而无产阶级专政的国家是一种特殊形式的国家,它将随着阶级的消亡而逐渐消亡。西方马克思主义者用现代西方思想对马克思主义的思想进行了新的阐释,全方位地批判了现代西方资本主义社会。

早期的西方马克思主义者往往以国家与阶级斗争、国家与社会、国家集权主义,以及国家的消亡为核心。卢卡奇将合法性意识形态问题作为国家问题的核心,②并强调,总体意识形态将自发的阶级意识与积极能动的阶级意识相统一,以总体化的阶级意识为基础实现国家意识形态革命。葛兰西认为,国家就是政治社会加上市民社会,强调阶级统治中思想领导权的重要性。政治以具有价值扩展和承认集体同一性的市民社会为基础,阶级统治之中,思想领导权与行政强迫之间是互补关系。面对着资本主义危机、传统自由的崩溃、欧洲无产阶级革命性的丧失,以及极权主义国家的产生,法兰克福学派早期代表人物霍克海默、阿多尔诺,以及弗洛姆、波洛克等人关注国家的独立作用,技术、文化心理机制的作用,反对资本主义社会制度对个体存在的压制,而诺伊曼、马尔库塞等人在当时的社会历史背景下,着重关注的则是自由主义与极权主义的内在联系,试图发掘国家极权统治与顺从的根源。尹树广认为,早期西方马克思主义的国家理论"长期忽视了社会结构的复杂性,

---

① [德]马克思、恩格斯:《马克思恩格斯选集》第2版第4卷,人民出版社,1997年,第170页。
② 尹树广:《国家批判理论——意识形态批判,工具论,结构主义和生活世界理论》,黑龙江人民出版社,2002年,第75页。

以为社会和国家直接地建立在个别主体的实践活动之上,把科学问题还原到主体能动性上,并没有真正认识资本主义国家的本质、作用和地位"①,"早期西方马克思主义国家理论所注重的是描述国家的维持和稳定机制"②。

  19世纪六七十年代较具影响力的西方马克思主义国家理论的代表人物是结构功能主义者米利班德与普兰查斯。米利班德认为,国家是阶级矛盾和阶级斗争不可调和的产物,统治阶级利用国家作为支配社会的手段,国家是由一群与资本家阶级相同的精英所统治的。普兰查斯运用了"国家自主性"这个概念从结构功能主义的角度来进一步说明,资本主义国家并非永远依照着统治阶级的利益行动,即使当这种情况时有发生,也并非是国家的官员有意为之,而是因为国家的"结构"位置安排会确保资本的长期利益能够永远支配这个社会。结构功能主义的西方马克思主义者在反对国家理论机械决定论的同时又反对主体实践的意识形态理论,认为:"主体只是支持结构及其转换的一种承担者。"③西方马克思主义者之中,哈贝马斯首次将系统论引入对国家的分析。他将国家看作是从生活世界中分化出来的,又反过来向生活世界扩张的、专门化的、以权力为媒介的系统。生活世界以理性交往行为为核心,通过话语协商达到共识来对抗官僚国家的技术化发展,以及当代的国家主义对人的生活的侵蚀。尹树广通过分析人类历史上的各种国家观,从柏拉图、亚里士多德到近代契约论的国家观、自由主义国家观,以及马克思主义、新马克思主义的国家观,指出,它们都体现了国家思想与哲学之间的关系,即通过哲学的剖析来阐明实践、组织结构与历史机制的问题,并通过它们来理解社会历史活动及其组织结构中的自由与必然之间的复杂关系。他通过对卢卡奇、葛兰西开始到法兰克福学派、存在主义的马克思主义国家观的研究,通过对意识形态批判理

---

  ①尹树广:《国家批判理论——意识形态批判,工具论,结构主义和生活世界理论》,黑龙江人民出版社,2002年,第4页。

  ②W. Barrow, *Critical Theories of the State*: *Marxist*, *Neomarxist*, *Postmarxist*, Madison, Wisconsin: The University of Wisconsin Press, 1993, p.96.

  ③尹树广:《国家批判理论——意识形态批判,工具论,结构主义和生活世界理论》,黑龙江人民出版社,2002年,第4页。

论、工具论、结构主义、生活世界理论的分析,指出,西方马克思主义的国家理论"强调国家的相对自主性,在方法论上使研究国家问题摆脱了那些非哲学意识形态的技术主义意识形态,把国家批判的基础建立在哲学之上"①。西方马克思主义者眼中的国家是社会政治组织形式与人的活动的形式,它与人的社会结构、社会活动,以及文化意识形态是分不开的。国家问题的本质是哲学,并不是实证性质的权力技术问题,而对国家进行哲学批判正是西方马克思主义国家理论的共性。

西方马克思主义的国家理论将以往的工具论、结构主义,以及系统分析的方法综合起来,出现了"在生产方式层面上,把国家看成是内在于资本主义经济构造过程中的,同时,经济、国家和其他非经济力量之间相互区别又相互作用"②的趋势。西方马克思主义的国家理论以国家与资本之间的关系为核心,涉及国家的功能与本质、国家的自主性、国家机构与国家权力之间的关系、国家与资本,以及生产之间的关系;国家与社会的关系、国家与阶级划分,以及阶级斗争之间的关系;资本主义国家的内涵,以及国家理论的未来等问题。20世纪70年代的西方马克思主义国家理论更是将系统论的分析方法与结构功能主义相结合,将国家作为在更深社会层面与经济生活中内在发挥作用的因素,从资本、生产方式、商品化劳动,以及权力斗争关系为出发点,试图说明后期资本主义社会中国家与经济的制度化分离,国家连接各种社会关系的制度化作用,以及平衡各种社会关系的功能。

奥菲的福利国家危机理论主要建立在两种看上去完全相反的政治社会学思想传统之上,即法兰克福学派批判传统与系统功能理论社会学。奥菲对意识形态的关注源自于法兰克福学派批判传统。法兰克福学派对意识形态的批判认为,社会能够被基本社会现实解释。作为马克思主义批判理论,法兰克福学派用他们思想的合理性反对当代资本主义社会的不合理,以及为当代资本主义社会所接受的思想理论的不合

---

① 尹树广:《国家批判理论——意识形态批判,工具论,结构主义和生活世界理论》,黑龙江人民出版社,2002年版,第3页。
② 尹树广:《20世纪70年代以来西方马克思主义的国家批判理论》,黑龙江人民出版社,2003年,第152页。

理,为社会科学提供了基础批判,既分析了当代社会历史局限性,又致力于改变这一局限性。系统功能理论认为,社会秩序是由一系列相互连结的共用社会准则所维持,为社会成员普遍接受。社会中不同的组织通过他们对社会的作用结合为整体,社会被看成是整合的社会。社会本身被概念化为社会角色的系统,社会角色由社会准则决定,社会准则描述了系统中每一位占有者的权利与职责,最终规定个体如何成为社会角色。奥菲在批判理论的理论背景下看到系统功能理论的社会准则不是一些基本的社会和谐论的衍生,而是意识形态。系统功能理论也让奥菲发现了社会系统的某些部分与其他部分的排异。

奥菲认为,在现代性的早期阶段,国家的功能主要是维护和平,既要在马基雅维利主张的以政治共同体形式在敌对的国际环境中保护自身,也要实现霍布斯意义上的赢得或是阻止内战。此外,国家还要使"消极"公民权利制度化。这些权利包括基本的人身保护状、财产的私有权,也包括将政治权利与父权相分离。而以上述两个功能为基础,国家要进一步保障公民权利的平等,有权利主动参与政治权威形成的过程,以主动的意向表达公民政治权利,这也成为合法性的主要标准,而作为这种政治权威民主化演绎的直接结果,国家还有着作为合法的与合法性商谈活动领域的功能。[1] 奥菲对国家功能不断完善的描述也与他对国家发展路径的认识相吻合,即现代资本主义国家由民族国家发展至宪法国家,进而发展至民主国家直至福利国家。

奥菲认为,在资本主义生产方式的自我破坏与自我瘫痪这样一个逐渐演化的历史过程中,通过资本主义的各种适应性机制在短期内可以对它的破坏性进行控制或是保持其革命性潜能,但是由于适应性措施能力的有限,当社会的组织原则迫使具有根本不可调和的要求与意图的个人和群体在系统中不断彼此对立时,当社会中用以抑制与调和矛盾的矫正性或适应性机制本身就深陷于资本主义生产方式内部矛盾时,危机便应运而生。通过对后期资本主义社会福利国家中的商品化

---

[1] Claus Offe, *Disorganised Capitalism, Contemporary Transformations of Work and Politics* (Studies in Contemporary German Social Thought), Cambridge, MA: The MIT Press, 1985, pp. 4 – 5.

现象、商品形式的瘫痪、交换机会最大化、行政性再商品化、国家政策手段等方面的分析,奥菲揭示了后期资本主义的结构性矛盾,指出了后期资本主义社会福利国家的国家构成与政策目的仍然是以维持资本主义发展为目的,但是由于国家并不能够通过政策克服生产方式内部相互矛盾的功能需要,国家控制机制陷入了自相矛盾的困境,产生了资本利益与国家政策之间结构性的矛盾,产生了公共生产领域的组织既服务于商品形式的发展,自身又并不是商品关系中组成部分而引发的组织化权力结构的矛盾,以及福利国家民主与政治之间、合法性与效率之间的矛盾。奥菲还指出了在资本主义商品社会中,规范和道德品质上也相应出现了结构性缺陷。随之而来的竞争性政党问题、大众忠诚与合法性问题,都体现了越来越多的矛盾因素被引入了国家的控制机制之中,但是结构异质化的趋势不仅没有缓和,反而进一步加剧。[①]

在新的历史背景之下,奥菲认为,虽然民主国家中国家与政府,公民与社会,社会阶级与政党、精英分子、行政当局、利益集团、政治联盟看上去对各自的行动领域都有清醒的认识,但是他们的规范与作用、使命与职责却日益不确定。奥菲认为,这种不确定性的原因在于:一是柏林墙的倒塌与冷战的结束导致控制经济、意识形态、政治,以及军事的权力中心解体,同时又出现了新的国家。二是边界的可渗透性提高。无论是欧盟或是北美自由贸易协议的设想,还是实际上通过资本与商品、劳动力市场的渗透,边界快速增长的松散度都显示了国家权力与民主政治的无能。组织的政治功能决定政治的功能,德国宪法理论家将之描述为"国家机关自己确定其职权范围的权力"(Kompetenzkompetenz)。三是团体机构中心被后现代主义社会和政治趋势瓦解。根据多个国家的数据来看,团体机构的成员构成、选民人数、精英支持,以及对政治制度的信任都在迅速减少,国家问题的易变性、波动性都在急速增加。广泛传播的不同观念使得个体行动者相信其他个体行动者并没有足够相似,以至于可以与一种牢固的、持久的和

[①] 尹树广:《国家批判理论——意识形态批判,工具论,结构主义和生活世界理论》,黑龙江人民出版社,2002年,第12页。

大量的集体行动者合作。接近生产的社会阶层不再与消费阶层相吻合,同时消费阶层与教育阶层或是具有文化背景的阶层也不相符。四是政治机构已经丧失了它们作用与范畴的确定性,因为后工业和全球资本主义的政治经济不再提供生产系统地位的明确分类,在其中集体行动的形式如政党、社团和工会的作用都曾经失效。国家仍然呈现出政治与社会的分离趋势。奥菲认为,福利国家不仅无法真正解决资本主义的矛盾,还使得危机加剧,非国家主义战略的社会主义变革就成为迫切的需要。作为当代社会主义运动的重要组成部分的新社会运动担负起了民主政治发展的重大任务,而民主政治的未来就是生态社会主义。

奥菲的福利国家危机理论将法兰克福学派批判理论传统与系统功能理论相结合,以国家与资本之间的关系为核心,分析了后期资本主义社会的社会组织与社会活动,揭示了国家在政策、职能之上的矛盾与危机,讨论了国家的功能与本质,国家与资本、生产之间的关系,国家与社会的关系,国家之中阶级划分,阶级斗争的新态势,以及社会民主政治的未来。毋庸置疑,奥菲的福利国家危机理论是一种批判的西方马克思主义国家理论。

20 世纪 70 年代经济危机频发,福利国家政策受到严重冲击,联邦德国许多学者都对福利国家政策提出了质疑。[①] 帕舒卡尼斯(Evgeny Pashukanis)试图从市民社会的私人经济领域发掘资本主义的国家形式。约阿西姆·希尔施(Joachim Hirsch)将经济学与政治社会学相结合,将国家的功能与阶级斗争运动相联系。他认为,由于所有阶级社会都需要权力关系来保证阶级剥削,国家必须抵制反资本主义的力量以实现其自身对资本长远经济利益的保护功能。奥菲的福利国家危机理论,一方面,受到这些理论的启发;另一方面,也与这些理论共同引发了批判的国家理论在 20 世纪 70 年代的兴起。

---

① 尹树广:《20 世纪 70 年代以来西方马克思主义的国家批判理论》,黑龙江人民出版社,2003 年,第 47 页。

三、奥菲福利国家危机理论作为一种批判理论

(一)法兰克福学派批判理论的三期发展[①]

法兰克福学派批判理论是以辩证哲学与政治经济学批判为基础的社会哲学理论,它对现代工业文明进行跨学科的综合分析研究,对现代性进行批判与重建。法兰克福学派可以说是西方马克思主义影响最大的学派,也是现当代西方哲学之中的"显学"。王凤才认为,法兰克福学派在其历史演变过程中经历了三期发展:

批判理论的第一期发展从20世纪30年代初到60年代末,这时期的代表人物是霍克海默、阿多尔诺与马尔库塞等人,侧重于批判理论的建构与对工业文明的批判。第一期发展的代表著作包括霍克海默的《传统理论与批判理论》、《哲学与批判理论》,霍克海默与阿多尔诺合著的《启蒙辩证法》,阿多尔诺的《否定的辩证法》,马尔库塞的《单向度的人》、《爱欲与文明》等。这一期的发展首先确立了社会哲学研究方向,以及批判理论的基本纲领。霍克海默最早在其就职演说中就指出,社会哲学是一种与经验研究相结合的关注社会整体的历史唯物主义理论,它通过对社会现实进行哲学、社会学、心理学等跨学科的综合研究,试图揭示社会经济生活、个人与心理,以及文化变化之间的关系,阐释作为社会成员的人的命运,对现代资本主义社会进行总体批判,并把握整个人类的全部物质文明与精神文明。批判理论又称为"批判的社会理论"、"批判的马克思主义",这强调了法兰克福学派批判理论是青年马克思意义上的批判理论,是政治经济学辩证批判意义上的批判理论。它关注的是:首先,包括以人在内的社会整体,在批判、反叛、否定社会现实中造就未来的追求社会公正合理,求得人的解放与实现人的幸福的具有批判与超越维度的批判主义。其次,系统阐发了否定辩证法,为

[①] 此处参考了王凤才:《蔑视与反抗——霍耐特承认理论与法兰克福学派批判理论的"政治伦理转向"》,重庆出版社,2008年,第316—319页。已经过本人同意。

早期批判理论奠定了哲学基础。否定辩证法经历了阿多尔诺、马尔库塞、霍克海默的逐步阐发,最终阿多尔诺以非同一性原则为理论基础,以反概念、反体系、反传统为基本特征,以绝对否定为核心批判一切本体论哲学,力图使辩证法非本体论化,并以此为武器强烈批判现代工业文明对人的总体控制,以及社会文明对个人的同化。最后,反思与批判工业文明,进一步系统化批判理论。阿多尔诺用文化工业代替大众文化,并对其进行激烈的批判。他认为,文化工业支配了社会生活的一切领域,已经成为欺骗大众的意识形态。马尔库塞则认为,工业文明是一种压抑性文明,发达工业文明就是压抑性文明的顶峰。但是,与霍克海默、阿多尔诺对工业文明的悲观主义态度不同,马尔库塞强调在改造弗洛伊德压抑性文明论基础上重建非压抑性文明,将未来的希望建立在实现人的爱欲的解放之上。法兰克福学派批判理论第一期发展随着阿多尔诺、霍克海默的辞世戛然而止,法兰克福学派在形式上日渐解体,但是社会研究所这个批判理论的载体仍然存在,批判理论仍在发展之中。

批判理论的第二期发展从20世纪60年代末到80年代中期,主要包括前期哈贝马斯为代表的规范研究,侧重于批判理论重建与现代性批判,以及以弗里德堡为代表的经验研究,侧重于批判理论个案研究与现实问题的解决。这里笔者将着重对前期哈贝马斯的规范研究进行描述,由于弗里德堡的经验研究注重个案研究与现实问题,在这里就不加以详叙了。前期哈贝马斯首先对早期批判理论进行了反思,对历史唯物主义进行重建。哈贝马斯认为,早期批判理论并未能扬弃黑格尔的理性概念,未能真正把握何为理性,未能客观评价后期资本主义社会福利政策所取得的成就,最为严重的缺陷在于仅仅局限于工具理性批判,深陷于抽象的文化哲学批判,缺乏规范基础。哈贝马斯认为,历史唯物主义存在着"非反思的历史客观主义"、规范性基础模糊,将学习过程集中在生产领域的局限。马克思根据自由资本主义社会所创立的历史唯物的重要基础随着19世纪后期以来科学技术的发展,政治、经济、文化结构的巨大变化而消失,历史唯物主义的许多基本原理如阶级斗争、意识形态学说、劳动价值论、剩余价值学说,都已经随之而过时,这就需要对历史唯物主义进行重建,用劳动与互动范畴来代替生产力与生产关系,对经济基础与上层建筑进行相对的区分,用社会组织原则代替生产方式作为划分社会形态的标准与社会进化的动力。哈贝马斯也对现代性的话语进行了反思与批判,试图重建现代性。现代性的继续发展需要用政治意志、政治意识进一步引导。由于哈贝马斯认为,以往对于现代性的批判,无论是黑格尔还是马克思,无论是尼采还是海德格尔,无论是德里达还是福柯,都仅仅局限于主体哲学批判,而主体性原则及其自我意识并非全部理性,因此哈贝马斯试图通过重建交往合理性来走出主体性理性的模式。哈贝马斯以皮尔士、米德的共识真理论和卢曼的系统功能论为基础,试图通过对黑格尔伦理生活关系概念的重构来建立一种新古典主义现代性概念,即交往行为理论,为社会批判理论提供规范性基础。

  批判理论的第三期发展从20世纪80年代中期至今,以后期哈贝马斯、霍耐特等人为代表。哈贝马斯与霍耐特等人以话语理论、承认理论为核心重构了批判理论,使得政治伦理向度在批判研究领域中取得了核心地位,实现了"政治伦理转向"。虽然在早期批判理论中就已经有了政治伦理学向度。早期批判理论家中涉及政治伦理学研究的对后自由资本主义经济结构之中的法治国家形式变化、宪法秩序形成等问题进行了研究,如本雅明美学政治化、弗洛姆的人道主义伦理学。但是,一方面,这些学者一般都属于社会研究所的外围人员,相应地,他们的政治伦理思想对批判理论未能产生重要的影响;另一方面,社会研究所核心成员致力于对创建、阐发批判理论,致力于对工业文明进行社会哲学批判,并未真正将政治伦理学问题作为他们思考的中心。从以上两个维度来讲,政治伦理向度在早期批判理论中并没有占据核心地位。王凤才认为,法兰克福学派的"政治伦理转向"始于哈贝马斯在20世纪60年代初对资产阶级公共领域的系统研究,以及对古典政治哲学与现代社会哲学关系、自然法权与政治革命关系、黑格尔政治哲学的思索。但是,这一时期政治伦理学仍然不是哈贝马斯思考的中心,他正致力于创立交往行为理论,但正是交往行为理论的核心概念交往合理性理论为话语伦理学提供了基础。交往合理性以语言行为为基础,以交往过程中的相互理解与相互协调为基本机制,以达到交往主体之间的共识为目标,在注重交往行为的可能性与目的性的同时也强调人们必须遵守规范的道德诉求。王凤才教授在《蔑视与反抗——霍耐特承认理论与法兰克福学派批判理论的"政治伦理转向"》一书中具体论证了对有效性规范的普遍遵守为所有参与者非强制地接受的普遍化原则与每个有效性规范都将获得作为实践话语者的赞同的话语伦理原则,①在这里笔者就不加赘述了。哈贝马斯的话语伦理学以交往合理性、话语伦理普遍性、道德规范有效性为核心,实现了当代伦理学向规范伦理学的回归。而哈贝马斯20世纪90年代以来进一步拓展了交往行为理论,并走向了商谈政治理论,提出,通过商谈达成的同意构成法权共同体、多元社会中,虽然仍然只能通过法律这唯一的媒介在素不相识的人们之间建立起具有道德律令性质的相互尊重关系,但是通过获得法权形式,商谈原则转化为民主原则。哈贝马斯通过《事实与价值:关于法权的和民主法治国家的话语理论》《包容他者:政治理论研究》等文进一步阐发了道德普遍主义,强调通过话语理论把握道德直觉观念,要求拓展公民身份与民族认同观念。

除了哈贝马斯以外,霍耐特的承认理论及其多元正义构想阐明了批判理论的承认理论转向,以及试图构建以正义与关怀为核心的政治伦理学;维尔默对民主伦理生活概念的阐释,对话语伦理学进行的修正都对批判理论的"政治伦理转向"做出了贡献。特别是霍耐特,可以说是他最终完成了批判理论的"政治伦理转向"。②霍耐特梳理了社会哲学的两条路径,对批判理论进行了系统反思与重构,对黑格尔承认学说进行了社会心理学重构,提出了以一元道德为基础的多元正义构想,试图建构以正义与关怀为核心的政治伦理学。介乎于法兰克福学派第二代与第三代之间的维尔默重构了批判理论的规范基础,阐发了现代性与后现代性辩证法,建构后形而上学现代性理论,阐释了民主伦理生活形式概

---

① 王凤才:《蔑视与反抗——霍耐特承认理论与法兰克福学派批判理论的"政治伦理转向"》,重庆出版社,2008年,第316—319页。
② 王凤才:《蔑视与反抗——霍耐特承认理论与法兰克福学派批判理论的"政治伦理转向"》,重庆出版社,2008年,第323页。

念,对话语伦理理论进行了修正,将民主伦理生活如何可能的问题视为政治哲学的核心问题。他认为,民主伦理生活形式意味着平等的个体自由与法权的制度化,意味着民主规范与民主精神的伦理化,将民主伦理生活解释为一种通过非强制的协商处理社会问题的方式,民主伦理生活形式可以说是一种为人处世的态度、一种文化形态,有着文化解释学的历史主义特征。①

(二)奥菲福利国家危机理论与法兰克福学派批判理论第三期发展

同样作为法兰克福学派第三代主要代表人物的奥菲对批判理论的"政治伦理转向"有着其独特的贡献。奥菲有着与哈贝马斯共同工作、研究的经历,他关于福利国家矛盾与危机的理论体现了哈贝马斯话语理论、交往行为对他的学术思想的影响,但是同样,奥菲的学术思想对哈贝马斯开启"政治伦理转向"也深有启发。哈贝马斯在《合法化危机》中多次引用了奥菲国家批判的系统功能分析成果,在《交往行为理论》中哈贝马斯承认了奥菲对他的这一影响作用。奥菲的研究领域主要包括两个层面:经验研究层面与规范研究层面。这两个层面都是以政治社会学与社会政策为研究的重点。在经验研究方面,奥菲主要关注了现实问题的个案研究,对高等教育、职业培训,以及社会保障都有所分析。秉承着法兰克福学派注重理论研究的传统,奥菲学术研究的重心放在了规范研究层面。在规范研究层面,奥菲对社会政治、民主、道德、权力都广为涉及,其中最为引人注目的是他的福利国家系统分析的规范研究,奥菲的国际知名度大多也是因此而来。奥菲最早对国家理论的关注主要是借助了法兰克福学派的极权主义理论来分析后期资本主义政治权威与危机控制问题。② 在这一过程中,他逐渐将批判理论传统、结构功能主义与危机控制理论相结合,并运用一种系统功能理论的方法分析国家在社会、在生产中的作用,以及民主国家的阶级实质,最终

---

① 俞吾金:《现代性现象学——与西方马克思主义者的对话》,上海社会科学院出版社,2002年,第148页。
② 王凤才:《蔑视与反抗——霍耐特承认理论与法兰克福学派批判理论的"政治伦理转向"》,重庆出版社,2008年,第327页。

将政治社会学分析与经济分析相结合,对后期资本主义社会福利国家进行系统功能分析与批判,提出了福利国家危机理论。奥菲在福利国家危机理论中也为后期资本主义福利国家积极寻求出路。他关注了以人权运动、环境保护、和平主义等为核心的新社会运动,强调了新中产阶级越来越重要的社会作用。他认为,在新社会运动的蓬勃兴起之下,后期资本主义社会正在向生态社会主义进发。这也体现了奥菲对政治伦理问题的重视。可以看出,奥菲的研究不仅丰富了法兰克福学派的国家理论,同时也对法兰克福学派的"政治伦理转向"做出了必要的贡献。

法兰克福学派批判理论的三期发展是从古典理性主义到感性浪漫主义再到理性现实主义的过程,从激进乐观主义到激进悲愤主义再到保守乐观主义的过程,从欣赏、信奉到怀疑、批判再到超越、重建马克思主义的过程,从文化意识哲学到语言交往哲学再到政治道德哲学的过程。法兰克福学派批判理论的"政治伦理转向"则是始于20世纪80年代中期哈贝马斯提出话语伦理学、商谈政治理论,在奥菲、维尔默等人的推动下,由霍耐特的承认理论与多元正义构想最终完成的。[①]

通过上述分析,可以看出作为一种社会哲学的奥菲福利国家危机理论是一种批判的国家理论。奥菲的福利国家危机理论分析了福利国家存在的结构性矛盾,指出了福利国家所面临的困境,又从系统功能理论的视角对福利国家危机进行诠释,它"围绕着资本主义与福利国家之间的共生与张力关系,深层次、多角度地解构了发达资本主义国家内部集中难返的矛盾"[②]。但是,奥菲并没有消极地停留在福利国家的困境之中,而是满怀希望地寻求走出福利国家危机的路径,倡导一种非国家主义的战略,并具体指向了新社会运动。奥菲对新社会运动给予了极大的期望,深入地研究新社会运动的社会构成与阶级基础、潜在的社会联盟,以及具体的运动形式。他认为,新社会运动将会推动后期资本

[①] 王凤才:《蔑视与反抗——霍耐特承认理论与法兰克福学派批判理论的"政治伦理转向"》,重庆出版社,2008年,第325页。

[②] 〔德〕克劳斯·奥菲:《福利国家的矛盾》,郭忠华等译,吉林人民出版社,2006年,第1页。

主义的福利国家走向生态社会主义,而生态社会主义的目标就在于抵制和阻止资本主义合理化过程进一步盲目发展,建立一个全新的基于生态理性、民主控制、社会平等,以及使用价值高于交换价值的社会。

奥菲的福利国家危机理论的另一显著特征就是从凯恩斯主义的角度来理解福利国家。这主要因为他正是生活在这一后期资本主义发展阶段的理论家,不免会受到凯恩斯主义有关于福利国家理论的影响。这也导致了奥菲在探讨福利国家危机时往往仅仅关注于单个理想化类型的资本主义国家内部政府与经济之间的关系,虽然他本人也就此做过辩解,但实际上奥菲确实甚少关注福利国家在国际和国内压力交互作用中的发展,对法律与压制,以及帝国主义的问题谈得还是很少。

此外,奥菲对福利国家危机研究的局限性在于他对意识形态与话语伦理的关注不够,没有系统地分析当今社会和政治解组织时期意识形态的作用。最后,奥菲对后期资本主义福利国家批判的系统功能理论分析方法往往为学界所诟病。系统功能论方法的概念模糊性,以及不断向还原论倒退的内在矛盾性都是奥菲的福利国家危机理论必须要解决的问题。奥菲将福利国家的未来寄托在非国家主义战略和新社会运动上,但是由于非国家主义战略的非正式性,新社会运动的分散性、间断性、不确定性与内在不一致性,它们是否真的如奥菲所说的那样能够对解决福利国家矛盾起到决定性的作用,至今还是不确定的。

附　录

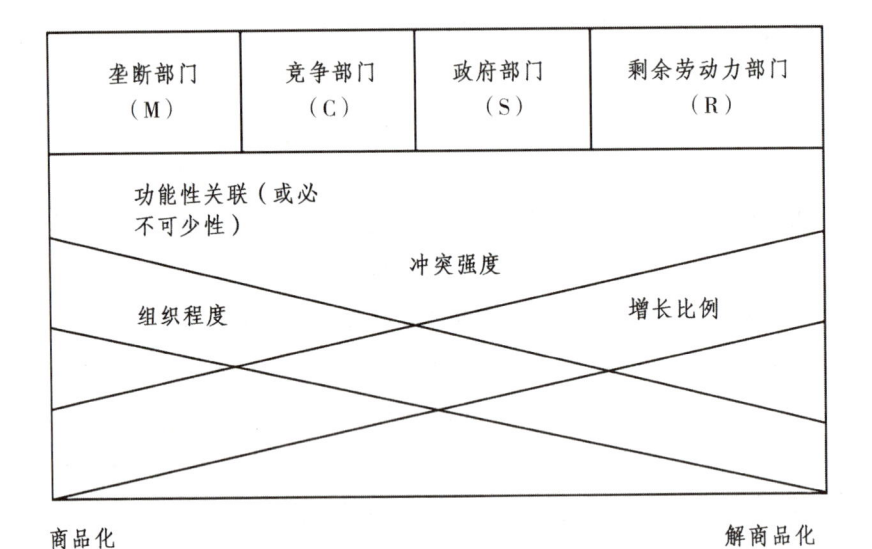

|垄断部门（M）|竞争部门（C）|政府部门（S）|剩余劳动力部门（R）|

功能性关联（或必不可少性）

冲突强度

组织程度

增长比例

商品化　　　　　　　　　　　　　　　　　　　　　解商品化

图1　资本主义系统的四部门分析模型

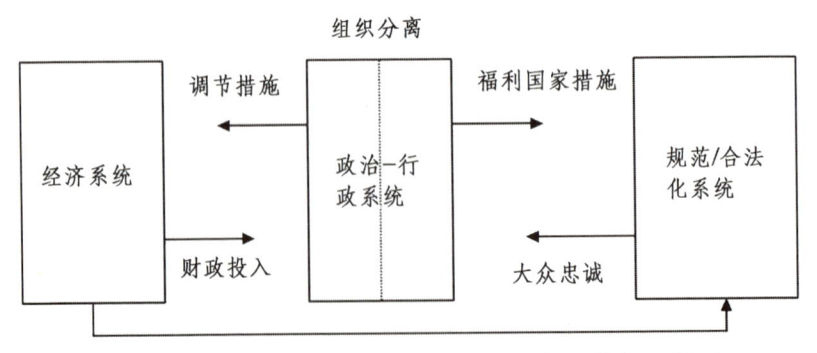

组织分离

经济系统 —调节措施→ 政治-行政系统 —福利国家措施→ 规范/合法化系统

经济系统 ←财政投入— 政治-行政系统 ←大众忠诚— 规范/合法化系统

图2　资本主义社会系统三个子系统及其相互关系

图 3　国家干预的极限

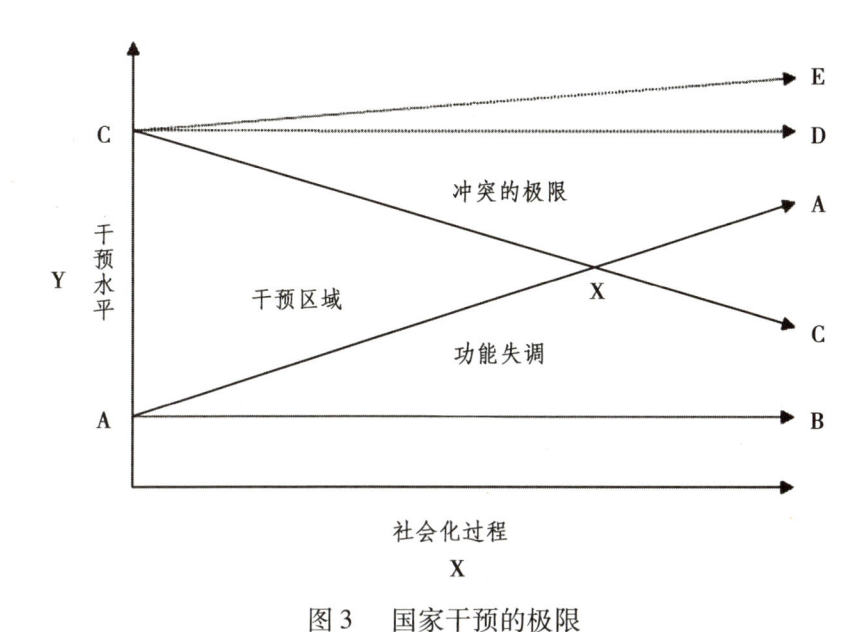

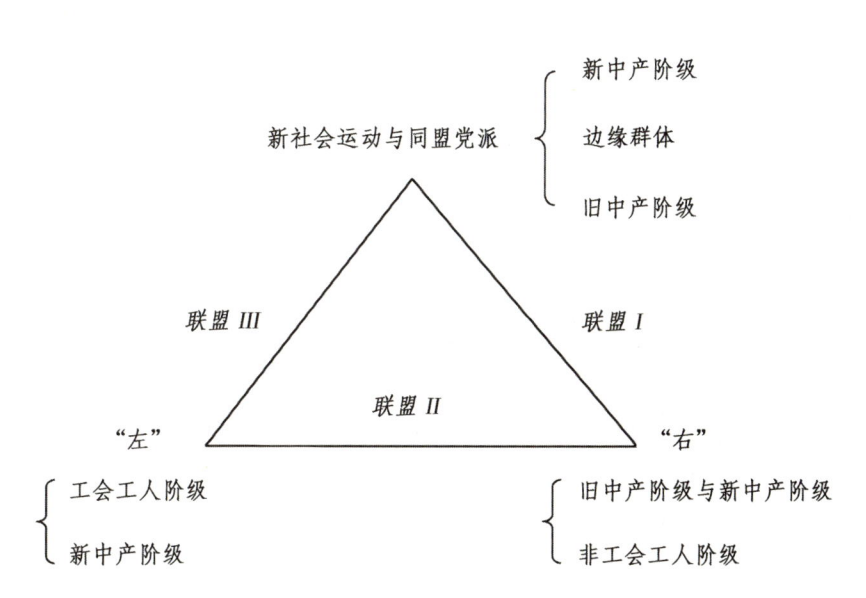

图 4　政治分歧和潜在联盟三角模型

参考文献

一、中文参考文献

1.〔德〕克劳斯·奥菲:《福利国家的矛盾》,郭忠华等译,吉林人民出版社,2006年。

2.〔德〕黑格尔:《精神现象学》(上下),贺麟、王玖兴译,商务印书馆,1996年。

3.〔德〕黑格尔:《法哲学原理》,范扬、张企泰译,商务印书馆,2007年。

4.〔德〕马克思、恩格斯:《马克思恩格斯选集》第2版第4卷,人民出版社,1997年。

5.〔德〕尤尔根·哈贝马斯:《合法化危机》,刘北成、曹卫东译,上海人民出版社,2009年。

6.〔德〕马克斯·韦伯:《经济与社会》第一卷,阎克文译,上海人民出版社,2010年。

7.〔德〕马克斯·韦伯:《社会科学方法论》,李秋零、田薇译,中国人民大学出版社,1999年。

8.〔德〕尼古拉斯·卢曼:《社会的经济》,余瑞先、郑伊倩译,人民出版社,2008年。

9.〔德〕尤尔根·哈贝马斯:《公共领域的结构转型》,曹卫东等译,学林出版社,1999年。

10.〔德〕罗尔夫·魏格豪斯:《法兰克福学派:历史、理论及政治影响》(上下),孟登迎、赵文、刘凯译,上海人民出版社,2010年。

11.〔英〕安东尼·吉登斯:《批判的社会学导论》,郭忠华译,上海译文出版社,2007年。

12.〔英〕安东尼·吉登斯:《超越左与右——激进政治的未来》,李惠斌、杨雪冬译,社会科学文献出版社,2009年。

13.〔英〕安东尼·吉登斯:《第三条道路及其批评》,孙相东译,中共中央党校出版社,2003年。

14.〔英〕戴维·米勒、〔英〕韦农·波格丹诺编:《布莱克维尔政治百科全书》,邓正来译,中国政法大学出版社,2002年。

15.〔英〕约翰·梅纳德·凯恩斯:《就业、利息和货币通论》,高鸿业译,商务印书馆,1999年。

16.〔英〕帕特里克·邓利维、〔英〕布伦登·奥利里:《国家理论:自由民主的政治学》,欧阳景根、尹冬华、孙云竹译,浙江人民出版社,2007年。

17.〔英〕亚当·斯威夫特:《政治哲学导论》,佘江涛译,江苏人民出版社,2008年。

18.〔美〕米尔顿·弗里德曼:《弗里德曼文萃》,高格、范恒山译,北京经济学院出版社,1991年。

19.〔美〕斯科特·拉什等:《组织化资本主义的终结》,征庚圣、袁志田译,江苏人民出版社,2001年。

20.〔法〕米歇尔·克罗齐、〔美〕塞缪尔·P.亨廷顿、〔日〕绵贯让治:《民主的危机》,马殿军、黄素娟、邓梅译,求实出版社,1989年。

21.〔加〕R.米什拉:《资本主义社会的福利国家》,郑秉文译,法律出版社,2003年。

22.〔意〕葛兰西:《狱中札记》,曹雷雨等译,中国社会科学出版社,2000年。

23. 〔丹麦〕考斯塔·艾斯平-安德森:《福利资本主义的三个世界》,郑秉文译,法律出版社,2003年。

24. 〔瑞士〕埃米尔·瓦尔特-布什:《法兰克福学派史》,郭力译,社会科学文献出版社,2014年。

25. 俞吾金:《重新理解马克思——对马克思哲学的基础理论和当代意义的反思》,北京师范大学出版社,2005年。

26. 俞吾金:《现代性现象学——与西方马克思主义者的对话》,上海社会科学院出版社,2002年。

27. 陈学明:《"西方马克思主义"命题词典》,东方出版社,2004年。

28. 陈学明、王凤才:《西方马克思主义前沿问题二十讲》,复旦大学出版社,2005年。

29. 徐崇温:《当代资本主义新变化》,重庆出版社,2004年。

30. 尹树广:《国家批判理论——意识形态批判,工具论,结构主义和生活世界理论》,黑龙江人民出版社,2002年。

31. 尹树广:《20世纪70年代以来西方马克思主义的国家批判理论》,黑龙江人民出版社,2003年。

32. 王凤才:《蔑视与反抗——霍耐特承认理论与法兰克福学派批判理论的"政治伦理转向"》,重庆出版社,2008年。

33. 王凤才:《从公共自由到民主伦理:批判理论语境中的维尔默政治伦理学》,人民出版社,2011年。

34. 傅永军:《法兰克福学派现代性研究》,社会科学文献出版社,2007年。

35. 欧力同:《哈贝马斯的"批判理论"》,重庆出版社,1997年。

36. 郑忆石:《马克思的思想轨迹》,华东师范大学出版社,2007年。

37. 祁亚辉:《福利国家的比较研究》,海南出版社,2004年。

38. 欧阳英:《在社会学与政治哲学之间——当代政治哲学研究的新路径》,中国社会科学出版社,2011年。

39. 〔德〕哈贝马斯:《新的非了然性——福利国家的危机与乌托邦力量的穷竭》,薛华译,载《世界哲学》,1986年第4期。

40. 〔德〕尤尔根·哈贝马斯:《超越民族国家?论经济全球化的后

果问题》,柴方国编译,载《马克思主义与现实》,1999年第5期。

41.〔德〕霍克海默:《社会哲学的现状与社会研究所的任务》,王凤才译,载《马克思主义与现实》,2011年第5期。

42.周弘:《福利国家向何处去?》,载《中国社会科学》,2001年第3期。

43.王家峰:《福利国家改革:福利多元主义及其反思》,载《经济社会体制比较》,2009年第5期。

44.傅永军:《公共领域与合法性——兼论哈贝马斯合法性理论的主题》,载《山东社会科学》,2008年第3期。

45.杨玉生:《福利国家的马克思主义批判》,载《海派经济学》,2003年第2期。

46.杨雪冬:《西方马克思主义的国家理论简评》,载《马克思主义与现实》,2004年第2期。

47.周穗明:《后马克思主义关于当代西方阶级与社会结构变迁的理论述评》,载《国外社会科学》,2005年第1期。

48.郁建兴、周俊:《论当代资本主义国家与社会关系的变迁》,载《中国社会科学》,2002年第6期。

49.郭忠华:《资本主义困境与福利国家矛盾的双重变奏》,载《中山大学学报(社会科学版)》,2007年第5期。

50.刘金源、吴庆宏:《多维社会视野中的福利国家》,载《国外社会科学》,2002年第1期。

51.杨立雄、李星瑶、李超:《从对立到妥协:民主社会主义和新保守主义福利思想的演进》,载《当代世界社会主义问题》,2007年第1期。

52.彭华民、黄叶青:《福利多元主义:福利提供从国家到多元部门的转型》,载《南开学报》,2006年第6期。

53.陈炳辉:《奥菲对当代社会主义运动的新思考》,载《当代世界与社会主义》,2001年第6期。

54.陈炳辉.《奥菲对现代福利国家矛盾和危机的分析》,载《马克思主义与现实》,2006年第6期。

55. 陈帅:《合作主义与福利国家关系探析》,载《理论观察》,2009年第5期。

56. 田北海、钟涨宝:《社会福利社会化的价值理念——福利多元主义的一个四维分析框架》,载《探索与争鸣》,2009年第8期。

57. 张静:《政治社会学及其主要研究方向》,载《社会学研究》,1998年第3期。

58. 王凤才:《社会病理学:霍耐特视阈中的社会哲学》,载《中国社会科学》,2010年第5期。

59. 郑秉文:《论"合作主义"理论中的福利政制》,载《社会科学论坛》,2005年第11期。

60. 郑秉文:《全球化对欧洲合作主义福利国家的挑战》,载《世界经济》,2002年第6期。

61. 陶一桃:《庇古与福利经济学的产生》,载《特区经济》,2000年第8期。

二、外文参考文献

1. Claus Offe, *Varieties of Transition: The East European and East German Experience*, Cambridge, MA: The MIT Press, 1996.

2. Claus Offe, *Modernity and the State: East, West*, Cambridge, MA: The MIT Press, 1996.

3. Claus Offe, *Industry and Inequality: The Achievement Principle in Work and Social Status*, New York: St. Martin's Press, 1977.

4. Claus Offe, *Disorganised Capitalism, Contemporary Transformations of Work and Politics* (Studies in Contemporary German Social Thought), Cambridge, MA: The MIT Press, 1985.

5. Claus Offe, *Contradictions of the Welfare State*, Cambridge, MA: The MIT Press, 1984.

6. Claus Offe, *Strukturprobleme des kapitalistischen Staates*, Farankfurt/M.:

Suhrkamp,1975.

7. Claus Offe, *Leistungsprinzip und industrielle Arbeit : über einige Mechanismen der Statusverteilung in Arbeitsorganisationen der industriellen "Leistungsgesellschaft"*, Frankfurt/M. & Köln : Europäische Verlagsanstalt, 1977.

8. Wolf-Dieter Narr & Claus Offe, *Wohlfahrtsstaat und Massenloyalität*, Köln : Kiepenheuer und Witsch,1975.

9. Claus Offe, *Projektgruppe Arbeitsmarktpolitk : Opfer des Arbeitsmarktes. Zur Theorie der strukturierten Arbeitslosigkeit*, Neuwied [u. a.] : Luchterhand,1977.

10. Paul A. Baran & Paul M. Sweezy, *Monopoly Capital : An Essay on the American Economic and Social Order*, New York : Monthly Review Press, 1968.

11. Talcott Parsons, *The Social System*, New York : The Free Press/ Macmillan,1964.

12. A. Gramsci, *Selections from the Prison Notebooks*, New York : International Publishers,1971.

13. Max Horkheimer, *Die gesellschaftliche Funkion der Philosophie*, Gesammelte Schriften, Bd. 4, Hrsg. von Alfred Schmidt, Frankfurt/M. : Fischer,1988.

14. Niklas Luhmann, *Soziale Systeme : Grundriss einer allgemeinen Theorie*, Frankfurt/M. ; Suhrkamp,1984.

15. Niklas Luhmann, *Soziologische Aufklärung 2 : Aufsätze zur Theorie der Gesellschaft*, Opladen : Westdeutscher Verlag,1975.

16. Niklas Luhmann, Neuere Entwicklung in der Systemtheorie, *Merkur* 42,1988.

17. Niklas Luhmann, Staat und Politik. Zur Semantik der Selbstbeschreibung politischer Systeme, in : ders. , *Soziologische Aufklärung* 4, Opladen,1987.

18. Jürgen Habermas, *The New Conservatism*, Cambridge, MA : The MIT

Press, 1991.

19. B. Jessop, The Transformation of the State in post-war Britain, in: *The State in Western Europe*, London: Croom Helm, 1980.

20. W. J. Mommsen, Max Weber and Robert Michels: An asymmetrical Partnership, *Archives Europeenes de Sociologie* 22(1), 1981.

21. W. Barrow, *Critical Theories of the State: Marxist, Neomarxist, Postmarxist*, Madison, Wisconsin: The University of Wisconsin Press, 1993.

22. Ramish Mishra, *The Welfare State in Capitalist Society*, Birmingham: Harvester Wheatsheaf, 1990.

23. Claus Offe, New Social Movements: Challenging the Boundaries of Institutions of Politics, *Social Research* 52(4), Winter, 1985.

24. Claus Offe, Democracy against the Welfare State?: Structural Foundations of Neoconservative Political Opportunities, *Political Theory* 15 (4), November 1987.

25. Claus Offe & Volker Ronge, Theses on the Theory of the State, *New German Critique* 6(6), Autumn 1975.

26. Johannes Berger & Claus Offe, Functionalism vs. Rational Choice?: Some Questions concerning the Rationality of Choosing One or the Other, *Theory and Society* 11(4), July 1982.

27. Claus Offe, 1968 Thirty Years After: Four Hypotheses on the Historical Consequences of the Student Movement, *Thesis Eleven* 68 (1), 2002.

28. Claus Offe, The European Model of "Social" Capitalism: Can It Survive European Integration?, *The Journal of Political Philosophy* 11 (4), 2003.

29. Claus Offe, The German Welfare State: Principles, Performance and Prospects After Unification, *Thesis Eleven* 63(1), 2000.

30. Claus Offe, The Problem of Social Power in Franz L. Neumann's Thought, *Constellations* 10(2), 2003.

31. Claus Offe, "Homogeneity" and Constitutional Democracy: Coping

with Identity Conflicts through Group Rights, *Journal of Political Philosophy* 6(2),1998.

32. Claus Offe, Political Liberalism, Group Rights, and The Politics of Fear and Trust, *Eastern European Thought* 53(3),2001.

33. Milton Fisk, Review: *Contradictions of the Welfare State* by Claus offe, John Keane, *Noûs* 21(4), December 1987.

34. Theda Skocpol, What Is Happening to Western Welfare States?, *Contemporary Sociology* 14(3), May 1985.

35. A. Grant Jordan, Capitalism and Welfare State Policies, *Journal of Public Policy* 4(3), August 1984.

36. Joshua Cohen, Review: *Contradictions of the Welfare State* by Claus offe, John Keane, *The Philosophical Review* 97(3), July 1988.

37. George Kolankiewic, Review: *Varieties of Transition: The East European and Eeast Germam Experience* by Claus offe, *Globalization and International Relations*, July 1997.

38. J. L. Porket, Transformation in Retrospect, *The Slavonic and East European Review* 78(1), January 2000.

后 记

自2001年本科毕业到2012年博士论文完成,过去近12年,这是一个人最为美好的青年岁月。这12年是我个人历练改善的过程,也是我对知识不懈求索的过程。2008年报考博士,非常幸运地如愿以偿,能够有幸在接下来的几年里得到哲学学院师长们的教诲,使我终身受益。2010年儿子诞生,这小小的生命赋予了我新的责任与使命,也给我带来了莫大的满足感。

首先,感谢我的导师王凤才老师,感谢俞吾金老师对我的无私关怀;感谢陈学明老师对我的关心。博士在读期间,汪行福老师、张双利老师、林晖老师、鲁绍臣老师都对我提供了不少帮助,在这里一并表达我的谢意。

在这里还要特别向孙莱祥老师以及陶黎明老师致以由衷的谢意,感谢他们一直以来对我的关爱与帮助;同时,感谢尹树广老师、陈炳辉老师以及郭忠华老师,虽然未曾谋面,但是他们的学术建树对我论文的完成提供了必不可少的支持。还有我的师弟师妹们——贺羡、孙秀丽、周爱民、张志芳、苗青波,感谢他们在繁忙的学习之余对我的帮助与鼓励。

最后,也要感谢我的家人,特别是我的父母,在我人生艰难的时刻,他们始终都是我最坚强的后盾。

对我来说,博士论文的完成,只是学术生活的开始!

博士论文完成到今天修改出版又过去了四年,所谓一语成谶,这四年我确实致力于学术生活,博士论文确实成为了我学术道路的起点,其中既有客观要求,也有主观努力。在这里,我也希望自己以后的学术之路走得更加稳健,也算是在此对自己提出的要求。在这里,感谢以上提及的各位师长、同门;再次感谢陈学明教授、王凤才教授,在他们的关心和提携之下,本书得以出版;还要特别感谢我的博士后导师,中国社会科学院哲学研究所的谢地坤教授,在他的帮助下我对奥菲的研究能够得以进一步深化和拓展。

谢 静

2016 年 12 月